品詞と活用の記号 | Symbols for Parts of Speech and Conjugations

動詞 verb	辞書形	dictionary form	Vる	行く
	ます形	*masu*-form	Vます	行きます
	ます形語幹	stem of *masu*-form	V~~ます~~	行き
	ない形	*nai*-form	Vない	行かない
	ない形語幹	stem of *nai*-form	V~~ない~~	行か
	て形	*te*-form	Vて	行って
	た形	*ta*-form	Vた	行った
	意向形	volitional form	V(よ)う	行こう
	可能形	potential form	Vできる	行ける
い形容詞 *i*-adjective			いAい	おいしい
	い形容詞語幹	stem of *i*-adjective	いA~~い~~	おいし
	て形	*te*-form	いAくて	おいしくて
な形容詞 *na*-adjective			なAな	有名な
	な形容詞語幹	stem of *na*-adjective	なA~~な~~	有名
	な形容詞語幹＋だ	stem of *na*-adjective + だ	なAだ	有名だ
名詞 noun			N	学生
	名詞＋な	noun + な	Nな	学生な
	名詞＋だ	noun + だ	Nだ	学生だ

普通形 plain form ㊔

動詞 verb	行く	行かない	行った	行かなかった
い形容詞 *i*-adjective	おいしい	おいしくない	おいしかった	おいしくなかった
な形容詞 *na*-adjective	有名だ	有名じゃない／有名ではない	有名だった	有名じゃなかった／有名ではなかった
名詞 noun	学生だ	学生じゃない／学生ではない	学生だった	学生じゃなかった／学生ではなかった

※な形容詞と名詞の現在形の例外は*で示しています。

例 ㊔
*なAな
*Nの

文 sentence ㊫ 例 私は学生です。

疑問詞 interrogative ㊟ 例 何／いつ／どこ／どんな

文法からひろげる
日本語トレーニング

文法 Buddy
（バディ）

JLPT | N2
日本語能力試験

Grammar Buddy for the Japanese-Language Proficiency Test N2

著
五十嵐香子 Kyoko Igarashi
金澤美香子 Mikako Kanazawa
杉山舞 Mai Sugiyama

the japan times PUBLISHING

文法Buddy JLPT日本語能力試験 N2 — 文法からひろげる日本語トレーニング
Grammar Buddy for the Japanese-Language Proficiency Test N2 — Grammar-driven Japanese Training
2024年11月20日　初版発行

著　者：五十嵐香子・金澤美香子・杉山舞
発行者：伊藤秀樹
発行所：株式会社 ジャパンタイムズ出版
〒102-0082 東京都千代田区一番町2-2
一番町第二TGビル 2F
ISBN978-4-7890-1879-1

First edition: November 2024

Narrators: Erika Umeda, Mai Kanade and Shogo Nakamura
Recordings: The English Language Education Council
English translations: Jon McGovern
Chinese translations: Sun Zhengzheng
Vietnamese translations: Nguyen Do An Nhien
Illustrations: Yuko Ikari
Layout design and typesetting: DEP, Inc.
Cover design: Masakazu Yamanokuchi (OKIKATA)
Printing: Nikkei Printing Inc.

Published by The Japan Times Publishing, Ltd.
2F Ichibancho Daini TG Bldg., 2-2 Ichibancho, Chiyoda-ku, Tokyo 102-0082, Japan
Website: https://jtpublishing.co.jp

ISBN978-4-7890-1879-1

Printed in Japan

はじめに

●

Preface

本書『文法Buddy JLPT日本語能力試験N2 ―文法からひろげる日本語トレーニング―』は、N2レベルの文法を確実にマスターすることを目指すテキストです。日本語の学習において、中級レベルに入ると多くの文法項目を学ぶことになります。その１つ１つをしっかりと定着させるためには、単に文法の意味を理解するだけでなく、その文法を使って読んだり書いたりできるようになるための総合的な練習を積むことが必要です。このテキストは、１冊でそのトレーニングを完成させることを目指して作りました。

本書は、N2レベルに必要な120の文法項目を厳選し、その１つずつに対して練習を多く積めるように構成されています。そして、１つの課で文法項目を８つ学ぶごとに、その課のまとめとしてJLPT形式の問題を実施することで、文法項目の復習と同時にJLPT対策ができるようになっています。さらに、小テストや宿題として使える確認問題もダウンロードして使用することができます。

また、問題を作成するにあたっては、学習者にとって親しみやすい教材になるように心がけました。例えば、読解文や聴解のスクリプトには、日本で生活する留学生とその仲間たちがキャラクターとして登場します。キャラクター同士のやりとりを楽しみながら学習を進めることができるでしょう。

本書を出版するにあたり、企画段階から支え続けてくださったジャパンタイムズ出版日本語出版編集部の皆さんをはじめ、本書の作成のためにご協力くださったお一人お一人に心から感謝いたします。

本書がＮ２合格を目指す学習者の方々やＮ２レベルの日本語を教える先生方の良き「Buddy」となれば幸いです。

2024年10月　五十嵐　香子
金澤　美香子
杉山　舞

もくじ

■写真提供
仙台ランゲージスクール（p.109）／PIXTA（p.39, p.151）／iStock（p.137）

第8課

第9課

第10課

第11課

第12課

第13課

第14課

第15課

本書の特長と使い方

本書は、①本冊、②別冊、③音声、④補助リソース（PDFダウンロード）の４つで構成されています。

1 本冊

本冊は全部で15課あり、１つの課で８つの文法項目を学習します。各課は「単語」「文法の練習」「まとめの練習」の３つのセクションで構成されています。

単語

その課の「文法の練習」に出てくる難しい語彙に、英語、中国語、ベトナム語の翻訳をつけたリストです。主にN2以上の語彙を取り上げています。「文法の練習」に取り組む前に確認しておきましょう。

文法の練習

「文法の練習」では、１ページごとに１つの文法項目について、意味と使い方を学習していきます。

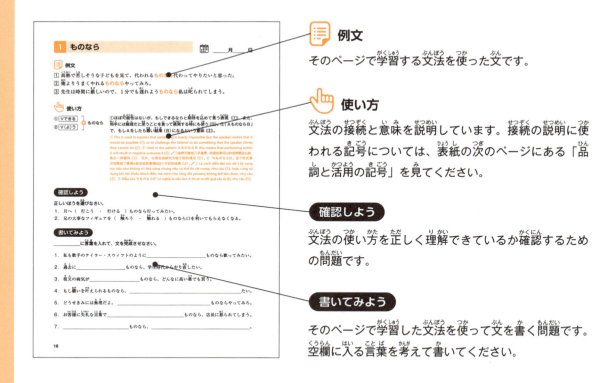

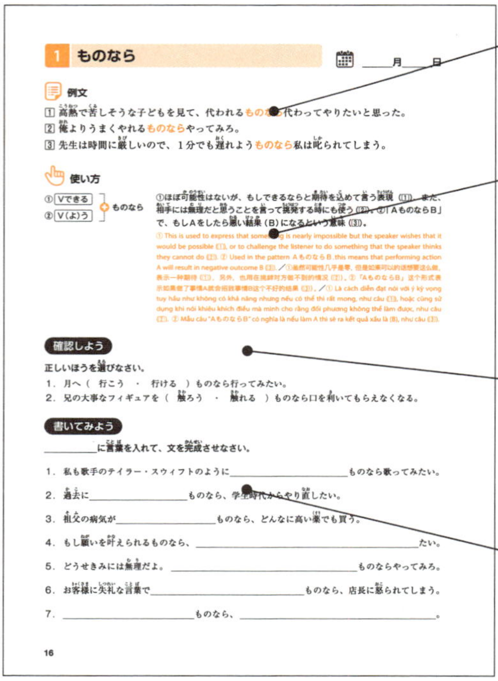
1 ものなら　　月　日

例文

1 高熱で苦しそうな子どもを見て、代われるものなら代わってやりたいと思った。
2 俺よりうまくやれるものならやってみろ。
3 先生は時間に厳しいので、１分でも遅れようものなら私は叱られてしまう。

使い方

①Vできる ②V(よ)う ＋ものなら

①ほぼ可能性はないが、もしできるならと期待を込めて言う表現（1）。また、相手には無理だと思うことを言って挑発する時にも使う（2）。②「AものならB」で、もしAをしたら悪い結果（B）になるという意味（3）。

① This is used to express that something is nearly impossible but the speaker wishes that it would be possible (1), or to challenge the listener to do something that the speaker thinks they cannot do (2). ② Used in the pattern AものならB, this means that performing action A will result in negative outcome B (3). ／①虽然可能性几乎是零，但是如果可以的话想要这么做，表示一种期待（1）。另外，也用在挑衅对方做不到的情况（2）。②「AものならB」这个形式表示如果做了事情A就会招致事情B这个不好的结果（3）。／① Là cách diễn đạt nói với ý kỳ vọng tuy hầu như không có khả năng nhưng nếu có thể thì rất mong, như câu (1), hoặc cũng sử dụng khi nói khiêu khích điều mà mình cho rằng đối phương không thể làm được, như câu (2). ② Mẫu câu "AものならB" có nghĩa là nếu làm A thì sẽ ra kết quả xấu là (B), như câu (3).

確認しよう

正しいほうを選びなさい。
1．月へ（　行こう　・　行ける　）ものなら行ってみたい。
2．兄の大事なフィギュアを（　触ろう　・　触れる　）ものなら口を利いてもらえなくなる。

書いてみよう

＿＿＿＿に言葉を入れて、文を完成させなさい。
1．私も歌手のテイラー・スウィフトのように＿＿＿＿ものなら歌ってみたい。
2．過去に＿＿＿＿ものなら、学生時代からやり直したい。
3．祖父の病気が＿＿＿＿ものなら、どんなに高い薬でも買う。
4．もし願いを叶えられるものなら、＿＿＿＿たい。
5．どうせきみには無理だよ。＿＿＿＿ものならやってみろ。
6．お客様に失礼な言葉で＿＿＿＿ものなら、店長に怒られてしまう。
7．＿＿＿＿ものなら、＿＿＿＿。

16

例文

そのページで学習する文法を使った文です。

使い方

文法の接続と意味を説明しています。接続の説明に使われる記号については、表紙の次のページにある「品詞と活用の記号」を見てください。

確認しよう

文法の使い方を正しく理解できているか確認するための問題です。

書いてみよう

そのページで学習した文法を使って文を書く問題です。空欄に入る言葉を考えて書いてください。

まとめの練習

「文法の練習」で学んだ８つの文法項目を使った練習問題です。問題１から問題５まであり、１は読解、２と３は文法、４と５は聴解で、すべてJLPTと同じ形式になっています。問題１と問題４は課によって問題形式が異なるので、解く前に必ずどの形式かを確認しておきましょう。

問題1

内容理解　短文：200字程度の文章を読み、内容についての質問に答える問題。
内容理解　中文：500字程度の文章を読み、内容についての質問に答える問題。
主張理解　長文：900字程度の文章を読み、筆者の主張や意見についての質問に答える問題。
統合理解：複数の文章を読み比べ、比較・統合しながら、内容についての質問に答える問題。

問題4

課題理解：話を聞いて、話の後にしなければならないことを選ぶ問題。
ポイント理解：話を聞く前に20秒程度で選択肢を読み、聞き取るポイントを理解してから話を聞いて、正しい答えを選ぶ問題。
概要理解：話を聞いて、テーマは何か答える問題。選択肢は印刷されていない。
統合理解：話を聞いて、複数の情報を比較・統合しながら、内容についての質問に答える問題。

2 別冊

文法の練習の「確認しよう」とまとめの練習の解答と聴解問題のスクリプトが収録されています。

3 音声

・スマートフォン、タブレットの場合

右のコードを読み取ってジャパンタイムズ出版の音声アプリ「OTO Navi」をインストールし、音声をダウンロードしてください。

・パソコンの場合

以下のURLからジャパンタイムズBOOK CLUBにアクセスして、音声をダウンロードしてください。

https://bookclub.japantimes.co.jp/jp/book/b652788.html

4 補助リソース（PDFダウンロード）

単語リストと確認テストが以下のサイトからダウンロードできます。

https://bookclub.japantimes.co.jp/jp/book/b652788.html

1．単語リスト

「文法の練習」の単語リストに、「まとめの練習」に出てくる難しい単語を追加したリストです。英語、中国語、ベトナム語の翻訳がついています。

2．確認テスト

各課の文法を理解できているか確認する問題です。各課が終わった後に小テストとして実施してもいいですし、宿題として配布してもいいでしょう。

3．「書いてみよう」の解答例

「文法の練習」の「書いてみよう」の解答例です。

Feature and Usage of This Book

This title consists of four elements: (1) Main volume, (2) Supplementary volume, (3) Audio material, and (4) Additional resources (downloadable PDF files).

1 Main volume

The main volume has 15 units. Each unit presents eight grammar items to learn, and is divided into three sections: 単語, 文法の練習, and まとめの練習.

単語

This is a list of challenging expressions found in 文法の練習, along with translations in English, Chinese, and Vietnamese. The entries are mainly at the N2 level or higher. Be sure to go over them before doing 文法の練習.

文法の練習

This section presents one grammar item per page, covering their meaning and usage.

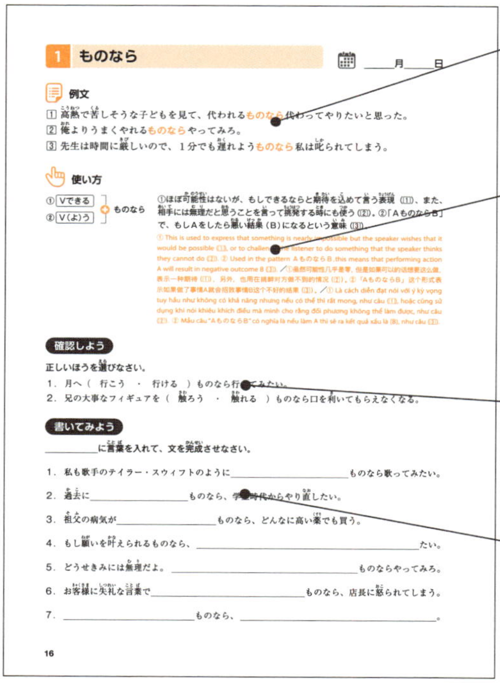
1 ものなら　＿＿月＿＿日

例文

1 高熱で苦しそうな子どもを見て、代われるものなら代わってやりたいと思った。
2 俺よりうまくやれるものならやってみろ。
3 先生は時間に厳しいので、1分でも遅れようものなら私は叱られてしまう。

使い方

① Vできる / ② V(よ)う ＋ ものなら

①ほぼ可能性はないが、もしできるならと期待を込めて言う表現（1）、また、相手には無理だと思うことを言って挑発する時にも使う（2）。②「AものならB」で、もしAをしたら悪い結果（B）になるという意味（3）。

① This is used to express that something is nearly impossible but the speaker wishes that it would be possible (1), or to challenge the listener to do something that the speaker thinks they cannot do (2). ② Used in the pattern AものならB, this means that performing action A will result in negative outcome B (3). ／①虽然可能性几乎是零，但是如果可以的话想要这么做，表示一种期待（1）。另外，也用在挑衅对方做不到的情况（2）。②「AものならB」这个形式表示如果做了事情A就会招致事情B这个不好的结果（3）。／① Là cách diễn đạt nói với ý kỳ vọng tuy hầu như không có khả năng nhưng nếu có thể thì rất mong, như câu (1), hoặc cũng sử dụng khi nói khiêu khích điều mà mình cho rằng đối phương không thể làm được, như câu (2). ② Mẫu câu "AものならB" có nghĩa là nếu làm A thì sẽ ra kết quả xấu là (B), như câu (3).

確認しよう

正しいほうを選びなさい。

1. 月へ（ 行こう ・ 行ける ）ものなら行ってみたい。
2. 兄の大事なフィギュアを（ 触ろう ・ 触れる ）ものなら口を利いてもらえなくなる。

書いてみよう

＿＿＿＿に言葉を入れて、文を完成させなさい。

1. 私も歌手のテイラー・スウィフトのように＿＿＿＿＿＿ものなら歌ってみたい。
2. 過去に＿＿＿＿＿＿ものなら、学生時代からやり直したい。
3. 祖父の病気が＿＿＿＿＿＿ものなら、どんなに高い薬でも買う。
4. もし願いを叶えられるものなら、＿＿＿＿＿＿たい。
5. どうせきみには無理だよ。＿＿＿＿＿＿ものならやってみろ。
6. お客様に失礼な言葉で＿＿＿＿＿＿ものなら、店長に怒られてしまう。
7. ＿＿＿＿＿＿ものなら、＿＿＿＿＿＿。

16

例文

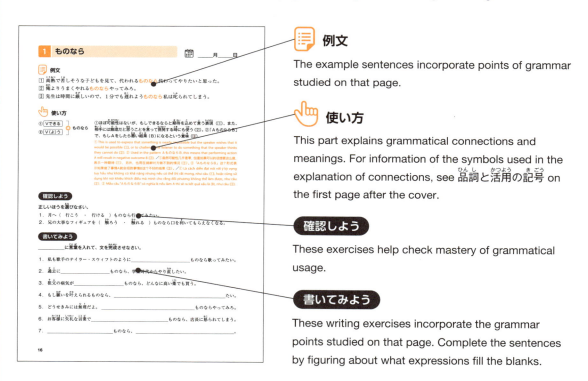

The example sentences incorporate points of grammar studied on that page.

使い方

This part explains grammatical connections and meanings. For information of the symbols used in the explanation of connections, see 品詞と活用の記号 on the first page after the cover.

確認しよう

These exercises help check mastery of grammatical usage.

書いてみよう

These writing exercises incorporate the grammar points studied on that page. Complete the sentences by figuring about what expressions fill the blanks.

まとめの練習

These exercises provide practice in the eight grammar items studied in 文法の練習. All five problems are modeled after the Japanese-Language Proficiency Test. Problem 1 covers Reading, 2 and 3 focus on Grammar, and 4 and 5 are Listening exercises. The formats of problems 1 and 4 vary by unit, so familiarize yourself with their format before tackling them.

問題1 **Comprehension (Short passages):**
Read passages of approx. 200 characters and answer questions about them.
Comprehension (Mid-size passages):
Read passages of approx. 500 characters and answer questions about them.
Thematic comprehension (Long passages):
Read passages of approx. 900 characters and answer questions about the writer's argument or opinion.
Integrated comprehension:
Read multiple passages and answer questions about their content that require comparison and integration of the material.

問題4 **Task-based comprehension:**
Listen to a conversation and select the action that needs to be performed afterwards.
Point comprehension:
Read the answer choices in the roughly 20 seconds before the conversation plays in order to grasp what to listen for. Next, listen to the recording and choose the correct answer.
Summary comprehension:
Listen to the recording and identify the theme. The answer choices are not printed.
Integrated comprehension:
Listen to conversations and answer questions about their content that require comparison and integration of multiple pieces of information.

2 Supplementary volume

This volume contains answer keys to the 確認しよう part of 文法の練習 and to the まとめの練習 section, as well as scripts of the Listening problems.

3 Audio material

Downloading to smartphone or tablet

Scan the code on the right and install The Japan Times Publishing's "OTO Navi" app. Next, use the app to download the audio material.

Downloading to computer

Use the following link to access The Japan Times Book Club website. Download the audio files from that site.
https://bookclub.japantimes.co.jp/jp/book/b652789.html

4 Additional resources (downloadable PDF files)

A vocabulary list and mastery tests can be downloaded from the website linked below.
https://bookclub.japantimes.co.jp/jp/book/b652789.html

1. Vocabulary lists

These lists include the entries of the vocabulary lists of the main volume's 文法の練習, plus challenging expressions found in まとめの練習. Translations are provided in English, Chinese, and Vietnamese.

2. Mastery tests

These tests check mastery of the grammar points of each unit. They can be used as quizzes at the end of each unit, or be handed out as homework.

3. Sample answers to 書いてみよう

This resource provides sample answers to the 書いてみよう part of 文法の練習.

本书的特点及使用方法

本书由①本册，②别册，③语音，④辅助资源（PDF文件下载）这4部分构成。

1 本册

本册里一共有15课，每一课学习8个语法项目。每课都是由「単語」「文法の練習」「まとめの練習」这三个模块构成。

単語

在每一课的「文法の練習」这个模块里出现的一些比较难的词汇都汇总在单词表里，并附有英语、汉语、越南语的翻译。这里的词汇大多是N2词汇范围之外的单词。在进入「文法の練習」这个模块前，需要提前把这里的单词掌握好。

文法の練習

在「文法の練習」这个模块，每一页都有一个语法项目，我们在这里学习该语法的意思以及用法。

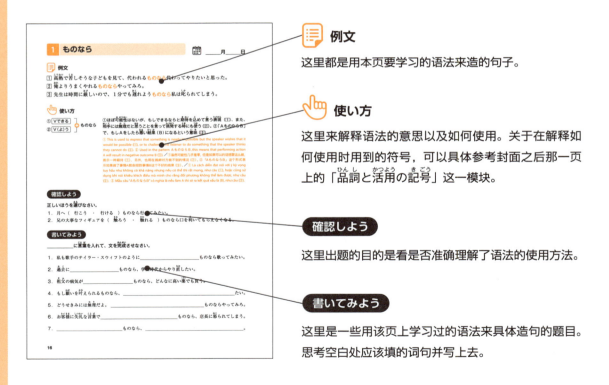

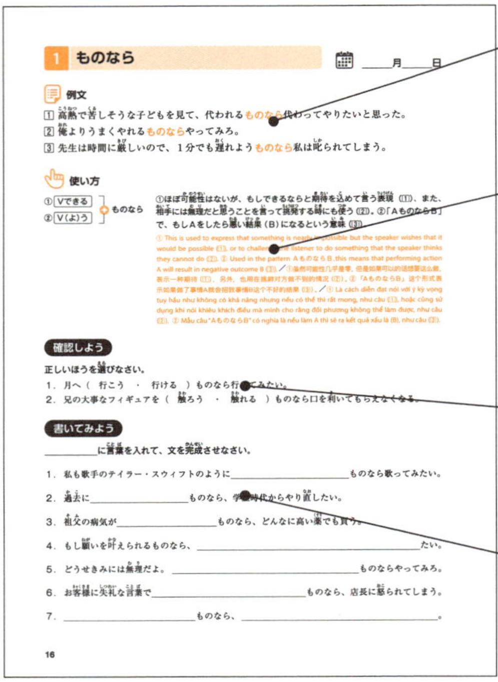

例文

这里都是用本页要学习的语法来造的句子。

使い方

这里来解释语法的意思以及如何使用。关于在解释如何使用时用到的符号，可以具体参考封面之后那一页上的「品詞と活用の記号」这一模块。

確認しよう

这里出题的目的是看是否准确理解了语法的使用方法。

書いてみよう

这里是一些用该页上学习过的语法来具体造句的题目。思考空白处应该填的词句并写上去。

まとめの練習

这里是利用「文法の練習」模块里学过的8个语法项目来完成的一些练习题。从第1题到第5题，共有5个题。第1题是阅读题，第2、3题是语法题，第4、5题是听力题，所有的题目的题型都与JLPT（日语能力考试）题型相同。第1题跟第4题，由于不同章节出的题型不同，在答题之前一定要先确认好是哪种题型再答。

問題1　**阅读理解（短篇）**：读一篇200字左右的文章，根据文章内容来回答问题。
阅读理解（中篇）：读一篇500字左右的文章，根据文章内容来回答问题。
论点理解（长篇）：读一篇900字左右的文章，回答问题。问题一般与作者的主张跟意见相关。
综合理解：读多篇文章，通过比较与总结，回答与文章内容相关的问题。

問題4　**问题理解题**：这里的问题需要先听对话，然后选择对话结束后必须要做的事情。
重点理解题：在听对话前用20秒左右的时间先把选项读一遍，找出在听的时候需要注意听的关键点，然后再去听对话，之后选择正确的答案。
概要理解题：这里的问题需要先听对话，然后选择对话的主题。选项没有印出来，需要自己去听。
综合理解：听对话，通过比较总结对话中出现的多个信息，来回答与对话内容相关的问题。

2 别册

这里收录了语法练习「確認しよう」模块跟「まとめの練習」模块的练习题的参考答案以及听力题的原文。

3 语音

用手机或平板电脑下载的情况

请扫描右边的二维码，下载Japan Times推出的语音APP“OTO Navi”并安装之后，即可下载本书的语音文件。

用电脑下载的情况

点击下面的链接进入Japan Times的BOOK CLUB来下载语音文件。
https://bookclub.japantimes.co.jp/jp/book/b652789.html

4 辅助资源（PDF文件下载）

生词表跟“查缺补漏”小测试可以点击下面的网页地址来下载。
https://bookclub.japantimes.co.jp/jp/book/b652789.html

1．生词表

这里的生词表是在「文法の練習」模块的生词表的基础上，加入了「まとめの練習」模块里面出现的一些比较难的单词，并附有英语、汉语、越南语的翻译。

2．“查缺补漏”小测试

这里的题目是来考察每一课的语法是否得到了正确的理解。这里的题既可以在每一课结束之后作为小测试来用，也可以当作作业布置给学生。

3．「書いてみよう」模块的参考答案

语法练习「書いてみよう」这个模块的参考答案。

Đặc trưng và cách sử dụng quyển sách này

Quyển sách này được chia thành 4 phần gồm ① Bản chính, ② Phụ lục, ③ Âm thanh, ④ Nguồn bổ trợ (tải PDF).

1 Bản chính

Bản chính có tất cả 15 bài, 1 bài có 8 mục ngữ pháp để học. Các bài được chia thành 3 phần chính gồm "単語 (Từ vựng)", "文法の練習 (Luyện tập ngữ pháp)" và "まとめの練習 (Luyện tập tổng kết)".

単語

Là danh sách từ vựng khó, xuất hiện trong phần "文法の練習 (Luyện tập ngữ pháp)" của bài đó, có phần dịch tiếng Anh, tiếng Trung và tiếng Việt. Chủ yếu là từ vựng trình độ N2 trở lên. Các bạn hãy kiểm tra trước khi bắt tay vào "文法の練習 (Luyện tập ngữ pháp)" nhé.

文法の練習

Trong "文法の練習 (Luyện tập ngữ pháp)", các bạn sẽ học ý nghĩa và cách sử dụng của 1 mục ngữ pháp trong từng trang một.

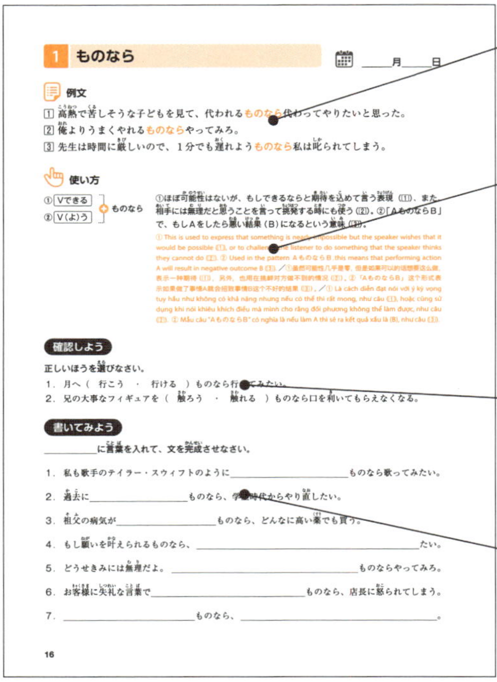

1 ものなら　　＿＿月＿＿日

例文

1 高熱で苦しそうな子どもを見て、代われるものなら代わってやりたいと思った。
2 俺よりうまくやれるものならやってみろ。
3 先生は時間に厳しいので、1分でも遅れようものなら私は叱られてしまう。

使い方

① Vできる / ② V(よ)う ＋ ものなら

①ほぼ可能性はないが、もしできるならと期待を込めて言う表現（1）。また、相手には無理だと思うことを言って挑発する時にも使う（2）。②「AものならB」で、もしAをしたら悪い結果（B）になるという意味（3）。

① This is used to express that something is nearly impossible but the speaker wishes that it would be possible (1), or to challenge the listener to do something that the speaker thinks they cannot do (2). ② Used in the pattern AものならB, this means that performing action A will result in negative outcome B (3). ／①虽然可能性几乎是零，但是如果可以的话想要这么做，表示一种期待（1）。另外，也用在挑衅对方做不到的情况（2）。②「AものならB」这个形式表示如果做了事情A就会招致事情B这个不好的结果（3）。／① Là cách diễn đạt nói với ý kỳ vọng tuy hầu như không có khả năng nhưng nếu có thể thì rất mong, như câu (1), hoặc cũng sử dụng khi nói khiêu khích điều mà mình cho rằng đối phương không thể làm được, như câu (2). ② Mẫu câu "AものならB" có nghĩa là nếu làm A thì sẽ ra kết quả xấu là (B), như câu (3).

確認しよう

正しいほうを選びなさい。

1. 月へ（ 行こう ・ 行ける ）ものなら行ってみたい。
2. 兄の大事なフィギュアを（ 触ろう ・ 触れる ）ものなら口を利いてもらえなくなる。

書いてみよう

＿＿＿＿に言葉を入れて、文を完成させなさい。

1. 私も歌手のテイラー・スウィフトのように＿＿＿＿ものなら歌ってみたい。
2. 過去に＿＿＿＿ものなら、学生時代からやり直したい。
3. 祖父の病気が＿＿＿＿ものなら、どんなに高い薬でも買う。
4. もし願いを叶えられるものなら、＿＿＿＿たい。
5. どうせきみには無理だよ。＿＿＿＿ものならやってみろ。
6. お客様に失礼な言葉で＿＿＿＿ものなら、店長に怒られてしまう。
7. ＿＿＿＿ものなら、＿＿＿＿。

16

例文

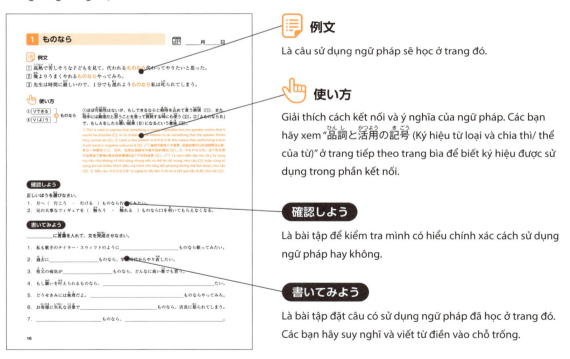

Là câu sử dụng ngữ pháp sẽ học ở trang đó.

使い方

Giải thích cách kết nối và ý nghĩa của ngữ pháp. Các bạn hãy xem "品詞と活用の記号 (Ký hiệu từ loại và chia thì/ thể của từ)" ở trang tiếp theo trang bìa để biết ký hiệu được sử dụng trong phần kết nối.

確認しよう

Là bài tập để kiểm tra mình có hiểu chính xác cách sử dụng ngữ pháp hay không.

書いてみよう

Là bài tập đặt câu có sử dụng ngữ pháp đã học ở trang đó. Các bạn hãy suy nghĩ và viết từ điền vào chỗ trống.

まとめの練習

Đây là bài tập sử dụng 8 mục ngữ pháp đã học trong "文法の練習 (Luyện tập ngữ pháp)". Có từ câu 1 đến câu 5, câu 1 là đọc hiểu, câu 2 và 3 là ngữ pháp, câu 4 và 5 là nghe hiểu, tất cả đều có hình thức giống với JLPT. Câu 1 và câu 4 khác nhau về hình thức câu hỏi tùy vào đoạn văn nên các bạn nhất định hãy kiểm tra đó là hình thức nào trước khi trả lời.

問題1 **Hiểu nội dung (đoạn văn ngắn):**
Là câu hỏi yêu cầu đọc và trả lời về nội dung của đoạn văn dài khoảng 200 chữ.

Hiểu nội dung (đoạn văn vừa):
Là câu yêu cầu đọc và trả lời về nội dung của đoạn văn dài khoảng 500 chữ.

Hiểu quan điểm (đoạn văn dài):
Là câu hỏi yêu cầu đọc và trả lời câu hỏi về quan điểm, ý kiến của tác giả đoạn văn dài khoảng 900 chữ.

Hiểu tổng hợp:
Là câu hỏi yêu cầu đọc so sánh nhiều đoạn văn để vừa so sánh, tổng hợp vừa trả lời câu hỏi về nội dung của chúng.

問題4 **Hiểu vấn đề:**
Là câu hỏi nghe nói chuyện và chọn việc phải làm sau khi nói chuyện.

HIểu điểm quan trọng:
Là câu hỏi yêu cầu đọc các chọn lựa trong khoảng 20 giây trước khi nghe nói chuyện, hiểu các điểm quan trọng để nghe rồi nghe, sau đó chọn câu trả lời đúng.

Hiểu khái quát:
Là câu hỏi yêu cầu nghe nói chuyện và trả lời đề tài là gì. Các chọn lựa không được in ra.

Hiểu tổng hợp:
Là câu hỏi yêu cầu nghe nói chuyện để vừa so sánh, tổng hợp nhiều thông tin vừa trả lời câu hỏi về nội dung của chúng.

2 Phụ lục

Phần giải đáp của "確認しよう" trong phần Luyện tập ngữ pháp và Luyện tập tổng kết cũng như nội dung của bài nghe có trong phụ lục.

3 Âm thanh

Nếu dùng điện thoại thông minh, máy tính bảng

Các bạn hãy quét mã bên phải và cài đặt "OTO Navi" là ứng dụng âm thanh của NXB Japan Times để tải phần âm thanh của sách bản chính.

Nếu dùng máy tính

Các bạn hãy truy cập Japan Times BOOK CLUB từ đường dẫn dưới đây để tải tệp âm thanh.
https://bookclub.japantimes.co.jp/jp/book/b652789.html

4 Nguồn bổ trợ (tải PDF)

Các bạn có thể tải danh sách từ vựng và bài kiểm tra từ trang web dưới đây.
https://bookclub.japantimes.co.jp/jp/book/b652789.html

1. Danh sách từ vựng

Đây là danh sách từ vựng của phần "文法の練習 (Luyện tập ngữ pháp)" và bổ sung từ vựng khó, xuất hiện trong "まとめの練習 (Luyện tập tổng kết)" trong sách bản chính. Có phần dịch tiếng Anh, tiếng Trung và tiếng Việt.

2. Bài kiểm tra

Đây là bài tập để kiểm tra xem các bạn có hiểu ngữ pháp của từng bài không. Các bạn có thể làm như một bài kiểm tra nhỏ sau khi học xong các bài hoặc làm như bài tập cũng được.

3. Câu trả lời mẫu của phần "書いてみよう".

Đây là câu trả lời mẫu của phần "書いてみよう" trong phần "文法の練習 (Luyện tập ngữ pháp)".

登場人物

ケン

アメリカ人

将来の夢は建築家

さくら

日本人

明るく元気な

大学生

ルイ

フランス人

日本のアニメが

大好き

セイセイ

中国人

勉強熱心で

とてもまじめ

ゴック

ベトナム人

しっかり者で

頼れるお姉さん

スレス

ネパール人

ケンの近所に住ん

でいる面倒見のい

い青年

山下先生

ケンが通っている

日本語学校の先生

店長

ケンがアルバイト

をしているコンビ

ニの店長

第1課

単語

文法の練習に出てくる難しい単語の意味を確認しましょう。

名詞

☐ 俺	I	我（男性自称）	tôi, tao (nam giới dùng, thân mật)
☐ 過去	past	过去	quá khứ
☐ 質	quality	质量	chất lượng
☐ 知識	knowledge	知识	kiến thức
☐ 物価	prices	物价	vật giá
☐ 利便性	convenience	便利性	sự tiện lợi

な形容詞

☐ 雑な	sloppy	不精细的	cẩu thả, thô, tạp nham
☐ 質素な	simple	简朴的	chân chất, giản dị

動詞

☐ 荒らす	ransack	弄乱	phá hoại, lục lọi
☐ かなう	be fulfilled	实现	trở thành hiện thực
☐ 口を利く	talk	说话	nói chuyện
☐ 骨折（する）	breaking a bone; break a bone	骨折	sự gãy xương, gãy xương
☐ 信頼（する）	trust	信赖	sự tin cậy, tin tưởng
☐ 散らかる	be a mess	凌乱，杂乱	bừa bộn, lung tung
☐（相談に）乗る	give (advice)	给…建议	tư vấn
☐ 万引き（する）	shoplifting; shoplift	偷窃	sự ăn cắp vặt, ăn cắp vặt

副詞

☐ どうせ	at any rate	反正	đằng nào thì ...

その他

☐ 目が覚める	wake up	醒来	mở mắt, tỉnh giấc, thức tỉnh

1 ものなら

＿＿＿月＿＿＿日

例文

[1] 高熱で苦しそうな子どもを見て、代われる**ものなら**代わってやりたいと思った。

[2] 俺よりうまくやれる**ものなら**やってみろ。

[3] 先生は時間に厳しいので、１分でも遅れよう**ものなら**私は叱られてしまう。

使い方

① V できる
② V（よ）う
＋ ものなら

①ほぼ可能性はないが、もしできるならと期待を込めて言う表現（[1]）、また、相手には無理だと思うことを言って挑発する時にも使う（[2]）。②「AものならB」で、もしAをしたら悪い結果（B）になるという意味（[3]）。

① This is used to express that something is nearly impossible but the speaker wishes that it would be possible ([1]), or to challenge the listener to do something that the speaker thinks they cannot do ([2]). ② Used in the pattern AものならB, this means that performing action A will result in negative outcome B ([3]). ／①虽然可能性几乎是零，但是如果可以的话想要这么做，表示一种期待（[1]），另外，也用在挑衅对方做不到的情况（[2]）。②「AものならB」这个形式表示如果做了事情A就会招致事情B这个不好的结果（[3]）。／① Là cách diễn đạt nói với ý kỳ vọng tuy hầu như không có khả năng nhưng nếu có thể thì rất mong, như câu ([1]), hoặc cũng sử dụng khi nói khiêu khích điều mà mình cho rằng đối phương không thể làm được, như câu ([2]). ② Mẫu câu "AものならB" có nghĩa là nếu làm A thì sẽ ra kết quả xấu là (B), như câu ([3]).

確認しよう

正しいほうを選びなさい。

1. 月へ（ 行こう ・ 行ける ）ものなら行ってみたい。
2. 兄の大事なフィギュアを（ 触ろう ・ 触れる ）ものなら口を利いてもらえなくなる。

書いてみよう

＿＿＿＿＿＿に言葉を入れて、文を完成させなさい。

1. 私も歌手のテイラー・スウィフトのように＿＿＿＿＿＿＿＿＿＿＿＿＿ものなら歌ってみたい。
2. 過去に＿＿＿＿＿＿＿＿＿＿＿ものなら、学生時代からやり直したい。
3. 祖父の病気が＿＿＿＿＿＿＿＿＿＿＿ものなら、どんなに高い薬でも買う。
4. もし願いをかなえられるものなら、＿＿＿＿＿＿＿＿＿＿＿＿＿＿＿＿＿＿＿＿＿＿＿＿たい。
5. どうせきみには無理だよ。＿＿＿＿＿＿＿＿＿＿＿＿＿＿＿＿＿＿＿＿ものならやってみろ。
6. お客様に失礼な言葉で＿＿＿＿＿＿＿＿＿＿＿＿＿＿＿＿＿ものなら、店長に怒られてしまう。
7. ＿＿＿＿＿＿＿＿＿＿＿＿＿＿ものなら、＿＿＿＿＿＿＿＿＿＿＿＿＿＿＿＿＿＿＿＿＿。

2 ものの

＿＿月＿＿日

例文

1 N３には合格したものの、まだ上手には話せない。
2 この時計は高いものの、質がいいのでよく売れている。
3 彼は小学生であるものの、大人に負けない知識がある。

使い方

普
*なAな／である
*Nである
＋ものの

「AもののB」の形で、「～けれど」と同じように使う。Aには事実が入り、BでAから予想されない、期待通りではないことを述べる。Bには話者の意志を表す言葉は使えない。書き言葉でよく使う。

This is used in the same way as ～けれど, in the pattern AもののB. A states a certain fact, and B indicates a situation that, in light of A, is unexpected or falls short of the speaker's expectations. Expressions of the speaker's will cannot be used in B. This is often used in writing. ／「AもののB」这个形式跟「～けれど」的用法相同。A一般是事实，B表示通过事实A预想不到或意料之外的结果。B这里不能用表示说话者意志的词，另外这个形式常用于书面语。／Sử dụng mẫu câu "AもののB" giống như "～けれど". Ở vế câu A thì trình bày sự thật, vế câu B là điều mà không thể dự đoán từ A, không như kỳ vọng. Ở vế câu B không thể sử dụng từ thể hiện ý chí của người nói. Thường sử dụng trong văn viết.

確認しよう

正しいほうを選びなさい。

1．この街は、昼は（　にぎやかだ　・　にぎやかである　）ものの、夜は静かになる。
2．毎日勉強（　である　・　している　）ものの、なかなか漢字が覚えられない。

書いてみよう

＿＿＿＿に言葉を入れて、文を完成させなさい。

1．弟はお金が＿＿＿＿＿＿＿＿ものの、毎日楽しく暮らしているようだ。
2．目標を＿＿＿＿＿＿＿＿ものの、なかなか実行できない。
3．ダイエットを＿＿＿＿＿＿＿＿ものの、太ってしまった。
4．このパソコンは＿＿＿＿＿＿＿＿ものの、まだまだ問題なく使える。
5．試験の結果は＿＿＿＿＿＿＿＿ものの、いい経験が得られたと思う。
6．恋人ができたものの、＿＿＿＿＿＿＿＿。
7．＿＿＿＿＿＿＿＿ものの、まだ何も準備していない。
8．＿＿＿＿＿＿＿＿ので、＿＿＿＿＿＿＿＿ものの、＿＿＿＿＿＿＿＿。

3 にもかかわらず

_____月_____日

例文

1 台風にもかかわらず、マラソン大会が行われた。
2 早く家を出たにもかかわらず、遅刻(ちこく)してしまった。
3 先生はお忙(いそが)しいにもかかわらず、進学(しんがく)の相談(そうだん)に乗ってくださいました。

使い方

普 + にもかかわらず
*なA だ／である
*N だ／である

普 + のにもかかわらず
*なA な
*N な

「AにもかかわらずB」の形(かたち)で、「Aという事態(じたい)・状況(じょうきょう)なのに、Bだ」という意味(いみ)を表(あらわ)す。BはAから期待(きたい)されることとは違(ちが)う結果(けっか)で、話者(わしゃ)の意志(いし)を表(あらわ)す言葉(ことば)は入(はい)らない。驚(おどろ)き、残念(ざんねん)、非難(ひなん)などの感情(かんじょう)が含(ふく)まれる。

Used in the pattern AにもかかわらずB, this expresses that B occurred in spite of situation A. B is an outcome that is unexpected in light of A, and thus cannot take expressions of the speaker's will. It conveys feelings such as surprise, regret, or disapproval. ／「AにもかかわらずB」这个形式表示尽管有A这样的情况，却发生了B这样的结果。B表示与事情A期待的结果相悖，不能用表达说话者意志的词。经常用在表示惊讶、遗憾、责备等情感的情况。／Diễn đạt ý tuy là sự thể / tình trạng A nhưng B bằng mẫu câu "AにもかかわらずB". B là kết quả khác với điều được kỳ vọng từ A, không có từ thể hiện ý chí của người nói. Bao gồm những cảm xúc như ngạc nhiên, tiếc nuối, trách móc v.v.

確認しよう

正しいほうを選(えら)びなさい。

1．試験前であるにもかかわらず、彼(かれ)は（ 遊(あそ)んでいない ・ 遊(あそ)んでいる ）。
2．あの人は生活(せいかつ)は豊(ゆた)か（ だ ・ なの ）にもかかわらず、スーパーで万引(まんび)きを繰(く)り返(かえ)した。

書いてみよう

__________に言葉(ことば)を入れて、文を完成(かんせい)させなさい。

1．彼(かれ)は __________________ にもかかわらず、夜遅(よるおそ)くまで働(はたら)いた。

2．この店は交通(こうつう)の利便性(りべんせい)が __________________ にもかかわらず、いつもお客(きゃく)さんが並(なら)んでいる。

3．彼女(かのじょ)は __________________ にもかかわらず、スマホで遊(あそ)んでいる。

4．山田選手(やまだせんしゅ)は足を骨折(こっせつ)しているにもかかわらず、__________________。

5．ボブさんは結婚(けっこん)しているにもかかわらず、__________________。

6．物価(ぶっか)が __________________ にもかかわらず、給料(きゅうりょう)は __________________。

7．彼(かれ)は __________________ にもかかわらず、__________________。

8．__________________ にもかかわらず、__________________。

4 〜と／たら…た

＿＿＿月＿＿＿日

例文

1 厳しいと聞いていた先生と話してみると、おもしろい人だった。
2 朝起きて窓を開けたら、雪が降っていた。
3 アルバイトを始めたら、日本語が上手になった。

使い方

Vる ＋ と、…た
Vた ＋ ら、…た

「Aと／たら、B」の形で、Aをしたときに Bが起きた、あるいはBを発見したり認識したりしたという意味。Bには驚きのニュアンスが含まれる。

Used in the pattern Aと／たら、B, this expresses that when action A was performed, B occurred or was discovered/realized. It conveys the speaker's surprise regarding B. ／「Aと／たら、B」这个形式表示做事情A的时候发生了事情B，从而发现或意识到了事情B这个事实。B这里往往带有一些惊讶之感。／Mẫu câu "Aと／たら、B" có nghĩa ý thức được là B xảy ra, phát hiện B khi làm A. Ở vế câu B có bao gồm ý ngạc nhiên.

確認しよう

正しいほうを選びなさい。

1．隣の部屋で変な音がしたので、見に行くと、弟がゲームを（ している ・ していた ）。
2．お金を払おうとしたら、（ 財布を取り出した ・ 財布がなかった ）。

書いてみよう

＿＿＿＿＿に言葉を入れて、文を完成させなさい。

1．恋人の家に行ったら、＿＿＿＿＿＿＿＿＿＿＿＿＿＿。
2．駅に着くと、母が＿＿＿＿＿＿＿＿＿＿＿＿＿＿＿＿＿。
3．朝、目が覚めたら、＿＿＿＿＿＿＿＿＿＿＿＿＿＿で寝ていた。
4．＿＿＿＿＿＿＿＿＿＿＿＿＿＿と、部屋が荒らされていたので警察を呼んだ。
5．初めてお酒を＿＿＿＿＿＿＿＿＿＿ら、＿＿＿＿＿＿＿＿＿＿＿＿＿＿＿＿。
6．暇だったので、＿＿＿＿＿＿＿＿＿と、＿＿＿＿＿＿＿＿＿＿＿＿＿＿＿＿。
7．時間がなかったので、＿＿＿＿＿＿＿＿＿ら、＿＿＿＿＿＿＿＿＿＿＿＿＿。
8．＿＿＿＿＿＿＿＿＿＿＿＿＿＿＿と、＿＿＿＿＿＿＿＿＿＿＿＿＿＿＿＿。

5 〜というか…というか

＿＿＿月＿＿＿日

例文

1 娘の結婚は嬉しいというか、寂しいというか、複雑な気持ちです。
2 彼の部屋はごみ箱というか、泥棒に荒らされた後というか、いつも散らかっている。
3 父は私を心配しているというか、信じていないというか、毎日連絡してくる。

使い方

普
*なAだ
*Nだ
＋ というか

何かを説明するのに、どちらが適切な表現かわからない時に使う。後ろにはそれぞれをまとめるような具体的な表現がくることが多い。

This is used when explaining something to present two different descriptions that the speaker is unsure of which is the more apt characterization. In many cases, it is followed by a concrete statement that consolidates the different descriptions. ／在对一件事情进行说明时，不确定这样的表达方式是否合适时使用。最后往往会跟一句具体总结的话。／Đây là cách diễn đạt sử dụng khi không biết đâu là cách diễn đạt phù hợp để giải thích điều gì đó. Vế sau thường là cách diễn đạt cụ thể như tổng hợp lại từng cái đã nói.

確認しよう

正しいほうを選びなさい。

1. 彼女はわがままというか、人の気持ちを（　考える　・　考えない　）というか、困った人だ。
2. 彼は（　静か　・　静かな　）というか、意見がないというか、何を考えているのかわからない。

書いてみよう

＿＿＿＿＿＿に言葉を入れて、文を完成させなさい。

1. 一人暮らしは＿＿＿＿＿＿＿＿＿＿というか、楽というか、何でも好きなようにできる。
2. この料理は味が＿＿＿＿＿＿＿＿＿＿というか、しないというか、私はもっと濃い味が好きです。
3. 彼は仕事が雑というか、＿＿＿＿＿＿＿＿＿＿というか、もう少しきちんと＿＿＿＿＿＿＿＿＿＿。
4. あの人は優しいというか、甘いというか、＿＿＿＿＿＿＿＿＿＿＿＿＿＿＿＿＿＿。
5. アルバイト先の店長は姉というか、母というか、＿＿＿＿＿＿＿＿＿＿＿＿＿＿＿＿。
6. 私は彼女に興味があるというか、気になるというか、＿＿＿＿＿＿＿＿＿＿＿＿＿＿。
7. ここは＿＿＿＿＿＿＿＿というか、＿＿＿＿＿＿＿＿というか、＿＿＿＿＿＿＿＿＿＿。
8. ＿＿＿＿＿＿は、＿＿＿＿＿＿＿というか、＿＿＿＿＿＿＿というか、＿＿＿＿＿＿＿＿＿＿。

6 ～ことは…が

＿＿＿月＿＿＿日

例文

[1] 私の家は大きいことは大きいが、家族が多いので少し窮屈に感じる。
[2] コンビニは便利なことは便利ですが、高いのであまり行きません。
[3] 彼のレポートを読むことは読んだが、よくわからなかった。

使い方

(普)
*[なA]な
*[N]である
＋ ことは…が

「AことはAだが、B」で、Aは事実だが、BはAから期待される結果ではないことを表す。同じ語を繰り返して使う。過去の話題では２つとも過去形にする場合と[3]のように２つ目だけを過去形にする場合がある。

Used in the pattern AことはAだが、B, this indicates that B is an outcome not to be expected given fact A. The same word is repeated in A. When discussing a topic in the past, both of the repeated words may be put in the past tense or, as seen in [3], only the second one may be put in the past tense. ／「AことはAだが、B」这个形式表示虽然A是事实，而B却不是事实A所被期待的结果。同一个单词重复使用。在表达过去的事情时，前后都用过去式或像（[3]）那样，只在第二处用过去式。／Mẫu câu "AことはAだが、B" để diễn đạt việc tuy A là sự thật nhưng B không phải là kết quả được mong đợi từ A. Sử dụng cùng một từ lặp đi lặp lại. Với đề tài trong quá khứ thì có khi cả 2 A đều ở thì quá khứ, hoặc có khi như câu ([3]), chỉ A thứ 2 ở thì quá khứ.

確認しよう

正しいほうを選びなさい。

1. ここは喫茶店（ である ・ だ ）ことは喫茶店だが、メニューにコーヒーがない。
2. その映画を見ることは（ 見ます ・ 見ました ）が、途中で寝てしまった。

書いてみよう

＿＿＿＿＿に言葉を入れて、文を完成させなさい。

1. JLPTに合格したことは＿＿＿＿＿＿＿＿が、ギリギリだった。
2. 恋人がいることは＿＿＿＿＿＿＿＿が、最近ずっと会っていない
3. 試合に＿＿＿＿＿＿＿＿ことは＿＿＿＿＿＿＿＿が、私はミスばかりしてしまった。
4. 彼女は＿＿＿＿＿＿＿＿ことは＿＿＿＿＿＿＿＿ですが、非常に質素な生活をしています。
5. 私は料理ができることはできるが、＿＿＿＿＿＿＿＿＿＿＿＿＿＿＿＿。
6. 彼の説明は＿＿＿＿＿＿＿＿ことは＿＿＿＿＿＿＿＿が、＿＿＿＿＿＿＿＿。
7. ＿＿＿＿＿＿＿＿ことは＿＿＿＿＿＿＿＿が、＿＿＿＿＿＿＿＿。

7 ことか

＿＿月＿＿日

例文

1 息子が大学に合格したという知らせを聞いたとき、どんなに嬉しかったことか。
2 彼女がそのことを知ったら、どれほど喜ぶことだろう。
3 夢をあきらめそうになったとき、何度友達の言葉に励まされたことでしょう。

使い方

普
*なA な／である
*N である
＋ ことか／ことだろう（か）／ことでしょう

程度を表す副詞（なんて、なんと、どんなに、など）と一緒に使い、感情や数を強調する時に使う。

This is used with adverbs of degree (なんて, なんと, どんなに etc.) to emphasize a feeling, quantity, etc. ／跟表示程度的副词「なんて、なんと、どんなに等」一起使用，往往用于强调情感以及数量。／Sử dụng với phó từ diễn tả mức độ (như なんて, なんと, どんなに v.v.), dùng khi nhấn mạnh cảm xúc hay số lượng.

確認しよう

正しいほうを選びなさい。

1．私には素晴らしい友人たちがいる。なんて（ 幸せな ・ 幸せだ ）ことか。
2．先生に「時間を守りなさい」とこれまでに何度（ 言われる ・ 言われた ）ことだろう。

書いてみよう

＿＿＿＿に言葉を入れて、文を完成させなさい。

1．恋人と別れるのは、なんて＿＿＿＿ことだろうか。
2．一日中留守番をさせられた犬は、どんなに＿＿＿＿ことだろう。
3．都会の生活は、どれほど＿＿＿＿であることだろう。
4．１週間も連絡をしてこないなんて、どれほど＿＿＿＿ことか。
5．この店を作るのにいくら＿＿＿＿ことか。
6．やっと＿＿＿＿。この日をどれほど待ったことか。
7．N２に＿＿＿＿ために、どんなに＿＿＿＿ことか。
8．私は＿＿＿＿ために、何度＿＿＿＿ことか。

8 みたい

＿＿＿月＿＿＿日

例文

1 Ｎ２に合格したなんて、まるで夢**みたいだ**。
2 彼女は恋人と別れた**みたいだ**よ。
3 先生**みたいに**日本語が話せるようになりたい。

使い方

普		みたいだ
*なA ~~だ~~	＋	みたいに
*N ~~だ~~		みたいな N

状態、性質、形、動作の様子などを、似ているものを挙げて例える表現(1)で、「まるで」と一緒に使うことが多い。また、推量(2)、例示(3)の意味を表す。「ようだ(N3 p.57)」よりも話し言葉的な表現。

This can be used to liken a certain state, quality, shape, action, etc. to something similar (1). It is often paired with まるで in this usage. It can also be used to express conjecture (2) or to present an example (3). It is more colloquial than ようだ (N3 p. 57). ／举相似的例子来表现状态、性质、形状、动作等时使用（1）。常常跟「まるで」放在一起使用。另外，也用于表示推测（2）、示例（3）。与「ようだ（N3 p.57）」这个语法相比，更加口语化。／Đây là cách diễn đạt tình trạng, tính chất, hình thức, động tác v.v. bằng cách đưa ra ví dụ tương tự, như câu (1). Thường sử dụng với "まるで". Ngoài ra, còn diễn đạt ý suy đoán như câu (2), hoặc đưa ra ví dụ như câu (3). Đây là cách diễn đạt mang tính văn nói hơn "ようだ(N3, tr.57)".

確認しよう

正しいものを選びなさい。

1．彼女はまるで（ 子どもの ・ 子どもだ ・ 子ども ）みたいに喜んだ。
2．東京みたいな（ 大都市 ・ 日本 ）に住んでみたい。

書いてみよう

＿＿＿＿＿に言葉を入れて、文を完成させなさい。

1．彼女は困ったときはいつも助けてくれる。まるで＿＿＿＿＿＿＿＿みたいだ。

2．この薬はチョコレートみたいな＿＿＿＿＿＿＿＿がするから、子どもでも飲みやすいよ。

3．今ダイエットをしているので、＿＿＿＿＿＿＿＿みたいな油の多い食べ物は食べません。

4．きみみたいに＿＿＿＿＿＿＿＿人が、私のチームにいてくれたらよかったのに。

5．ケン 「あ、店長、ゴックさん見ませんでしたか？」

店長 「うん、さっき見たよ。なんだか＿＿＿＿＿＿＿＿みたいだったけど何かあった？」

6．ルイさんが電話に出ない。もう夜遅いから＿＿＿＿＿＿＿＿＿＿＿＿＿＿みたいだ。

7．彼は＿＿＿＿＿＿＿＿みたいな＿＿＿＿＿＿＿＿で、＿＿＿＿＿＿＿＿＿＿。

まとめの練習

月　　日

問題 1　読解（内容理解 - 短文 Comprehension - Short passages）

次の（1）と（2）の文章を読んで、後の問いに対する答えとして最もよいものを、1・2・3・4から一つ選びなさい。

（1）

以下は、ルイさんが書いた日記である。

> 明日から新学期が始まる。新しいクラスの授業が楽しみなものの、心配というか、不安というか、ちょっと気が重い。僕はこのクラスの授業についていけるのだろうか。
>
> 前学期、期末テストの漢字の成績が悪すぎて、山下先生から「ルイさんは漢字をもっと頑張らないと、新しいクラスでは大変ですよ」と言われてしまった。別に漢字の勉強をサボっているわけではない。何度も紙に書いたり声に出して読んだりして、練習していることはしているが、どうしても覚えられないのだ。努力しているにもかかわらず、なかなか成果が出ないのは、僕の勉強の仕方が悪いのだろうか。
>
> 漢字がわかるようになれば、どんなに勉強が楽になることか……。

1 ルイさんは漢字についてどう思っているか。

1 苦手だから、勉強したくない。

2 得意だから、試験は何の問題もない。

3 真面目に勉強しているのに、覚えられない。

4 先生の教え方が悪いから、わからない。

(2)

以下は、ルイさんが書いた日記である。

> 今日学校で、セイセイとケンに漢字の勉強方法についてアドバイスをもらった。
>
> セイセイは漢字をパズルのように捉えるとわかりやすいと言っていた。難しく見える漢字も、簡単な漢字を組み合わせて作られていることが多いそうだ。一方、ケンにとって漢字は絵みたいなものだという。絵を描いている気持ちで何度も紙に書いて練習していたら、いつの間にか楽しく覚えられるようになったと言っていた。
>
> 二人のアドバイスをもとに、自分に合った勉強方法を見つけようと思う。できるものなら、苦手なことは減らしたい。それに、今年N2に合格すると決めたのだから、一生懸命頑張るつもりだ。

1 本文の内容に合うのはどれか。

1 ケンさんもセイセイさんもパズルを使って漢字を勉強している。

2 セイセイさんは簡単な漢字がわかれば、難しい漢字もわかると言っている。

3 ケンさんは絵を見て漢字を覚えるようにしている。

4 ルイさんは漢字が苦手だが、あきらめずに勉強を続けようと思っている。

問題2 文法（文法形式の判断 Selecting grammar form）

次の文の（　　）に入れるのに最もよいものを、1・2・3・4から一つ選びなさい。

1 電話で問い合わせを（　　）、係（かかり）の人からまだチケットがあると言われた。

1 すれば　2 したら　3 するなら　4 したなら

2 恋人（こいびと）と別れると（　　）ものの、なかなか言い出せない。

1 決（き）める　2 決（き）めて　3 決（き）めよう　4 決（き）めた

3 台風が近づいているにもかかわらず、その男はキャンプを（　　）。

1 しなかった　2 終わらせた　3 続（つづ）けた　4 やめようとした

4 教室でタバコを（　　）ものなら、退学（たいがく）になるだろう。

1 吸（す）い　2 吸（す）えた　3 吸（す）える　4 吸（す）おう

5 先生　「ドルジさん、もう研究計画書は書き終わりましたか。」

ドルジ　「はい、（　　）ことは（　　）が、自信（じしん）がありません。」

1 書く／書く　2 書くの／書いた

3 書いた／書きました　4 書いた／書く

6 彼女（かのじょ）は考え方が幼（おさな）い（　　）、子どもっぽい（　　）、少しわがままなところがある。

1 というか／というか　2 といっても／といっても

3 というか／といっても　4 といっても／というか

7 （テレビのインタビュー）

アナウンサー　「矢澤選手（やざわせんしゅ）、優勝（ゆうしょう）おめでとうございます。」

矢澤選手（やざわせんしゅ）　「ありがとうございます。今までどんなに頑張（がんば）ってきた（　　）か……。」

1 もの　2 はず　3 こと　4 よう

8 アンズ　「プラバさん、それは何？ 自分で作ったの？」

プラバ　「うん。これは私が子どもの頃（ころ）から食べているもので、モモという餃子（ぎょうざ）（　　）だよ。一つ食べる？」

1 だったよう　2 みたいなもの　3 っぽいそう　4 げなもの

問題3　文法（文の組み立て Sentence composition）

次の文の＿★＿に入る最もよいものを、1・2・3・4から一つ選びなさい。

1　約束(やくそく)した ＿＿ ＿＿ ＿★＿ ＿＿ わからない。
1　した　　2　が　　3　ことは　　4　行けるかどうか

2　彼(かれ)は声(こえ)が ＿＿ ＿★＿ ＿＿ ＿＿ ではない。
1　歌が　　2　あまりいい歌手　　3　悪いというか　　4　下手というか

3　駅に着いたら、＿＿ ＿＿ ＿★＿ ＿＿ あった。
1　電車が止まっている　　2　アナウンスが
3　強風のために　　4　という

4　このプロジェクトを成功(せいこう) ＿＿ ＿＿ ＿★＿ ＿＿ 。
1　どれほど　　2　させるために　　3　ことか　　4　努力(どりょく)してきた

5　毎日、日本語の ＿＿ ＿＿ ＿★＿ ＿＿ にならない。
1　ものの　　2　なかなか　　3　勉強をしている　　4　話せるよう

6　彼(かれ)は ＿＿ ＿＿ ＿★＿ ＿＿ 運ばれた。
1　突然倒(とつぜんたお)れてしまい　　2　熱(ねつ)があるにもかかわらず
3　旅行に行って　　4　救急車(きゅうきゅうしゃ)で病院へ

7　ケン　「さくら、どうしてそんなに急いでいるの？」
さくら　「これから大学の先生との面談があるんだけど、時間にとても厳しい方で、
＿＿ ＿★＿ ＿＿ ＿＿ んだ。」
1　1分でも遅(おく)れよう　　2　叱(しか)られてしまう
3　ものなら　　4　約束(やくそく)の時間に

8　サビナ　「ワンソン、私たちの結婚式(けっこんしき)の写真ができたから見て。」
ワンソン　「この ＿＿ ＿＿ ＿★＿ ＿＿ だろうね。」
サビナ　「ははは、それはあなたのことだね。」
1　夫(おっと)はきっと世界で　　2　きれいな人の
3　一番の幸(しあわ)せ者(もの)　　4　モデルみたいに

問題4　聴解（概要理解 Summary comprehension）

この問題は、全体としてどんな内容かを聞く問題です。話の前に質問はありません。まず話を聞いてください。それから、質問とせんたくしを聞いて、1から4の中から、最もよいものを一つ選んでください。

N2-1

1　2　3　4

問題5　聴解（即時応答 Quick response）

まず文を聞いてください。それから、それに対する返事を聞いて、1から3の中から、最もよいものを一つ選んでください。

1 N2-2　1　2　3

2 N2-3　1　2　3

3 N2-4　1　2　3

4 N2-5　1　2　3

5 N2-6　1　2　3

6 N2-7　1　2　3

7 N2-8　1　2　3

8 N2-9　1　2　3

第（だい）2課（か）

単語

文法（ぶんぽう）の練習（れんしゅう）に出てくる難（むずか）しい単語（たんご）の意味を確認（かくにん）しましょう。

名詞（めいし）

□ 害（がい）	harm	害处	cái hại
□ 核兵器（かくへいき）	nuclear weapons	核武器	vũ khí hạt nhân
□ 原子力発電所（げんしりょくはつでんしょ）	nuclear power plant	核电站	nhà máy phát điện hạt nhân
□ 審判（しんぱん）	referee	裁判	trọng tài
□ ストライキ	strike	罢工	cuộc đình công
□ 難民（なんみん）	refugees	难民	người tị nạn
□ 似顔絵（にがおえ）	likeness, police sketch	肖像画	tranh vẽ chân dung
□ 農村（のうそん）	rural area	农村地区	nông thôn
□ 不景気（ふけいき）	recession	不景气	kinh tế trì trệ, suy thoái
□ 領土（りょうど）	territory	领土	lãnh thổ

な形容詞（けいようし）

□ 温暖（おんだん）な	warm	温暖的	ấm

動詞（どうし）

□ カンニング（する）	cheating; cheat	作弊	sự quay cóp, quay cóp
□ 議論（ぎろん）（する）	debate	讨论	sự tranh luận, tranh luận
□ 抗議（こうぎ）（する）	protest	抗议	sự kháng nghị, kháng nghị, phản đối
□ 差別（さべつ）（する）	discrimination; discriminate	歧视，区别对待	sự phân biệt đối xử, phân biệt đối xử
□ 支援（しえん）（する）	support	支援	sự hỗ trợ, hỗ trợ
□ 対策（たいさく）（する）	measure; implement a measure	对策；采取对策	biện pháp, lên đối sách
□ 対立（たいりつ）（する）	opposition; be at odds	对立	sự đối lập, đối lập
□ 度重（たびかさ）なる	repeated	反复，再三	xảy ra nhiều lần
□ だます	trick	欺骗	đánh lừa, lừa
□ 徹夜（てつや）（する）	staying up all night; stay up all night	彻夜	sự thức xuyên đêm, thức thâu đêm
□ 解（と）ける	melt	融化	tan, chảy
□ 廃止（はいし）（する）	abolishing; abolish	废除	sự hủy bỏ, bãi bỏ
□ 表示（ひょうじ）（する）	display	显示	sự hiển thị, hiển thị
□ 労働（ろうどう）（する）	labor; work	劳动	lao động, làm việc

副詞（ふくし）

□ 密（ひそ）かに	secretly	悄悄地	một cách âm thầm

その他（た）

□ 罪（つみ）を犯（おか）す	commit a crime	犯罪	phạm tội

9 つつある

＿＿月＿＿日

例文

1 地球は温暖化しつつある。
2 労働環境に関する問題は改善されつつある。
3 駅前に建設中のビルは完成しつつある。

使い方

Vます ＋ つつある

変化の意味を持つ動詞に接続し、少しずつ変化していることを表す。「～ている」に置き換えられることが多い(1)。ただし、遠い過去からの変化には使わない。また、物事が完成の方向に向かっていることを表す(2 3)。

This is joined with a verb of change to express that some change is progressing gradually. In many cases it can be replaced with ～ている(1). It is not used for changes that began in the distant past. It can also indicate that something is approaching completion (2 3).／接在能表示变化的动词后，表示一点点在发生变化。通常可以与「～ている」互换 (1)。但是，不能用于很久远的过去发生的变化。表示事物正走向完成阶段 (2 3)。／Tiếp nối với động từ có nghĩa thay đổi để diễn tả việc đang thay đổi từng chút một. Thường được hoán đổi với "～ている" (1). Tuy nhiên, không sử dụng cho sự thay đổi từ quá khứ xa xôi. Diễn tả sự việc đang hướng đến chiều hướng hoàn thành, như câu (2 3).

確認しよう

正しいほうを選びなさい。

1．彼は毎日勉強しているので、日本語が（ 上手になり ・ 上手 ）つつある。
2．世界は不景気から（ 回復する ・ 回復し ）つつある。

書いてみよう

＿＿＿＿＿に言葉を入れて、文を完成させなさい。

1．風邪をひいてしまったが、薬を飲んだので、＿＿＿＿＿＿つつある。
2．雪が解けて、最近は暖かい日が続いていますね。＿＿＿＿＿＿つつありますね。
3．度重なる政治家の犯罪で、国民の政治家に対する信頼は＿＿＿＿＿＿つつある。
4．その国の人口は＿＿＿＿＿＿つつあるので、国はさまざまな対策をとっている。
5．津波で被害を受けたその街は、人々の支援のおかげで＿＿＿＿＿＿つつある。
6．＿＿＿＿＿＿ため、その農村地域は＿＿＿＿＿＿つつある。
7．その国の経済は＿＿＿＿＿＿つつあり、世界から＿＿＿＿＿＿。
8．＿＿＿＿＿＿につれて、＿＿＿＿＿＿つつある。

10 ざるを得ない

月　　日

例文

1 楽しみにしていた旅行だが、台風が来るので中止せ**ざるを得ない**。
2 原料の値上げにともない、製品の値段も上げ**ざるを得なく**なってしまった。
3 練習中にけがをしてしまったので、スポーツ大会の出場はあきらめ**ざるを得なかった**。

使い方

V~~ない~~ ＋ ざるを得ない

他に選択肢がなく、不本意だがそうするしかないと言いたい時に使う。動詞「する」は「せざるを得ない」になる。書き言葉でよく使う。

This is used to express that there is no choice but to do some undesirable action. The verb する becomes せざるを得ない. This is often used in writing. ／表示没有别的选择，虽不是本意但是没办法只能这么做的时候使用。动词「する」要变成「せざるを得ない」。常用在书面语。／Sử dụng khi muốn nói không còn sự chọn lựa nào khác, chỉ còn cách làm như thế dù không thật sự có ý đó. Động từ "する" sẽ thành "せざるを得ない". Thường sử dụng trong văn viết.

確認しよう

正しいものを選びなさい。

1. 店長の頼みだから（　引き受けない　・　引き受ける　・　引き受け　）ざるを得ない。
2. 学校のルールなので、学生は教室の掃除を（　し　・　する　・　せ　）ざるを得ない。

書いてみよう

＿＿＿＿＿に言葉を入れて、文を完成させなさい。

1. 飛行機で行きたかったが、チケットが取れなかったので、新幹線で＿＿＿＿＿＿ざるを得ない。
2. 誰もこの仕事を手伝ってくれないなら、＿＿＿＿＿＿＿＿＿＿ざるを得ない。
3. ＿＿＿＿＿＿＿＿＿＿＿＿＿＿＿＿から、まずくても全部食べざるを得ない。
4. ＿＿＿＿＿＿＿＿＿＿＿＿＿＿＿＿から、進学をあきらめざるを得ない。
5. 急に＿＿＿＿＿＿＿＿＿＿＿＿＿＿＿＿＿＿ので、デートをキャンセルせざるを得ない。
6. お金がなくて＿＿＿＿＿＿＿＿＿＿ので、＿＿＿＿＿＿＿＿＿＿＿＿ざるを得なくなった。
7. このプロジェクトは、予算が＿＿＿＿＿＿＿＿＿ので、＿＿＿＿＿＿＿＿＿ざるを得ない。
8. 彼は＿＿＿＿＿＿＿＿＿＿＿ので、＿＿＿＿＿＿＿＿＿＿＿＿＿＿ざるを得なかった。

11 をめぐって

月　　日

例文

1 領土をめぐって、両国は戦争を始めた。
2 原子力発電所の廃止をめぐって意見が対立している。
3 国会で、難民受け入れ問題をめぐる議論が繰り返された。

使い方

N ＋ をめぐって
　　をめぐる N

「AをめぐってB」の形で、Aにはトラブルや問題などの対象が入り、Bは、それについて複数人での対立や争いが起きていることを述べる。

Used in the pattern　AをめぐってB, this expresses that multiple parties are in conflict or disagreement (B) regarding the problem or issue stated in A.／「AをめぐってB」这个形式中A一般是纠纷或问题等的对象，B表示针对A这个问题，引起了多方的对立或纷争。／Trong mẫu câu “AをめぐってB”, vế câu A có đối tượng rắc rối, có vấn đề v.v. và vế câu B trình bày việc xảy ra đối lập, tranh chấp giữa nhiều người về rắc rối hay vấn đề đó.

確認しよう

「をめぐって」の使い方が正しいものには○、間違っているものには×を書きなさい。

1.（　　　）彼は核兵器廃止をめぐって、研究論文を書いている。
2.（　　　）次期社長の座をめぐって、社内の役員たちは密かに動き始めた。

書いてみよう

＿＿＿＿＿に言葉を入れて、文を完成させなさい。

1. ある国で、一人の女性をめぐって、＿＿＿＿＿＿＿＿＿＿＿＿という昔話を読んだ。
2. 親が残してくれた財産をめぐって、＿＿＿＿＿＿＿＿＿＿＿＿。
3. タワーマンションの建設をめぐって、＿＿＿＿＿＿＿＿＿＿＿＿。
4. 地球温暖化の問題をめぐって、研究者たちが＿＿＿＿＿＿＿＿＿＿＿＿。
5. ＿＿＿＿＿＿＿＿＿＿＿＿をめぐって、労働組合の人々はストライキを行った。
6. サッカーの試合中、＿＿＿＿＿＿＿＿＿＿＿＿をめぐって、監督は審判に抗議した。
7. その街では、＿＿＿＿＿＿＿＿＿＿＿＿をめぐって＿＿＿＿＿＿＿＿＿＿＿＿。
8. ＿＿＿＿＿＿＿＿＿＿＿＿の問題をめぐって、＿＿＿＿＿＿＿＿＿＿＿＿。

12 まで

例文

1 まだ小さい子どもに留守番させてまで遊び歩くなんて、信じられない。
2 私はカンニングまでして、満点を取りたいとは思わない。
3 親友をだましてまで、お金がほしいですか。

使い方

Vて ＋ まで
N ＋ までして

「AてまでB／AまでしてB」の形で、Bの達成のために、あえてAをするということを表す。Aには極端なことや大変なことが入り、それに対する批判や驚きなどの気持ちを込めて使うことが多い。

Used in the patterns AてまでB and AまでしてB, this expresses that someone goes so far to do A in order to accomplish B. This is often used to convey the speaker's criticism, surprise, etc. regarding an extreme or arduous experience described in A. ／「AてまでB」「AまでしてB」表示为了达成B，故意去做A这件事情。A这里往往是一些比较极端的或困难的事情，后文往往表达针对事情A做出的一些评判或震惊等的心情。／"AてまでB", "AまでしてB" diễn tả việc để đạt được B, dám làm A. Trong vế câu A có việc cực đoan hay khó khăn, thường dùng với cảm giác phê phán, kinh ngạc v.v. với điều đó.

確認しよう

「まで」の使い方が正しいものには○、間違っているものには×を書きなさい。

1．(　　　) 彼はご飯を食べないでまで、お金を貯めた。
2．(　　　) 罪を犯してまで、いい生活を送りたいとは思わない。

書いてみよう

＿＿＿＿に言葉を入れて、文を完成させなさい。

1．私は＿＿＿＿＿＿＿＿までしてお金がほしいと思わない。
2．彼は外国にいる友人に＿＿＿＿＿＿＿＿まで、お金を準備した。
3．私は＿＿＿＿＿＿＿＿まで許してほしいとは思っていない。
4．彼女は＿＿＿＿＿＿＿＿までして、恋人にプレゼントを買った。
5．徹夜までして勉強したが、＿＿＿＿＿＿＿＿。
6．親に嘘をついてまで、私は＿＿＿＿＿＿＿＿たくない。
7．私は＿＿＿＿＿＿＿＿までして＿＿＿＿＿＿＿＿という彼の気持ちがわからない。
8．私は＿＿＿＿＿＿＿＿まで＿＿＿＿＿＿＿＿と思わない。

13 がたい

＿＿月＿＿日

例文

1 全然勉強していなかった彼女がＮ２に合格したとは信じ**がたい**。
2 母親が幼い子どもを家に残して遊びに行くという理解し**がたい**ニュースを見た。
3 彼が医者になったとは想像し**がたい**。

使い方

V~~ます~~ ＋ がたい

「心理的に～することが難しい／できない」という意味。能力的にできないことには使わない。「想像する、認める、信じる、受け入れる、賛成する、理解する、許す」などの動詞と一緒に使われることが多い。

This expresses that something is psychologically difficult or impossible to do. It is not used for cases where the action is difficult to perform in terms of actual ability. It is often used with verbs like 想像する, 認める, 信じる, 受け入れる, 賛成する, 理解する, or 許す. ／表示心理上难以做某事。不表示能力上做不了的事情。常常跟「想像する、認める、信じる、受け入れる、賛成する、理解する、許す」这样的动词一起使用。／Có nghĩa là khó / không thể làm ~ về mặt tâm lý. Không sử dụng cho việc không thể làm về mặt năng lực. Thường được sử dụng với các động từ như "想像する, 認める, 信じる, 受け入れる, 賛成する, 理解する, 許す" v.v.

確認しよう

正しいほうを選びなさい。

1. 妹は体が弱くて、運動が（　しがたい　・　できない　）。
2. 彼が犯人とは（　考え　・　なり　）がたい。

書いてみよう

＿＿＿＿に言葉を入れて、文を完成させなさい。

1. 男女差別は＿＿＿＿＿＿＿＿がたい。
2. 彼が作った料理は、おいしいとは＿＿＿＿＿＿＿＿がたい。
3. ＿＿＿＿＿＿＿＿＿＿＿＿＿＿＿＿のは、耐えがたい。
4. ＿＿＿＿＿＿＿＿＿＿＿＿＿＿＿＿は許しがたい犯罪である。
5. いつも厳しい先生が＿＿＿＿＿＿＿＿とは＿＿＿＿＿＿＿＿がたい。
6. 彼がこの料理を＿＿＿＿＿＿＿＿なんて、＿＿＿＿＿＿＿＿がたい。
7. 一日中＿＿＿＿＿＿＿＿＿＿とは、＿＿＿＿＿＿＿＿＿＿がたい。
8. ＿＿＿＿＿＿＿＿＿＿＿＿なんて、＿＿＿＿＿＿＿＿＿＿がたい。

14 からすると

月　日

例文

[1] 彼女の表情からすると、試験に合格したようだ。
[2] 持ち物からすれば、彼はきっとお金持ちだろう。
[3] 学生からすると、テストほど嫌なものはないのではないだろうか。

使い方

N ＋ からすると／からすれば

「AからするとB」「AからすればB」の形で、Aから判断するとBだ（[1] [2]）、Aの立場で考えるとBだ（[3]）という意味を表す。文末には「ようだ」「だろう」などの推測の表現を使うことが多い。

Used in the pattern AからするとB or AからすればB, this conveys that a certain opinion (B) is based on A ([1] [2]) or is drawn from the perspective of A ([3]). The sentence often ends with an expression of conjecture, such as ようだ or だろう. ／「AからするとB」「AからすればB」表示通过A来判断B（[1] [2]）、站在A的立场上看，能得出B这个结论（[3]）。句末常常用「ようだ」「だろう」等表示推测的一些词汇。／Mẫu câu "AからするとB", "AからすればB" diễn tả ý phán đoán từ A thì là B, như câu ([1] [2]), suy nghĩ từ lập trường của A thì là B, như câu ([3]). Cuối câu thường sử dụng cách diễn đạt suy đoán như "ようだ", "だろう" v.v.

確認しよう

正しいほうを選びなさい。

1．彼女の態度からすると、彼女は彼のことが（　好きだそうだ　・　好きなようだ　）。
2．タバコを（　吸う人　・　吸わない人　）からすれば、タバコの煙は害でしかない。

書いてみよう

＿＿＿＿に言葉を入れて、文を完成させなさい。

1．先生の＿＿＿＿＿＿＿＿からすると、私は試験に合格したようだ。
2．彼女の＿＿＿＿＿＿＿＿からすれば、その料理はおいしかったのだろう。
3．店長の言い方からすると、＿＿＿＿＿＿＿＿＿＿＿＿＿＿＿＿。
4．試験の結果からすれば、＿＿＿＿＿＿＿＿＿＿＿＿＿＿＿＿。
5．＿＿＿＿＿＿＿＿＿＿＿＿＿＿＿＿からすると、給料は高いほうがいい。
6．留学生からすると、＿＿＿＿＿＿＿＿＿＿＿＿＿＿＿＿。
7．＿＿＿＿＿＿＿＿＿＿からすると、＿＿＿＿＿＿＿＿＿＿はずだ。
8．＿＿＿＿＿＿＿＿＿＿人からすれば、＿＿＿＿＿＿＿＿＿＿＿＿＿＿＿＿。

15 に基づいて

＿＿＿月＿＿＿日

例文

1 試験の結果に基づいて、クラス替えを行う。
2 罪を犯したら、法律に基づいて裁かれる。
3 映画「タイタニック」は実話に基づいた作品として知られている。

使い方

N ＋ に基づいて
に基づいた N
に基づく N

「Aに基づいてB」の形で、Aを判断の基準や根拠にしてBを行うということを表す。

Used in the pattern Aに基づいてB, this expresses that B is performed based on the criterion or evidence presented in A. ／「Aに基づいてB」这个形式表示以A为判断的标准或根据，来进行B这件事情。／Diễn tả việc dựa trên tiêu chuẩn phán đoán hay căn cứ là A thì tiến hành B bằng mẫu câu "Aに基づいてB".

確認しよう

正しいほうを選びなさい。

1．このレポートは過去５年間のデータに（　基づいて　・　基づく　）ものです。
2．このＳＮＳはユーザーの行動データに（　基づいて　・　基づいた　）、表示される内容が決まる。

書いてみよう

＿＿＿＿＿に言葉を入れて、文を完成させなさい。

1．＿＿＿＿＿＿＿＿＿＿に基づいて、給料を決めます。

2．目撃者の＿＿＿＿＿＿＿＿＿＿に基づいて、警察は似顔絵を描いた。

3．集めた資料に基づいて＿＿＿＿＿＿＿＿＿＿＿＿＿＿＿＿＿＿＿＿。

4．先生はいつも＿＿＿＿＿＿＿＿＿＿に基づくアドバイスをしてくれる。

5．わが社ではお客様の意見に基づいて＿＿＿＿＿＿＿＿＿＿＿＿＿＿＿＿＿＿＿＿。

6．この街は計画書に基づいて＿＿＿＿＿＿＿＿＿＿＿＿＿＿＿＿＿＿＿＿。

7．＿＿＿＿＿＿＿＿＿＿に基づいて、＿＿＿＿＿＿＿＿＿＿＿＿＿＿＿＿＿＿＿＿。

8．これは＿＿＿＿＿＿＿＿＿＿に基づいた＿＿＿＿＿＿＿＿＿＿＿＿＿＿＿＿＿＿＿＿です。

16 ようがない

　　月　　日

例文

1 スマホをなくしてしまったので、連絡したくても連絡し**ようがない**。
2 冷蔵庫に何も入っていないから、ご飯の作り**ようがない**。
3 自分に合う相手が見つからないのだから、結婚したくても結婚し**ようがない**。

使い方

V~~ます~~ ＋ ようがない

したくてもできる状況ではない、方法が全くないから不可能であるという意味を表す。

This expresses that the subject completely lacks the means or ability to perform a certain action they wish to do. ／表示并不是想做而做不了，而是因为完全没有办法而导致这件事情做不成。／Diễn tả ý không phải tình trạng muốn làm thì có thể mà là hoàn toàn không có cách nên không thể.

確認しよう

正しいほうを選びなさい。

1．ここまで壊れてしまったら、（　直す　・　直し　）ようがない。
2．時間がないので、旅行に（　行け　・　行き　）ようがない。

書いてみよう

＿＿＿＿に言葉を入れて、文を完成させなさい。

1．台風で交通機関が止まっているので、＿＿＿＿＿＿＿＿ようがない。

2．誰とも話そうとしない彼女とは、友達に＿＿＿＿＿＿＿＿ようがない。

3．＿＿＿＿＿＿＿＿ので、大学の志望理由書の書きようがない。

4．今月は＿＿＿＿＿＿＿＿から、学費の払いようがない。

5．父は＿＿＿＿＿＿＿＿ので、＿＿＿＿＿＿＿＿ようがない。

6．＿＿＿＿＿＿＿＿ようがないことを何度も質問されて、困ってしまった。

7．そんなに＿＿＿＿＿＿＿＿ら、＿＿＿＿＿＿＿＿ようがないでしょう。

8．いくら＿＿＿＿＿＿＿＿ても、＿＿＿＿＿＿＿＿から、＿＿＿＿＿＿＿＿ようがない。

まとめの練習

＿＿＿月＿＿＿日

問題１　読解（主張理解 - 長文 Thematic comprehension - Long passages）

次の文章を読んで、後の問いに対する答えとして最もよいものを、1・2・3・4から一つ選びなさい。

以下は、ケンさんが書いた作文である。

　今日は日本語学校の授業で、ニュースの記事を読んだ。僕はその授業で、一つの記事を読んだだけで、物事を判断してはいけないということを学んだ。

　まず先生は、とある市の住宅地の中にある公園が廃止されたことについて書かれた一つの記事を紹介してくれた。そのニュースは、「一人の住民が、公園で子どもが遊ぶ声がうるさいと市に対して苦情を言ったことで、市が公園の廃止を決めた」というものだ。僕にとって、市がとった決断は信じがたいことだった。僕の感覚からすると、子どもが元気に遊ぶ声は騒音ではないし、公園は人が集まるための場所だから、ある程度にぎやかになることは避けようがないことだからだ。せっかく作った子どもたちの遊び場を廃止してまで、たった一人の苦情に対応する必要があるのだろうかと<u>僕は不思議に思った</u>。確かに、騒音問題をめぐってはさまざまな意見があるだろう。しかし、少子化が加速しつつある日本では、子育てしやすい環境を確保することも大事なのではないか。子どもの遊び場を廃止せざるを得ない状況に、僕は少し悲しくなった。

　次に、先生はもう一つのニュースを紹介してくれた。それは、市が「その公園の廃止は、一人の住民の苦情を理由に決定したわけではないと発表した」というものだった。それによると、苦情を言った住民は公園ができる前からその場所に住んでいて、市は公園を設置する際、その住民に十分な説明をしていなかったのだそうだ。その他にも、その公園は都市公園法に基づいていなかったことや、その公園がなくなっても近くにはいくつかの公園があり、子どもたちの遊び場がなくなるわけではないということなど、市は複数の事情を総合的に考えて廃止を決めたのだという。つまり、廃止の決定にはさまざまな要因があり、住民の苦情はそのうちの一つだったのだ。この住民は静かに生活を送りたいと思って、そこに家を建てたにもかかわらず、後から公園ができて、騒がしくなることは想定していなかったのかもしれない。

　日々いろいろなニュースを目にする機会があるが、一つの記事や報道の断片だけを鵜呑みにして、判断してはいけないと気づかされた。これからは、さまざまな方面から出来事を見るようにしなければならないと思った。

1 僕は不思議に思ったとあるが、何を不思議に思ったのか。

1　先生が学校でニュースを紹介すること

2　一人の意見で公園が廃止されたこと

3　皆が子どもの遊ぶ声を騒音と感じること

4　騒音問題が解決されないこと

2 ケンさんは一つ目の公園廃止のニュースを読んで、どう思ったか。

1　近隣住民とよく話し合って、継続するべきだ。

2　子育てしやすい環境が失われるのは、残念だ。

3　子どもが騒ぐので、廃止せざるを得ない。

4　都市公園法に基づいていないので、廃止するべきだ。

3 報道に関するケンさんの考えとして合っているものはどれか。

1　どのメディアも正確に報道するべきだ。

2　ニュースの一部を聞いて判断する人が多い。

3　真実ではない報道をした人は反省するべきだ。

4　ニュースはさまざまな情報を総合的に判断したほうがいい。

問題2　文法（文法形式の判断 Selecting grammar form）

次の文の（　　　）に入れるのに最もよいものを、1・2・3・4から一つ選びなさい。

1 彼(かれ)は校則(こうそく)（　　　）、退学処分(たいがくしょぶん)になった。

1 に関(かん)して　2 までして　3 に基(もと)づいて　4 からすると

2 日本語学校の生活も（　　　）つつある。

1 終わる　2 終わり　3 終わって　4 終わろう

3 恋人(こいびと)のお母さんのお願(ねが)いだから、忙(いそが)しいけど（　　　）ざるを得(え)ない。

1 する　2 し　3 す　4 せ

4 環境(かんきょう)を（　　　）まで、そこにホテルを建設(けんせつ)する必要(ひつよう)はないと思う。

1 破壊(はかい)　2 破壊(はかい)で　3 破壊(はかい)して　4 破壊(はかい)の

5 最後(さいご)のケーキをめぐって、兄弟は（　　　）。

1 ケンカをやめた　2 ケンカを始めた

3 ケンカが終わった　4 ケンカが始まった

6 妻(つま)「今回(こんかい)の旅行は、本当に楽しかったね。」

夫(おっと)「うん、きっと子どもたちにも（　　　）思い出になったと思うよ。」

1 忘(わす)れがたい　2 忘(わす)れやすい　3 忘(わす)れつつある　4 忘(わす)れっぽい

7 バブ　「ビムセンさん、グルさん遅(おそ)いけど、道がわからないのかな。」

ビムセン「グルさんは一度来たことがあるし、駅の前だし、迷(まよ)い（　　　）と思うよ。」

1 つつある　2 がたい　3 ようがない　4 ぎみだ

8 ウサブ　「どうしてこの学校は毎日こんなに宿題(しゅくだい)が多いんだろうね。」

ランジャナ「先生（　　　）、たくさん練習(れんしゅう)してほしいと思っているんだと思うよ。」

1 にもかかわらず　2 からすると　3 といえば　4 によって

問題3　文法（文の組み立て Sentence composition）

次の文の ＿★＿ に入る最もよいものを、1・2・3・4から一つ選びなさい。

1 海賊たちは ＿＿＿ ＿＿＿ ＿★＿ ＿＿＿ を始めた。

1　戦い　　2　残した財宝　　3　海賊王が　　4　をめぐる

2 私には機械化が ＿＿＿ ＿＿＿ ＿★＿ ＿＿＿ ことが寂しい。

1　困難になり　　2　つつある

3　職人の技術の継承が　　4　進んで

3 考え方は ＿＿＿ ＿★＿ ＿＿＿ ＿＿＿。

1　使う人の気持ちが　　2　人によって違うけれど

3　服にたくさんのお金を　　4　私には理解しがたい

4 野菜が安くなることは、野菜を買う ＿＿＿ ＿★＿ ＿＿＿ ＿＿＿ だろう。

1　いいことだが　　2　農家からすると

3　困った問題　　4　消費者からすると

5 この病院では ＿＿＿ ＿＿＿ ＿★＿ ＿＿＿ 出される。

1　に基づいた　　2　とれた食事が　　3　栄養学　　4　バランスの

6 お金を ＿＿＿ ＿＿＿ ＿★＿ ＿＿＿。

1　貸したくても貸しようがない　　2　言われても

3　僕もお金がなくて　　4　貸してほしいと

7 （レストランで）

チー　「あー、これもおいしそうだけど、カロリーが気になるな。」

フラン「食べたいなら我慢しないで食べたら？ 私はおいしい物を

＿＿＿ ＿＿＿ ＿★＿ ＿＿＿ いないよ。」

1　まで　　2　思って　　3　やせたいと　　4　我慢して

8 （アルバイトで）

チャウ「チャミさん、昨日は遅くまで働いていたんだって？」

チャミ「うん。早く帰るつもりだったんだけど、

急に ＿＿＿ ＿＿＿ ＿★＿ ＿＿＿ んだよ。」

1　ソンさんが体調不良で　　2　人が足りなくなってしまったから

3　来られなくなって　　4　残らざるを得なかった

問題4　聴解（概要理解 Summary comprehension）

この問題は、全体としてどんな内容かを聞く問題です。話の前に質問はありません。まず話を聞いてください。それから、質問とせんたくしを聞いて、1から4の中から、最もよいものを一つ選んでください。

N2-10

1　2　3　4

問題5　聴解（即時応答 Quick response）

まず文を聞いてください。それから、それに対する返事を聞いて、1から3の中から、最もよいものを一つ選んでください。

1 N2-11　1　2　3

2 N2-12　1　2　3

3 N2-13　1　2　3

4 N2-14　1　2　3

5 N2-15　1　2　3

6 N2-16　1　2　3

7 N2-17　1　2　3

8 N2-18　1　2　3

第3課

単語

文法の練習に出てくる難しい単語の意味を確認しましょう。

名詞

☐ 決勝戦	final game (of tournament)	决赛	trận chung kết
☐ 実力	ability	实力	thực lực
☐ 出身	origin	出身	xuất thân
☐ 書面	in writing	书面文书	văn bản
☐ 態度	behavior, attitude	态度	thái độ
☐ タイムセール	limited-time sale	限时打折	chương trình bán giảm giá theo giờ
☐ ただ今	now	现在	bây giờ, hiện giờ
☐ 都市開発	urban development	城市开发	phát triển đô thị
☐ 妊婦	pregnant woman	孕妇	thai phụ
☐ 表情	facial expression	表情	nét mặt, biểu lộ
☐ 副作用	side effect	副作用	tác dụng phụ

い形容詞

☐ 心細い	lonely	不安，无依无靠	cô độc

な形容詞

☐ 気楽な	carefree	轻松的	thoải mái, nhẹ nhõm
☐ 困難な	difficult	困难的	khó khăn
☐ 自分勝手な	self-centered	任性的	tùy tiện, tự ý

動詞

☐ 写す	copy	抄写	chép lại
☐ 語り合う	talk together	互相聊天	trò chuyện
☐ 効く	be effective	起作用	có hiệu quả, công hiệu
☐ 再会（する）	reunion, meeting again; reunite, meet again	再次相遇	cuộc tái ngộ, gặp lại
☐ 作成（する）	creation, making; create, make	写，作成	sự soạn thảo, soạn thảo
☐ 持参（する）	bringing; bring	自行携带	sự đem theo, đem theo
☐ 就任（する）	taking on; take on	上任	sự nhậm chức, nhậm chức
☐ 乗り切る	get through	度过	vượt qua
☐ 報告（する）	report	汇报	sự báo cáo, báo cáo
☐ 募集（する）	recruitment; recruit	招募	sự chiêu mộ, tuyển

17 ようではないか

＿＿＿月＿＿＿日

例文

[1] 皆で協力して、この困難を乗り切ろうではないか。
[2] 久しぶりの再会だから、朝まで語り合おうではないか。
[3] 無理だと言われたら、「やってやろうじゃないか」と思う。

使い方

V(よ)う ＋ ではないか

相手を強く誘ったり呼びかけたりする表現([1] [2])。また、相手を挑発したり、挑発に乗ったりする時にも使う([3])。非常に固い表現で、演説や決意表明で使われることが多く、日常会話ではあまり使わない。

This is used to strongly urge someone to do something ([1] [2]), as well as to challenge someone to do something or express one's own desire to take on a challenge ([3]). It is a stiff expression frequently used in speeches or declarations, and hence is rarely used in everyday conversation. ／迫切地邀请或者呼吁对方做某事时使用（[1] [2]）。另外，在挑拨别人或者被挑拨后的反应时也会用到（[3]）。这个表达非常生硬，常常用在演讲或者表明决意的情况，一般口语里面不用。／Đây là cách diễn đạt mời, kêu gọi đối phương một cách tha thiết, như câu ([1] [2]). Ngoài ra, cũng sử dụng khi khiêu khích đối phương hoặc đáp trả lời khiêu khích như câu ([3]). Đây là cách diễn đạt rất khô cứng, thường được sử dụng trong các bài diễn thuyết hoặc tuyên bố quyết tâm, không thường sử dụng trong hội thoại hằng ngày.

確認しよう

「ようではないか」の使い方が正しいものには○、間違っているものには×を書きなさい。

1.（　　）国民の皆さん、一緒にこの国をよくしていこうではありませんか。
2.（　　）今夜は疲れたから、帰って寝ようではないかと思う。

書いてみよう

＿＿＿＿＿に言葉を入れて、文を完成させなさい。

1. 明日は決勝戦だ。私たちの実力を＿＿＿＿＿＿＿＿＿＿じゃないか。
2. まだ言い訳があるなら言ってみろ。＿＿＿＿＿＿＿＿＿＿じゃないか。
3. 私がW大学に合格するのは無理だって？ だったら、＿＿＿＿＿＿＿＿＿＿じゃないか。
4. ＿＿＿＿＿＿＿＿＿＿ために、私たちに何ができるのか考えようではありませんか。
5. この会社は＿＿＿＿＿＿＿＿＿＿が悪すぎる。社長に改善を＿＿＿＿＿＿＿＿＿＿じゃないか。
6. ＿＿＿＿＿＿＿＿＿＿ときは、＿＿＿＿＿＿＿＿＿＿ではないか。
7. ＿＿＿＿＿＿＿＿＿＿じゃないか。

18 反面

月　　日

例文

1 この薬はよく効く**反面**、眠くなるという副作用もある。
2 都会の生活は便利な**反面**、生活費が高くて困ることもある。
3 卒業式は嬉しい**反面**、寂しい気持ちにもなる。

使い方

普
*なAな／である
*Nの／である
＋ 反面

「A反面、B」の形で、１つの物事の中に反対の性質を持つAとBの２つの面があると述べる時に使う。

Used in the pattern A反面、B, this is used to express that someone has two contrasting qualities, A and B. ／「A反面、B」这个形式在阐述一个事物具有AB两面性时使用。／Sử dụng mẫu câu "A反面、B" khi trình bày trong 1 sự vật, có 2 mặt A và B có tính chất đối lập nhau.

確認しよう

正しいほうを選びなさい。

1. 彼女は厳しい先生（　だ　・　である　）反面、いつでも学生の相談に乗ってくれる優しい人だ。
2. 一人暮らしは気楽（　の　・　な　）反面、病気になったときは心細い。

書いてみよう

＿＿＿＿＿に言葉を入れて、文を完成させなさい。

1. スマホは＿＿＿＿＿＿＿＿反面、長時間の使用による健康への悪影響もある。
2. 大学に合格して＿＿＿＿＿＿＿＿反面、勉強についていけるかどうか不安だ。
3. 私の恋人は親切でかわいい反面、怒ると＿＿＿＿＿＿＿＿＿＿＿＿。
4. 彼は明るい性格の反面、＿＿＿＿＿＿＿＿＿＿＿＿と思います。
5. 子どもを育てることは、＿＿＿＿＿＿＿＿反面、＿＿＿＿＿＿＿＿＿＿＿＿。
6. この仕事は＿＿＿＿＿＿＿＿反面、＿＿＿＿＿＿＿＿＿＿＿＿。
7. 都市開発によって＿＿＿＿＿＿＿＿反面、＿＿＿＿＿＿＿＿＿＿＿＿。
8. ＿＿＿＿＿＿＿＿＿＿＿＿反面、＿＿＿＿＿＿＿＿＿＿＿＿。

19 をもって

＿＿＿月＿＿＿日

例文

1 試験結果は書面**をもって**、お知らせいたします。
2 選手たちはチームワーク**をもって**、決勝戦まで進んだ。
3 （デパートのアナウンス）ただ今の時間**をもちまして**、タイムセールを終了いたします。

使い方

N ＋ をもって

手段を表す（1 2）。ただし、日常生活で使うような道具には使えない。「〜を使っても」という意味で「をもってしても」という言い方もできる。また、今まで続いてきたことが終わる時点を表す（3）。

The expresses the means of doing something but is not used regarding tools or implements employed in everyday life (1 2). One variation is 〜をもってしても, which means "even if 〜 were used/applied." It is also used to indicate the point at which some continuous action or situation ends (3). ／表示方式、手段（1 2）。但是，不能用在日常生活中使用的一些事物上。也有「をもってしても」这种形式来表示即便用了这种方式也不行的意思。另外，也表示到目前为止一直在进行中的事情结束的时间点（3）。／Diễn tả cách thức (1 2). Tuy nhiên, không thể sử dụng với công cụ thường sử dụng trong đời sống hằng ngày. Cũng có cách diễn đạt "をもってしても" với ý nghĩa cho dù đã sử dụng ~. Ngoài ra, còn thể hiện thời điểm kết thúc của một việc tiếp diễn cho đến nay, như câu (3).

確認しよう

正しいほうを選びなさい。

1．レポートはパソコン（　で　・　をもって　）作成してください。
2．彼の知識を（　もって　・　もってしても　）その問題は解けなかった。

書いてみよう

＿＿＿＿＿に言葉を入れて、文を完成させなさい。

1．日本の政治家は＿＿＿＿＿＿＿＿＿＿をもって選ばれる。

2．旅行の行き先は、＿＿＿＿＿＿＿＿＿＿をもって決めましょう。

3．この授業は＿＿＿＿＿＿＿＿＿＿をもって出席と判断します。

4．社長の経験をもってしても、＿＿＿＿＿＿＿＿＿＿＿＿＿＿＿＿＿＿＿＿。

5．これは最新技術をもって、＿＿＿＿＿＿＿＿＿＿＿＿＿＿＿＿＿＿＿＿です。

6．そのアイドルグループは＿＿＿＿＿＿＿＿＿＿をもって＿＿＿＿＿＿＿＿＿＿と発表した。

7．父は＿＿＿＿＿＿＿＿＿＿ので、＿＿＿＿＿＿＿＿＿＿をもって退職します。

8．＿＿＿＿＿＿＿＿＿＿をもって＿＿＿＿＿＿＿＿＿＿＿＿＿＿＿＿＿＿＿＿。

20 からして

月　　日

例文

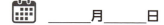

1 彼は座り方からしてだらしがない。
2 あの会社は給料からして条件がよくない。
3 彼は持ち物からして、きっとお金持ちだろう。

使い方

N ＋ からして

「AからしてB」で、Aを例に挙げ、代表的なAがBなのだから、他もBと同様だと言う時に使う(1 2)。マイナスの評価に使うことが多い。また、「Aから考えるとBだ」と推量の根拠を示す(3)。(「からすると(p.35)」の1 2の用法と同じ)

This is used in the pattern Aからして B to make a generalization (B) on the basis of a certain example (A) (1 2). It is often used to express negative assessments. It can also be used to state a conjecture, B, that is based on evidence A (3); this is the same usage as 1 2 of からすると (p. 35). ／「AからしてB」表示以A为例，既然具有代表性的例子A都是B这种情况，表示其他的事情也是B这种情况（1 2）。常常用在一些比较消极负面的评价上。另外，也用在表示根据事情A可以推测出事情B时（3）。（与「からすると（p.35）」中1 2的用法相同）／Sử dụng mẫu câu “A からして B” khi đưa A làm ví dụ, nói A mang tính đại diện là B vì vậy những cái khác cũng tương tự, sẽ là B, như câu (1 2). Thường sử dụng để đánh giá tiêu cực. Ngoài ra, cho thấy cơ sở suy đoán từ A thì sẽ B, như câu (3). (Giống với cách sử dụng của câu 1 2 trong “からすると (tr.35)”)

確認しよう

正しいほうを選びなさい。

1. あのチームは（　コーチ　・　コーチだ　）からして、やる気がない。
2. ２人の態度からして、あのカップルはもう（　別れたようだ　・　別れた　）。

書いてみよう

＿＿＿＿に言葉を入れて、文を完成させなさい。

1. 私の妹は、＿＿＿＿＿＿＿＿からして、子どもっぽい。
2. 彼は＿＿＿＿＿＿＿＿からして、きっと大阪出身だと思う。
3. あの店は入口からして、＿＿＿＿＿＿＿＿。
4. 彼の表情からして、＿＿＿＿＿＿＿＿ようだ。
5. シェフをしている私の母は、料理に対しては＿＿＿＿＿＿＿＿からして厳しい。
6. いつも仲がいい２人が＿＿＿＿＿＿＿＿ことからして、きっと＿＿＿＿＿＿＿＿だろう。
7. ＿＿＿＿＿＿＿＿は、＿＿＿＿＿＿＿＿からして＿＿＿＿＿＿＿＿。
8. ＿＿＿＿＿＿＿＿からして、＿＿＿＿＿＿＿＿だろう。

21 ようでは

＿＿＿月＿＿＿日

例文

1 毎日遅刻しているようでは、誰からも信用されないだろう。
2 こんな簡単な漢字も読めないようでは、大学への進学は難しいでしょう。
3 そんなに自分勝手なようじゃ、友達ができないと思うよ。

使い方

Vる／Vている／
Vない
なAな／である
Nの／である
＋ようでは

「AようではB」の形で、Aの状況ではBというよくない結果になるという意味。批判や忠告などに使う。

Used in the pattern AようではB, this expresses that a certain negative outcome is likely to result (B) if situation A remains true. It is used to give criticism, warnings, etc. ／「AようではB」这个形式表示如果是A这样的情况的话，B这里就不会出现好的结果。常用在批评或劝告时。／Mẫu câu "AようではB" có ý nghĩa là với tình trạng A thì sẽ là B, không có kết quả tốt. Sử dụng để phê phán, cảnh cáo v.v.

確認しよう

「ようでは」の使い方が正しいものには○、間違っているものには×を書きなさい。

1．（　　　）毎朝お母さんに起こしてもらっているようでは、遅刻しなくていい。
2．（　　　）虫が苦手なようでは、キャンプには行けないよ。

書いてみよう

＿＿＿＿＿に言葉を入れて、文を完成させなさい。

1．一度の失敗で＿＿＿＿＿＿＿＿＿＿ようでは、成功できないよ。
2．高いところが＿＿＿＿＿＿＿＿＿＿ようじゃ、展望台には行けないね。
3．毎日甘いものばかり食べているようでは、＿＿＿＿＿＿＿＿＿＿＿＿＿＿＿＿。
4．きちんと約束の時間が守れないようでは、＿＿＿＿＿＿＿＿＿＿＿＿＿＿＿＿。
5．人の失敗を許せないようでは、＿＿＿＿＿＿＿＿＿＿＿＿＿＿＿＿＿＿だろう。
6．何度注意されても＿＿＿＿＿＿＿＿ようでは、きみにこの仕事は＿＿＿＿＿＿＿＿だろう。
7．文句ばかり言って＿＿＿＿＿＿＿＿ようでは、＿＿＿＿＿＿＿＿＿＿＿＿＿＿＿＿。
8．＿＿＿＿＿＿＿＿＿＿＿＿＿＿＿ようでは、＿＿＿＿＿＿＿＿＿＿＿＿＿＿＿＿。

22 にあたって

＿＿＿月＿＿＿日

例文

1 オリンピックを開催するにあたって、ボランティアスタッフが募集された。
2 留学にあたって、家族や親戚がいろいろ協力してくれた。
3 社長就任にあたり、一言ご挨拶を申し上げます。

使い方

Vる／N ＋ にあたって／にあたり

「AにあたってB」の形で、Aという重要な時を前にしてBをするということを述べる。「に際して(p.171)」とほぼ同じ意味で使う。

Used in the pattern AにあたってB, this expresses that B is performed in preparation for or on the occasion of important event A. It basically has the same meaning as に際して (p. 171).／「AにあたってB」这个形式表示在事情A发生的重要时刻，进行事情B。与「に際して（p.171）」这个语法用法几乎相同。／Trình bày trước thời điểm quan trọng là A thì làm B bằng mẫu câu "AにあたってB". Sử dụng với nghĩa gần như giống với "に際して (p.171)".

確認しよう

正しいほうを選びなさい。

1．（　開店の　・　開店する　）にあたって、挨拶をした。
2．（　手術後　・　手術を受ける　）にあたって、医者の説明を聞いた。

書いてみよう

＿＿＿＿＿に言葉を入れて、文を完成させなさい。

1．＿＿＿＿＿＿＿＿＿＿にあたって、家族や友達からお祝いをもらった。

2．＿＿＿＿＿＿＿＿＿＿にあたって、古い家具を処分した。

3．進学先を＿＿＿＿＿＿＿＿＿＿にあたり、先生からアドバイスをいただいた。

4．新しい遊園地の建設にあたり、＿＿＿＿＿＿＿＿＿＿＿＿＿＿＿＿＿＿＿＿。

5．妻は出産にあたり、＿＿＿＿＿＿＿＿＿＿＿＿＿＿＿＿＿＿＿＿＿＿＿＿。

6．新年を＿＿＿＿＿＿＿＿＿＿＿＿にあたり、＿＿＿＿＿＿＿＿＿＿＿＿＿＿＿＿＿＿＿＿。

7．父は＿＿＿＿＿＿＿＿＿＿＿＿にあたり、＿＿＿＿＿＿＿＿＿＿＿＿＿＿＿＿＿＿＿＿。

8．＿＿＿＿＿＿＿＿＿＿＿＿にあたって、＿＿＿＿＿＿＿＿＿＿＿＿＿＿＿＿＿＿＿＿。

23 こと

＿＿＿月＿＿＿日

例文

1 学校を休むときは、必ず連絡すること。
2 約束の時間に遅れないこと。
3 明日は弁当を持参すること。

使い方

Vる／Vない ＋ こと

指示や命令などを出す時の表現で、文末に用いる。

This is used at the end of a sentence to express an instruction, command, etc. ／在下指示或命令时使用，用在句尾。／Đây là cách diễn đạt khi đưa ra chỉ thị hay mệnh lệnh v.v., dùng ở cuối câu.

確認しよう

「こと」の使い方が正しいものには〇、間違っているものには×を書きなさい。

1.（　　）私は妊婦さんの前ではタバコを吸わないこと。
2.（　　）彼にこのことは教えないこと。

書いてみよう

＿＿＿＿＿に言葉を入れて、文を完成させなさい。

1. 母はいつも私に「友達を＿＿＿＿＿＿＿＿＿＿こと」と言っていた。
2. 宿題は友達の解答を写さないで、＿＿＿＿＿＿＿＿＿＿＿＿＿＿こと。
3. コンビニのお弁当ばかり食べていないで、＿＿＿＿＿＿＿＿＿＿＿＿こと。
4. 節約のために、＿＿＿＿＿＿＿＿＿＿＿＿＿＿＿＿＿＿＿＿こと。
5. 明日は9時に学校に＿＿＿＿＿＿＿＿＿＿こと。
6. ＿＿＿＿＿＿＿＿＿＿＿＿＿＿＿＿＿＿から、最後までやり抜くこと。
7. ＿＿＿＿＿＿＿＿＿＿＿＿＿＿を、上司に報告、連絡、相談すること。
8. お客様の前では、＿＿＿＿＿＿＿＿＿＿＿＿＿＿＿＿＿＿＿＿＿＿＿＿こと。

24 もので

_____月_____日

例文

1 漢字が苦手なもので、まだ新聞が読めません。
2 スマホを忘れたものだから、連絡できませんでした。
3 子どもが熱を出したものですから、今日は仕事を休ませていただけませんか。

使い方

普
*なAな
*Nな
＋ もので / ものだから

「AものだからB」ので、Bの理由をAで述べる。個人的な事情の説明や言い訳に使う。カジュアルな文では「もの」は「もん」になる。

Used in the pattern AものだからB, this expresses that A is the reason for situation B. It is used to explain one's personal circumstances or make an excuse. In casual conversation もの becomes もん. ／「AものだからB」这个形式表示B的理由是A。在解释说明个人的一些情况或找借口时使用。日常会话中「もの」常常说成「もん」。／Sử dụng mẫu câu "AものだからB" để trình bày lý do B bằng A. Sử dụng khi giải thích, phân trần sự việc mang tính cá nhân. Ở câu thông thường thì "もの" là "もん".

確認しよう

正しいものを選びなさい。

1. 初めての（ 一人旅だ ・ 一人旅の ・ 一人旅な ）ものだから、少し心細いです。
2. ずっと休んでいないものだから、（ 旅行に行こう ・ 旅行に行きたい ）。

書いてみよう

________に言葉を入れて、文を完成させなさい。

1. JLPTの申し込みが昨日までだと____________ものだから、申し込みできなかった。
2. 目覚まし時計が____________ものですから、寝坊してしまいました。
3. 子どもが____________もので、なかなか外食には行けません。
4. ケン 「ルイ、今夜は久しぶりに飲みに行かない？」
   ルイ 「ごめん。行きたいけど、今ちょっと________________もんで……。」
5. ケーキ屋でセールをしていたものだから、つい________________。
6. ごめんね。昨夜は忙しかったもんで、________________。
7. 先週は__________もので、________________。
8. __________ものだから、________________。

まとめの練習

＿＿＿＿月＿＿＿＿日

問題１　読解（内容理解 - 中文　Comprehension - Mid-size passages）

次の文章を読んで、後の問いに対する答えとして最もよいものを、1・2・3・4から一つ選びなさい。

以下は、セイセイさんが書いた日記である。

来月日本語学校のスピーチ大会に参加することになった。私は出るつもりはなかったのに、ルイが勝手に私の名前で申し込んだのだ！ ルイに「どうして勝手に申し込んだの？ひどいよ！」と怒ったが、ルイは「ごめん、ごめん。でも、セイセイなら優勝できると思ったんだよ。セイセイは発音もきれいだし、いつもいいことを言うもんだからさ」とまったく反省していない。当初は、スピーチ大会なんて冗談じゃないから辞退しようと思ったが、よく考えてみたら、これもいい経験になるのではないかと思って、出場を決めた。スピーチは準備が大変だし、人前で話すのは緊張する反面、きっといい経験になるはずだ。

スピーチ大会に出るにあたって、まずはテーマを決めなければならない。環境問題や少子高齢化などがいいと思ったが、よくニュースなどで取り上げられているから、他の人と内容が同じになってしまうかもしれない。思い切って、誰も取り上げなさそうな日常の疑問をテーマにしようかと思う。例えば、「日本人の『また今度』は、いつなのか」とか「日本人はどうしてトイレの進化に情熱を傾けるのか」なんておもしろそうだ。でも、スピーチを聞く人たちには、テーマからしてふざけていると思われてしまうだろうか。

そこで、テーマについてルイに相談したら、「テーマは自分で決めること。一人で決められないようでは、優勝はもちろん、入賞もできないよ」と笑いながら言われた。ルイが勝手に申し込んだくせに、相談にも乗ってくれないなんて、信じられない！ でも、「セイセイが決めたテーマなら、何だって大丈夫。きっと情熱をもって準備したことが伝わると思うよ。僕も練習に付き合うから、やれるだけやろうじゃないか！」と言ってくれた。やるなら、優勝を目指して頑張るぞ！

1 怒ったとあるが、セイセイさんが怒ったのはなぜか。

1 ルイさんにスピーチ大会を辞退するように言われたから

2 ルイさんが許可なく自分をスピーチ大会に申し込んでいたから

3 ルイさんに発音がきれいになるように練習しなければならないと言われたから

4 ルイさんが優勝できなければ、いい経験にはならないと考えていたから

2 セイセイさんが、日常の疑問をテーマにスピーチをしようと考えているのはなぜか。

1 環境問題や少子高齢化はよくわからないから

2 よくニュースに取り上げられているから

3 他の出場者と違う内容にしたいから

4 スピーチを聞いている人たちが楽しめると思うから

3 この文章の内容に合うものはどれか。

1 セイセイさんのほうが日本語が上手なので、ルイさんはスピーチ大会に出場できない。

2 テーマを決めてからでないと、スピーチ大会には申し込みができない。

3 ルイさんのせいで、セイセイさんはスピーチ大会を辞退できない。

4 セイセイさんは、スピーチ大会で1位になりたいと思っている。

問題2　文法（文法形式の判断 Selecting grammar form）

次の文の（　　）に入れるのに最もよいものを、1・2・3・4から一つ選びなさい。

1 彼はリーダーシップ（　　）チームを一つにした。

1　にあたって　　2　をもとに　　3　において　　4　をもって

2 入学式（　　）、新しいスーツを買った。

1　に関して　　2　にあたって　　3　に応じて　　4　からして

3 料理もできないようでは、一人暮らしは（　　）でしょう。

1　無理　　2　無理とは限らない

3　無理なわけではない　　4　無理なことはない

4 彼女は育ちがいいはずだ。箸の持ち方（　　）上品だ。

1　に基づいて　　2　からして　　3　にともなって　　4　からすると

5 ＳＮＳは楽しい反面、人間関係の（　　）。

1　トラブルが減っていくらしい　　2　トラブルは解決されている

3　トラブルにはならない　　4　トラブルも多いようだ

6 （アルバイトで）

店長　「オウさん、何度も注意しているよね？ お客様には敬語で話す（　　）。」

オウ　「はい。気をつけます。」

1　そう　　2　ようだ　　3　こと　　4　わけだ

7 （会社のプレゼンテーションの後で）

A　「先輩、私たちの企画があんな風にばかにされて、本当に悔しいです。」

B　「あきらめないで、頑張ろう。僕たちの企画を笑った人たちに、いつか（　　）やろうじゃないか。」

1　後悔して　　2　後悔させて　　3　後悔しないで　　4　後悔させないで

8 （教室で）

先生　「チンさん、どうしましたか。」

チン　「あ、すみません。もう一度説明していただけませんか。よく（　　）もので……。」

1　聞こえなかった　　2　聞かない　　3　聞こえた　　4　聞いていた

問題3　文法（文の組み立て Sentence composition）

次の文の＿★＿に入る最もよいものを、1・2・3・4から一つ選びなさい。

1　彼の＿＿＿　＿＿＿　＿★＿　＿＿＿がわかる。

1　からして　　2　こと　　3　話し方　　4　緊張している

2　この研究で＿＿＿　＿★＿　＿＿＿　＿＿＿じゃないか。

1　ように　　2　難病の患者に
3　頑張ろう　　4　希望が与えられる

3　田中選手は、＿＿＿　＿★＿　＿＿＿　＿＿＿そうだ。

1　明日の　　2　引退する　　3　試合　　4　をもって

4　キャンプに行く＿＿＿　＿＿＿　＿★＿　＿＿＿こと。

1　前に　　2　もう一度確認する
3　忘れ物がない　　4　かどうか

5　すみません。もう少しお話ししたいのですが、＿＿＿　＿＿＿　＿★＿　＿＿＿いただきます。

1　ものですから　　2　迎えに行かなければならない
3　今日は5時までに子どもを　　4　お先に失礼させて

6　兄は大阪へ＿＿＿　＿★＿　＿＿＿　＿＿＿になったそうだ。

1　にあたって　　2　寮に住むこと　　3　転勤する　　4　会社の

7　トゥブシン　「コウブさん、聞いてよ。昨日、先生に自分で＿＿＿　＿★＿　＿＿＿　＿＿＿と言われてしまったよ。」
コウブ　「厳しい意見だけど、それは本当のことだと思うよ。」

1　研究計画書が　　2　あきらめざるを得ない
3　大学院進学は　　4　書けないようでは

8　ムンフズラム　「キンさん、今夜は10年ぶりのクラス会なんですよね。楽しみですね。」
キン　「うん。でも、久しぶりに＿＿＿　＿＿＿　＿★＿　＿＿＿もあるんだ。」

1　話が合う　　2　楽しみな反面　　3　会うから　　4　かどうか不安

問題4　聴解（ポイント理解 Point comprehension）

まず質問を聞いてください。そのあと、問題用紙のせんたくしを読んでください。読む時間があります。それから話を聞いて、問題用紙の1から4の中から、最もよいものを一つ選んでください。

N2-19

1 建物が古くなって危ないから
2 店主が年を取って、病気になったから
3 店主が田舎で生活したくなったから
4 おいしい料理が作れなくなったから

問題5　聴解（即時応答 Quick response）

まず文を聞いてください。それから、それに対する返事を聞いて、1から3の中から、最もよいものを一つ選んでください。

1	N2-20	1	2	3
2	N2-21	1	2	3
3	N2-22	1	2	3
4	N2-23	1	2	3
5	N2-24	1	2	3
6	N2-25	1	2	3
7	N2-26	1	2	3
8	N2-27	1	2	3

第4課

単語

文法の練習に出てくる難しい単語の意味を確認しましょう。

名詞

□ 親知らず	wisdom tooth	智齿	răng khôn
□ 蚊	mosquito	蚊子	con muỗi
□ 学食	school/university cafeteria	学校食堂	căn-tin trường
□ 災害	disaster	灾害	thảm họa, tai họa
□ 正午	noon	正午	12 giờ trưa
□ 被災地	disaster area	灾区	nơi bị nạn

動詞

□ 憧れる	admire	崇拜，向往	ngưỡng mộ
□ 崩れる	collapse	崩塌	lở, sụp đổ
□ (時間を) 指す	strike, point to (a time)	指着	chỉ (thời gian)
□ 同意 (する)	agreement; agree	同意	sự đồng ý, đồng ý
□ 到着 (する)	arrival; arrive	抵达	sự đến nơi, đến nơi
□ 納得 (する)	acceptance; accept	认可	sự hiểu, đồng ý
□ パワハラ (する)	power harassment; engage in power harassment	职权骚扰	sự quấy rối quyền lực, lạm quyền

副詞

□ よほど	very	很，相当	cực kỳ, rất

25 ようとしている

＿＿＿月＿＿＿日

例文

1 西の空に太陽(たいよう)が沈(しず)もうとしている。
2 時計の針(はり)は正午を指(さ)そうとしていた。
3 レポーター「皆(みな)さん、ご覧(らん)ください。首相(しゅしょう)を乗(の)せた飛行機(ひこうき)が到着(とうちゃく)しようとしています。」

使い方

V(よ)う ＋ としている

「もうすぐ～する／なる」ということを述(の)べる時(とき)に使(つか)う。瞬間動詞(しゅんかんどうし)・無意志動詞(むいしどうし)に接続(せつぞく)する。テレビの実況中継(じっきょうちゅうけい)や小説(しょうせつ)などでよく使(つか)われ、日常会話(にちじょうかいわ)ではあまり使(つか)われない。

This expresses that something is about to happen. It is joined with momentary or non-volitional verbs. It is often used in live news broadcasts, novels, etc., but is rarely employed in everyday conversation. ／在表达即将发生某事时使用。接在瞬间性动词以及非意志动词后面。在电视直播或小说里等经常会用到这个语法，日常会话一般不用。／Sử dụng khi trình bày việc nào đó sắp làm / sắp trở thành ~. Tiếp nối với động từ mang tính thời điểm, động từ vô ý chí. Thường được sử dụng trong truyền hình trực tiếp trên tivi hay tiểu thuyết v.v. chứ không sử dụng trong hội thoại hằng ngày.

確認しよう

正しいほうを選(えら)びなさい。

1．マンションが完成(かんせい)しよう（ とする ・ としている ）。
2．その山は今にも（ 崩(くず)れよう ・ 崩(くず)れそう ）としている。

書いてみよう

＿＿＿＿＿に言葉(ことば)を入れて、文を完成(かんせい)させなさい。

1．長かった学生生活が、＿＿＿＿＿＿＿＿＿＿としている。
2．発売されたばかりのそのゲーム機(き)は大人気で、もう＿＿＿＿＿＿＿＿＿＿としている。
3．上野公園(うえのこうえん)の桜(さくら)の花が、＿＿＿＿＿＿＿＿＿＿としていた。
4．電車のドアが閉(し)まろうとしていたとき、＿＿＿＿＿＿＿＿＿＿。
5．予定(よてい)通り、飛行機(ひこうき)が＿＿＿＿＿＿＿＿＿＿としていた。
6．サッカーの試合(しあい)が＿＿＿＿＿＿＿＿＿＿としていたとき、＿＿＿＿＿＿＿＿＿＿。
7．＿＿＿＿＿＿＿＿＿＿としていたので、急いで＿＿＿＿＿＿＿＿＿＿。
8．＿＿＿＿＿＿＿＿＿＿としている。

26 にしては

＿＿＿月＿＿＿日

例文

1 彼女は日本語を学び始めたばかりにしては、とても上手に話せる。
2 この学食のカレーは300円にしては、おいしい。
3 全然寝ていないにしては、元気だね。

使い方

普
*なAだ
*Nだ
＋ にしては

「AにしてはB」の形で、Aという事実から通常予想されることとは違って、Bだという意味を表す。

Used in the pattern AにしてはB, this expresses an observation (B) that is normally unexpected in light of fact A. ／「AにしてはB」这个形式表示结果B与以A这个事实作为根据预测到的结果截然相反而感到意外。／Mẫu câu "AにしてはB" thể hiện nghĩa B khác với việc thông thường được dự đoán từ sự thật A.

確認しよう

正しいほうを選びなさい。

1. 彼女は（ 20歳だ ・ 20歳 ）にしては、子どもっぽい。
2. 彼は身長が（ 180cm ・ 130cm ）あるにしては、小さく見える。

書いてみよう

＿＿＿＿＿に言葉を入れて、文を完成させなさい。

1. 子どもが＿＿＿＿＿＿＿＿＿＿にしては、上手な絵ですね。
2. 彼は試験に＿＿＿＿＿＿＿＿＿＿にしては、あまり嬉しそうではない。
3. 兄はそのアニメを見たことがないにしては、＿＿＿＿＿＿＿＿＿＿。
4. 彼女はN2に合格しているにしては、＿＿＿＿＿＿＿＿＿＿。
5. その店は、＿＿＿＿＿＿＿＿＿＿にしては、あまりおいしくない。
6. ＿＿＿＿＿＿＿＿＿＿にしては、家賃が安い。
7. その映画は＿＿＿＿＿＿＿＿＿＿にしては、＿＿＿＿＿＿＿＿＿＿。
8. ＿＿＿＿＿＿＿＿＿＿にしては、＿＿＿＿＿＿＿＿＿＿。

27 とみえる

＿＿＿月＿＿＿日

例文

[1] 仲がいい２人が全然話さない。２人はけんかしたとみえる。

[2] 店長の機嫌がいい。何かいいことがあったとみえる。

[3] 彼は忙しいとみえて、連絡をしても返信がない。

使い方

普
*なA（だ）
*N（だ）
＋ とみえる／とみえて

他者の様子を見て予想したことを表す。「～とみえる」の形で、「～ようだ」という推量を表す（[1] [2]）。また、「Aとみえて、B」で、Aは推量を、Bでその理由を述べる（[3]）。話者本人が主語の文には使えない。

This expresses a prediction about someone based on observation of their behavior or appearance. Used in the form ～とみえる, it expresses conjecture in the same way as ～ようだ ([1] [2]). In the form Aとみえて、B, it conveys that A is the suspected/presumed reason for the situation or action described in B ([3]). This expression cannot be used in sentences where the speaker is the subject. ／表示通过别人表现出来的样子从而推测得出的结论。「～とみえる」这个形式与「～ようだ」都是表示推测（[1] [2]）。「Aとみえて、B」这个形式表示A是推测的结果，而B是推测的理由（[3]）。不能用在说话人作为主语的句子里。／Diễn tả việc nhìn thấy tình trạng của người khác và dự đoán. Mẫu câu "～とみえる" diễn tả suy đoán giống với mẫu câu "～ようだ", như câu ([1] [2]). Mẫu câu "Aとみえて、B" thì trình bày A là suy đoán và B là lý do cho suy đoán đó, như câu ([3]). Không thể sử dụng ở câu văn mà chính người nói là chủ ngữ.

確認しよう

正しいほうを選びなさい。

1. 彼女は何度もメールをしてくる。（ 暇な ・ 暇だ ）とみえる。
2. 私は熱がある（ とみえて ・ ようなので ）、今日は仕事を休みます。

書いてみよう

＿＿＿＿＿に言葉を入れて、文を完成させなさい。

1. 彼はいつもトマトを残す。トマトが＿＿＿＿＿＿＿＿＿＿とみえる。
2. 学生たちは＿＿＿＿＿＿＿＿＿＿。授業がよほどつまらないとみえる。
3. 妹は＿＿＿＿＿＿＿＿＿＿ようになった。恋をしているとみえる。
4. 料理が＿＿＿＿＿＿＿＿＿＿とみえて、誰も全然食べていない。
5. その家は留守だとみえて、＿＿＿＿＿＿＿＿＿＿。
6. 兄はパーティーが楽しくなかったとみえて、＿＿＿＿＿＿＿＿＿＿。
7. ＿＿＿＿＿＿＿＿＿＿とみえて、＿＿＿＿＿＿＿＿＿＿。

28 ずじまい

　　月　　日

例文

1 今年も長い休みが取れなくて、国へ帰れずじまいだった。
2 去年作り始めたパズルは、忙しくてまだ完成せずじまいだ。
3 長い間乗らずじまいだったバイクにやっと乗ることができた。

使い方

V~~ない~~ ＋ ずじまい

何かをするつもりでいたが、結局しないまま終わったと言いたい時に使う。残念な気持ちを含む。過去形の文が多い。動詞「する」は「せずじまい」になる。

This is used to express that some action ended up not being performed despite the subject's desire or intention to perform it. It conveys regret. It is often used in the past tense. The verb する changes to せずじまい.／表示本打算做某事，结果最终没做成。一般表示很遗憾的心情，常常用在过去的事情里。动词「する」要变成「せずじまい」。／Sử dụng khi muốn nói tuy đã định làm ~ nhưng rốt cuộc không làm mà kết thúc. Bao gồm cảm giác tiếc nuối. Thường là câu ở thì quá khứ. Động từ "する" thì sẽ là "せずじまい".

確認しよう

正しいほうを選びなさい。

1．学生時代は遊んでばかりで、（　勉強し　・　勉強せ　）ずじまいだった。
2．雨が降っているのに、妹は傘を（　持たせずじまいで　・　持たないで　）出ていった。

書いてみよう

＿＿＿＿に言葉を入れて、文を完成させなさい。

1．図書館から本を借りたが、時間がなくて、＿＿＿＿＿＿ずじまいで返した。
2．卒業前に好きな人に気持ちを伝えたかったが、結局＿＿＿＿＿＿ずじまいだった。
3．そのミステリー映画は、最後まで誰が＿＿＿＿＿＿か、わからずじまいだった。
4．兄は学生時代サッカー部にいたが、＿＿＿＿＿＿ずじまいだった。
5．留学中いろいろな場所へ＿＿＿＿＿＿が、どこにも＿＿＿＿＿＿ずじまいだった。
6．＿＿＿＿＿＿へ行ったが、雨のせいで＿＿＿＿＿＿ずじまいだった。
7．母にもらった着物を＿＿＿＿＿＿ずじまいで、＿＿＿＿＿＿。
8．＿＿＿＿＿＿ずじまいだった。

第4課　文法の練習

29 のことだから

＿＿＿月＿＿＿日

例文

1 明るいルイさんのことだから、新しい環境でもすぐに友達ができるだろう。
2 いつも嘘をつく彼のことだから、その話もたぶん信用できないよ。
3 真面目に頑張ってきたケンさんのことだ。きっとＮ２に合格できるでしょう。

使い方

N ＋ のことだから

「ＡのことだからＢ」の形で、普段のＡ（人・組織）のイメージから簡単に予測できるＢを述べる。3のように「Ａのことだ。Ｂ」の形で２つの文に分けて述べることもある。

Used in the pattern ＡのことだからＢ, this states a prediction (B) that can be simply inferred from the usual behavior of the person/organization discussed (A). As seen in 3, the pattern can be split into two sentences: Ａのことだ。Ｂ. ／「ＡのことだからＢ」这个形式表示从Ａ（人或组织）平时的表现很容易推测出B这样的结果。也有像3的「Ａのことだ。Ｂ」这样的形式，分成两个句子叙述。／"Mẫu câu "ＡのことだからＢ" trình bày B có thể dự đoán dễ dàng từ hình dung về A (người, tổ chức) thường ngày. Cũng có khi chia thành 2 câu để trình bày như mẫu câu "Ａのことだ。Ｂ" như câu 3.

確認しよう

「のことだから」の使い方が正しいものには○、間違っているものには×を書きなさい。

1．（　　　）　今年は暖かい冬のことだから、雪は降らないでしょう。
2．（　　　）　お酒が好きな父のことだから、今夜もきっとお酒を飲んでいると思います。

書いてみよう

＿＿＿＿＿に言葉を入れて、文を完成させなさい。

1．いつも遅刻してくる彼女のことだから、きっと今日も＿＿＿＿＿＿＿＿だろう。

2．＿＿＿＿＿＿＿＿のことだから、今夜もおいしい料理を作ってくれるでしょう。

3．いつも人が大勢並んでいるあのラーメン屋のことだから、きっと＿＿＿＿＿＿＿＿はずだよ。

4．スポーツが上手な弟のことだから、スポーツ大会でも＿＿＿＿＿＿＿＿だろう。

5．虫が苦手な姉のことだから、＿＿＿＿＿＿＿＿でしょう。

6．釣りが趣味の父のことだ。今日もきっと＿＿＿＿＿＿＿＿はずだ。

7．＿＿＿＿＿＿＿＿のことだから、きっと＿＿＿＿＿＿＿＿だろう。

8．＿＿＿＿＿＿＿＿のことだ。＿＿＿＿＿＿＿＿だろう。

30 てたまらない

______月______日

例文

1 あと2点足りず、試験に落ちてしまった。残念でたまらない。
2 彼女は3年も国に帰っていないので、家族に会いたくてたまらないようだ。
3 朝ご飯を食べてこなかったので、おなかが空いてたまらない。

使い方

Vます たくて
いA くて
なA で
＋ たまらない

感情が我慢できないほど強いことを表す。形容詞や「動詞＋たい」に接続するが、例外で「おなかが空く」「喉が渇く」など動詞に接続することもある。主語が第三者の時は「ようだ／そうだ」などと一緒に使う。

This expresses that a feeling is so strong that the subject can barely contain it. It is generally joined with an adjective or verb+たい, but as an exception it may be connected with some verbs without+たい, such as おなかが空く or 喉が渇く. When the subject is a third person, it is used with words like ようだ／そうだ. ／表示情感强烈，强忍不了。一般接在形容词或「动词+たい」的后面，也有例外，比如也可以接在「おなかが空く」「喉が渇く」这样的动词后面。如果主语是第三人称时，一般与「ようだ／そうだ」一起使用。／Thể hiện mức độ mạnh mẽ đến mức không thể kiềm chế được cảm xúc. Tiếp nối với tính từ hoặc "động từ + たい" nhưng cũng có ngoại lệ là tiếp nối với các động từ như "おなかが空く", "喉が渇く" v.v. Sử dụng với "ようだ／そうだ" v.v. khi chủ ngữ là người thứ ba.

確認しよう

「てたまらない」の使い方が正しいものには○、間違っているものには×を書きなさい。

1.（　　）彼は久しぶりのデートが楽しみでたまらない。
2.（　　）彼女は試合に負けて悔しくてたまらないらしい。

書いてみよう

______に言葉を入れて、文を完成させなさい。

1. 初めて地震を経験したときは、______たまらなかった。
2. 兄弟のように一緒に育ったペットの犬が死んだ。______たまらない。
3. 蚊に刺されて、______たまらない。
4. 親知らずが生えてきた。______たまらない。
5. 子どもの頃から憧れているサッカー選手に______たまらない。
6. ______は、______たまらないようだ。
7. ______ので、______たまらない。

31 につけ

______月______日

例文

1 この写真を見るにつけ、学生時代を思い出す。
2 進学(しんがく)について考えるにつけ、不安になってしまう。
3 楽しそうな孫(まご)の笑(わら)い声(ごえ)を聞くにつけ、温(あたた)かい気持ちになる。

使い方

Vる ＋ につけ

「Aにつけ、B」の形(かたち)で、Aするたびにいつも Bだと思(おも)う／感(かん)じると言(い)う時(とき)に使(つか)う。Aには「見(み)る／聞(き)く／考(かんが)える」などの言葉(ことば)をよく使(つか)い、Bでそれに伴(ともな)う感情(かんじょう)や思考(しこう)に関(かん)することを述(の)べる。Bに話者(わしゃ)の意志(いし)を表(あらわ)す言葉(ことば)は使(つか)えない。

Used in the pattern Aにつけ、B, this expresses that the speaker always thinks or feels something (B) whenever they perform a certain action (A). A often takes words such as 見(み)る, 聞(き)く, or 考(かんが)える, and B states the speaker's thoughts/feelings associated with that action. Words expressing the speaker's will cannot be used in B. ／「Aにつけ、B」这个形式表示每当做事情A时，总会想到或感觉到事情B。A这里一般是表达「見(み)る / 聞(き)く / 考(かんが)える」的词汇，B这里是伴随A而产生的情感或者思考等相关的事情。B这里不能使用表达说话人意志的词。／Sử dụng mẫu câu "Aにつけ、B" khi nói mỗi lần làm A là luôn nghĩ / cảm giác B. Ở vế câu A thường có những từ như "見(み)る／聞(き)く／考(かんが)える" v.v., và vế câu B trình bày việc liên quan đến cảm xúc, suy nghĩ đi với A đó. Không thể sử dụng từ thể hiện ý của người nói trong vế câu B.

確認しよう

「につけ」の使い方が正しいものには○、間違(まちが)っているものには×を書きなさい。

1.（　　）私は災害(さいがい)のニュースを見るにつけ、ボランティアに参加(さんか)する。
2.（　　）私は災害(さいがい)のニュースを見るにつけ、被災地(ひさいち)の人々の生活が心配(しんぱい)になる。

書いてみよう

______に言葉(ことば)を入れて、文を完成(かんせい)させなさい。

1. この本を______________につけ、将来(しょうらい)について考えさせられる。
2. 家族と______________につけ、国へ帰りたくなる。
3. 憧(あこが)れの先輩(せんぱい)の話を聞くにつけ、______________。
4. アルバイトで客(きゃく)に叱(しか)られたことを思い出すにつけ、______________。
5. この映画を______________につけ、______________。
6. 知人のＳＮＳ(エスエヌエス)の写真を______________につけ、______________。
7. 恋人(こいびと)との結婚(けっこん)を______________につけ、______________。
8. ______________につけ、______________。

32 かねる

＿＿＿月＿＿＿日

例文

1 そのアイディアには賛成しかねます。
2 彼女は上司のパワハラに耐えかねて、会社を辞めてしまった。
3 店長はまだ仕事に慣れていない新人を見るに見かねて、手伝った。

使い方

V~~ます~~ ＋ かねる / かねて

したくても事情があって心理的にできないと言いたい時に使う。能力的にできないことには使わない。ビジネスの場面で丁寧に断る際にもよく使われる。

This expresses that the subject wishes to do something but is psychologically unable to do it because of certain circumstances. It is not used for cases where the action cannot be performed in terms of actual ability. It is often used in business to politely decline a request.／表示想要做，却因为一些原因在心理上难以做某事。不用在表示能力上做不了的事情。常用在商务场合，表示礼貌地拒绝对方时使用。／Sử dụng khi muốn nói dù có muốn làm cũng không thể làm về mặt tâm lý vì hoàn cảnh. Không sử dụng cho việc không thể làm do năng lực. Thường được sử dụng cả khi từ chối lịch sự trong các tình huống thương mại.

確認しよう

「かねる」の使い方が正しいものには○、間違っているものには×を書きなさい。

1.（　　　）こんなに重い荷物は、一人では運びかねません。
2.（　　　）皆さんは納得しているようですが、私は彼の意見に同意しかねます。

書いてみよう

＿＿＿＿＿に言葉を入れて、文を完成させなさい。

1. 大学へ行くか、専門学校へ行くか、まだ＿＿＿＿＿＿＿＿かねている。

2. その件に関しましては、私には＿＿＿＿＿＿＿＿かねますので、担当者を呼んでまいります。

3. 店長は客の失礼な態度を見かねて、その客を＿＿＿＿＿＿＿＿。

4. 客　「すみません。今夜30名で予約できますか。」

　店員　「今夜ですか。私では＿＿＿＿＿＿＿＿かねますので、確認してからご連絡します。」

5. ＿＿＿＿＿＿＿＿＿＿＿＿は、お引き受けしかねます。

6. ＿＿＿＿＿＿＿＿＿＿＿＿は、お答えしかねます。

7. この商品は＿＿＿＿＿＿＿＿ので、＿＿＿＿＿＿＿＿＿＿かねます。

8. ＿＿＿＿＿＿＿＿＿＿＿＿＿＿＿＿＿＿かねます。

まとめの練習

＿＿＿月＿＿＿日

問題１　読解（内容理解 - 中文　Comprehension - Mid-size passages）

次の文章を読んで、後の問いに対する答えとして最もよいものを、1・2・3・4から一つ選びなさい。

以下は、ケンさんが書いた日記である。

　家族がアメリカから日本に旅行に来る日が決まった。僕の冬休みに合わせて、年末に来てくれることになった。家族は１か月ほど日本に滞在し、いろいろなところを見て回る予定だ。僕は２週間しか休みがないので、行けるところだけ一緒について行こうかと考えている。

　家族はどこへ行くか計画を立てているようだが、まだ決めかねているようだ。どうやらガイドブックできれいな景色を見るにつけ、その場所へ行きたくなってしまうらしい。妹は初めての日本が楽しみだとみえて、面倒くさがり屋にしては、観光地についてよく調べている。ＳＮＳで太陽が水平線から昇ろうとしている北海道の写真を見たらしく、一度そこに行ってみたいとメッセージが送られてきた。妹も僕もスノーボードが趣味だから、ちょうどいいかもしれない。早速、北海道を提案してみようと思う。アメリカから持ってきたスノーボードが長い間使わずじまいになっていたけど、やっと出番が来そうだ。

　寿司が好きな両親のことだからきっと海鮮料理がおいしい北海道は楽しめるだろう。僕のお勧めの東京の寿司屋とどっちがおいしいか食べ比べするのもいいかもしれない。年末が楽しみでたまらなくなってきた。

1 家族が旅行の行き先を決められないのはなぜか。

1 日本へ行く日がまだ決まっていないから

2 1か月で日本中を回らなければならないから

3 ケンさんが2週間しか休みがないから

4 行きたい場所がありすぎるから

2 <u>北海道を提案してみようと思う</u>とあるが、それはなぜか。

1 ケンさんがスノーボードをしたいから

2 ＳＮＳに北海道の朝日の写真をアップしたいから

3 妹が北海道に行きたがっているから

4 両親においしい海鮮料理が食べたいと言われたから

3 この文章の内容に合うのはどれか。

1 ケンさんは家族が日本にいる間、ずっと一緒に過ごすつもりだ。

2 妹は久しぶりに日本へ来るので、いろいろ調べている。

3 家族は北海道へ行くために日本へ来ることにした。

4 ケンさんは冬休みに家族と国内旅行をするつもりでいる。

問題2　文法（文法形式の判断 Selecting grammar form）

次の文の（　　　）に入れるのに最もよいものを、1・2・3・4から一つ選びなさい。

1 面倒見のいい彼女の（　　　）だから、きっと困っている人を放っておけないんだよ。

1　もの　　2　よう　　3　こと　　4　そう

2 結局、私は今年もどこへも（　　　）ずじまいだった。

1　行く　　2　行き　　3　行こう　　4　行け

3 スピーチ大会が（　　　）としているときに、おなかが痛くなってしまった。

1　始めよう　　2　始まろう　　3　始める　　4　始まる

4 彼女はよほど嬉しい（　　　）、何度も大学の合格通知を見せてきた。

1　ように　　2　みたいに　　3　そうで　　4　とみえて

5 昨日から（　　　）、今日は仕事を休んだ。

1　頭が痛くてたまらないので　　2　頭が痛いにしては

3　頭が痛くなるにつれて　　4　頭が痛いにもかかわらず

6 ジャン　「婚約していた恋人に突然振られてしまったよ。」

ヤダナー「本当に？ 信じられない。その人の気持ちは私には（　　　）よ。」

1　理解しようではないか　　2　理解しかねる

3　理解せざるを得ない　　4　理解しつつある

7 エンフジン　「ねえ、ビシュワスさんって、30歳にしては（　　　）よね。」

アエイン　「そうだね、まだ未成年かと思ったよ。」

1　落ち着いて見える　　2　おとなしく見える

3　大人っぽく見える　　4　若く見える

8 ゆき　「ちょっと聞いてよ。父は私を見る（　　　）、帰りが遅いだとか、勉強しろだとか、うるさいんだよね。」

ミーガー「お父さんはゆきのことを心配してるんだよ。」

1　につれて　　2　にしては　　3　につけ　　4　にあたり

問題3　文法（文の組み立て Sentence composition）

次の文の＿★＿に入る最もよいものを、1・2・3・4から一つ選びなさい。

1 私は電話で ＿＿＿ ＿＿＿ ＿★＿ ＿＿＿ 明日も頑張ろうと思える。

1 聞くにつけ　2 落ち着いて　3 気持ちが　4 母の声を

2 今日は ＿＿＿ ＿★＿ ＿＿＿ ＿＿＿。

1 たまらない　2 せいか　3 暑い　4 喉が乾いて

3 娘が ＿＿＿ ＿＿＿ ＿★＿ ＿＿＿ 連れて帰ってきた。

1 かわいそうな　2 家に　3 捨て犬を　4 見かねて

4 昔から彼女をよく知っているが、＿＿＿ ＿＿＿ ＿★＿ ＿＿＿ がある。

1 思うとき　2 決断力がないと　3 にしては　4 経営者

5 明日で閉店するあの店は、安売りを ＿＿＿ ＿★＿ ＿＿＿ ＿＿＿。

1 できている　2 店の前に行列が　3 している　4 とみえて

6 一時帰国中に親戚や ＿＿＿ ＿＿＿ ＿★＿ ＿＿＿ 終わってしまった。

1 結局会えずじまいで　2 忙しくて

3 思っていたが　4 友人に会いたいと

7 吉岡「そういえば小杉さん、1泊だけの旅行なのに荷物が多かったよね。」
神田「＿＿＿ ＿＿＿ ＿★＿ ＿＿＿ と思うよ。」

1 おしゃれな小杉さん　2 服や靴をたくさん

3 持ってきていたんだ　4 のことだから

8 （電話で）

ホウ「トルさん、＿＿＿ ＿＿＿ ＿★＿ ＿＿＿ と思うよ。」

トル「ありがとう、すぐ戻る。」

1 授業が　2 急いで教室に戻ってきた

3 ほうがいい　4 始まろうとしているから

問題4　聴解（ポイント理解 Point comprehension）

まず質問を聞いてください。そのあと、問題用紙のせんたくしを読んでください。読む時間があります。それから話を聞いて、問題用紙の1から4の中から、最もよいものを一つ選んでください。

N2-28

1　休み時間が終わろうとしているのに戻ってこないこと
2　お酒を飲んで二日酔いになること
3　アイドルに会いたいと思っていること
4　テストがあるのにお酒を飲みすぎてしまうこと

問題5　聴解（即時応答 Quick response）

まず文を聞いてください。それから、それに対する返事を聞いて、1から3の中から、最もよいものを一つ選んでください。

1 N2-29	1	2	3
2 N2-30	1	2	3
3 N2-31	1	2	3
4 N2-32	1	2	3
5 N2-33	1	2	3
6 N2-34	1	2	3
7 N2-35	1	2	3
8 N2-36	1	2	3

第5課

単語 文法の練習に出てくる難しい単語の意味を確認しましょう。

名詞

□ 当たり前	obvious, natural	理所当然	tầm thường, bình thường
□ かつ丼	pork cutlets on rice	炸猪排盖饭	cơm thịt cốt-lếch chiên xù
□ 限界	limit	极限	giới hạn
□ 集中力	ability to concentrate	集中注意力	sức tập trung
□ 耐震	earthquake resistance	耐震	chịu được động đất
□ 怠け者	lazy person	懒惰的人	kẻ lười biếng
□ 喉	throat	喉咙	cổ họng
□ 肌	skin	皮肤	da, làn da
□ ブランド	brand (-name)	名牌	thương hiệu

な形容詞

□ 大幅な	substantial, large	大幅度的	lớn, nhiều
□ 退屈な	boring	无聊的	chán chường, chán ngán
□ 平気な	indifferent, nonchalant	无所谓的	bình thản

動詞

□ 落ち込む	be depressed	失落	u sầu, buồn bã
□ 管理（する）	management; manage	管理	sự quản lý, quản lý
□ 傷つける	hurt (someone's feelings)	伤害	làm tổn thương
□ 気にする	worry about	在意	bận tâm, để ý
□ 更新（する）	renewal; renew	更新	sự gia hạn, gia hạn
□ 借金（する）	debt; borrow money	欠款	tiền nợ, mắc nợ
□ 制限（する）	restriction, restrict	限制	sự giới hạn, giới hạn
□ 尽くす	do (everything)	用尽，竭尽	dốc hết sức, cạn kiệt
□ 認める	allow	认可	công nhận

副詞

□ 一気に	all at once	一口气	một hơi
□ わざわざ	going to the trouble of	特意	cất công

33 とばかりに

____月____日

例文

1 授業中、学生は退屈だとばかりにスマホを使い始めた。
2 初めてかつ丼を食べた彼は、うまいとばかりに一気に食べた。
3 先生は「静かにしなさい」とばかりに学生を見た。

使い方

文 ＋ とばかりに

「Aとばかりに B」の形で、実際にはAとは言っていないが、言っているのと同じような態度（B）を取っているということを述べる。

Used in the pattern Aとばかりに B, this expresses that while someone is not explicitly stating A, their attitude or behavior (B) seems to say A. ／「Aとばかりに B」这个形式表示虽然没有明确说出A，但是实际表现出来的态度或行为B就好像说了一样。／Trình bày việc thực tế không nói là A nhưng có thái độ (B) như giống với điều đang nói bằng mẫu câu "Aとばかりに B".

確認しよう

正しいほうを選びなさい。

1. 彼女は帰りたいとばかりに（ 帰っていった ・ 時計を見た ）。
2. 彼は、もう二度とここへは来ないとばかりに部屋を（ 出て行った ・ 出て行くと言った ）。

書いてみよう

________に言葉を入れて、文を完成させなさい。

1. 彼女は________とばかりにブランドのバッグを僕に見せてきた。
2. 私の犬は毎朝同じ時間になると、________とばかりに私に近づいて来る。
3. その客は店員に向かって、「________」とばかりに時計に指を当ててみせた。
4. 母は「手伝いなさい」とばかりに________。
5. 私が電話をしていると、弟はうるさい！とばかりに________。
6. 彼女は教室に入ると、________とばかりに________。
7. テストの結果を受け取った彼は、________とばかりに________。
8. 彼は________とばかりに________。

34 までのことだ

______月______日

例文

[1] 給料が上がらないなら、この仕事を辞めるまでのことだ。
[2] 結婚を認めてもらえないなら、家を出るまでだ。
[3] 私は思ったことを言ったまでで、あなたを傷つけるつもりはなかった。

使い方

① [Vる] ＋ までのことだ / までだ / までで
② [Vた]

①「AならBまでだ」の形で、仮にAという事態になってもBをすればいいのだから大したことではないという意味([1] [2])。②自分の行為に深い意味はないという軽い気持ちや謙遜を表す([3])。

① Used in the pattern AならBまでだ, this expresses that even if a certain situation is true (A), it is not that important since B can be performed in response ([1] [2]). ② This expresses the speaker's lightheartedness or humility regarding an act they did that may have seemed significant to others ([3]). ／①「AならBまでだ」这个形式表示假设事情变成了A这样，只要做B就可以了也没什么大不了的([1] [2])。②轻微或谦虚地阐述自己的行为没有过多的意思([3])。／Mẫu câu "AならBまでだ" thể hiện ① Ý nghĩa giả sử có trở nên tình trạng A đi nữa nhưng nếu làm B là được nên không có gì to tát, như câu ([1] [2]). ② Cảm giác nhẹ nhàng, khiêm tốn rằng không có ý nghĩa sâu sắc trong hành vi của mình, như câu ([3]).

確認しよう

正しいほうを選びなさい。

1. もしJLPTに落ちてしまっても、合格するまで（ 受ける ・ 受けた ）までだ。
2. 真面目に働く気がないなら、きみに（ 辞めてもらう ・ 辞めさせる ）までのことだ。

書いてみよう

________に言葉を入れて、文を完成させなさい。

1. この店で売っていなければ、他の店へ________________までのことだ。
2. あなたが知らなければ、先生に________________までだ。
3. 私は当たり前のことを______________までで、お礼を言われるようなことではありません。
4. A「わざわざ忘れ物を家まで届けてくれてありがとう。」
   B「いいえ、帰り道に________________までのことですから、気にしないでください。」
5. ________________________ば、レストランへ行って食べるまでのことです。
6. 私は________________________ではなく、ただ事実を言ったまでのことだ。
7. ________________________ても、__________________________までだ。

35 たところで

______月______日

例文

1 いくら謝ったところで、彼女は許してくれないだろう。

2 このコップはどんなに落としたところで、割れる心配はない。

3 彼は集中力がないから、勉強を始めたところで、10 分が限界でしょう。

使い方

Vた ＋ ところで

「AしたところでB」の形で、AをしてもBだから仕方がない、Aは無駄な行為だということを言う（1）。また、AをしてもBだから、大したことはないという意味にもなる（2 3）。

Used in the pattern AしたところでB, this expresses that B will inevitably occur even if A is performed, and thus there is no point in doing A (1). It can also express that doing A is not a big deal since B will happen anyway (2 3). ／「AしたところでB」这个形式表示就算是做了A，结果也还是B，A这个行为做了也是白做（1）。另外，也表示即使做了A，顶多也是B这样的结果（2 3）。／Mẫu câu "AしたところでB" diễn tả việc dù có làm A mà vì B nên không có cách nào khác, A là hành động vô ích, như câu (1). Cũng có nghĩa là cho dù có làm A mà vì B nên không có gì to tát, như câu (2 3).

確認しよう

正しいほうを選びなさい。

1．今から走ったところで、電車に（ 間に合う ・ 間に合わない ）だろう。

2．何回注意したところで、彼はすぐに（ 忘れる ・ 忘れない ）でしょう。

書いてみよう

______に言葉を入れて、文を完成させなさい。

1．何度______ところで、わからないものはわからない。

2．先輩に______ところで、僕の悩みは消えないだろう。

3．どんなに______ところで、彼は反省しようとしない。

4．今の会社で一生懸命働いたところで、どうせ______だろう。

5．彼女がダイエットを始めたところで、きっと______でしょう。

6．この建物は耐震技術が使われているので、______ところで、______。

7．いくら先生が______ところで、______と思います。

8．______ところで、______だろう。

36 とあれば

＿＿＿月＿＿＿日

例文

[1] 国から両親が来る**とあれば**、アルバイトを休んでも遊びに行く。
[2] わが子のため**とあれば**、親はどんな苦労でもするだろう。
[3] イケメンで金持ち**とあれば**、モテるのも納得できる。

使い方

普
*なA（だ）
*N（だ）
＋ とあれば

「AとあればB」の形で、Aという特別な条件ならBをする（[1] [2]）、Bになるのは仕方がない、納得できるという意味を表す（[3]）。「名詞＋のためとあれば」の形もよく使われる。

Used in the pattern AとあればB, this expresses that given special condition A, B will be performed ([1] [2]), or B is an inevitable or understandable outcome ([3]). The pattern noun+のためとあれば is also used often. ／「AとあればB」这个形式表示为了A这个特别的条件，会做B这件事（[1] [2]）、B这件事也是没有办法的、或也是可以被认可的（[3]）。「名词＋のためとあれば」这个形式比较常用。／Mẫu câu “AとあればB” thể hiện ý nghĩa nếu là điều kiện đặc biệt A thì làm B, như câu ([1] [2]), hoặc trở thành B là không còn cách nào khác, có thể thuyết phục, như câu ([3]). Mẫu câu “danh từ + のためとあれば” cũng thường được sử dụng.

確認しよう

正しいほうを選びなさい。

1. ビザの更新が（ できる ・ できない ）とあれば、国へ帰ることになるでしょう。
2. 彼は（ 金のため ・ 金 ）とあれば、平気で嘘がつける奴だ

書いてみよう

＿＿＿＿＿＿に言葉を入れて、文を完成させなさい。

1. 彼女は高級ブランド品が＿＿＿＿＿＿＿＿＿＿とあれば、何時間でも並ぶだろう。
2. 台風で＿＿＿＿＿＿＿＿＿＿とあれば、遅刻もしかたがない。
3. ＿＿＿＿＿＿＿＿＿＿とあれば、怠け者の兄も部屋を掃除するだろう。
4. ボーナスの金額が大幅にアップするとあれば、＿＿＿＿＿＿＿＿＿＿＿＿＿＿＿はずです。
5. 私は親友の頼みとあれば、＿＿＿＿＿＿＿＿＿＿＿＿＿＿＿＿＿＿＿＿。
6. 親は子どもの進学のためとあれば、＿＿＿＿＿＿＿＿＿＿＿＿＿＿＿＿＿＿＿＿。
7. 私の社長は＿＿＿＿＿＿＿＿＿＿とあれば、＿＿＿＿＿＿＿＿＿＿＿＿＿＿＿＿＿＿＿＿。
8. ＿＿＿＿＿＿＿＿＿＿とあれば、＿＿＿＿＿＿＿＿＿＿＿＿＿＿＿＿＿＿＿＿。

37 どころか

______月______日

例文

[1] リさんは真面目に見えるが、本当は真面目**どころか**、学校をサボってばかりいる。
[2] 祖父は入院して落ち込む**どころか**、入院生活を楽しんでいる。
[3] 彼は漢字**どころか**、ひらがなも読めない。

使い方

① [Vる] / [いA]い / [なA]（な） / [N] ② [Vる] / [N] ＋ どころか

「AどころかB」の形で、①事実はAではなく、反対のBだ（[1] [2]）、②Aはもちろん、もっと程度の重い／軽いBも（[3]）、と述べる時に使う。

Used in the pattern AどころかB, ① this expresses that something is in fact B instead of A ([1] [2]), or ② it presents A as an obvious example and B as an example of greater or lesser magnitude ([3]). ／「AどころかB这个形式表示①事实不是A而是B（[1] [2]）、②在阐述不仅仅是事情A这样，还有比A更严重/更不如的事情B（[3]）。／Sử dụng mẫu câu “AどころかB” khi trình bày ① Sự thật không phải A mà ngược lại là B, như câu ([1] [2]), ② Không chỉ A mà cả B ở mức độ nặng / nhẹ hơn, như câu ([3]).

確認しよう

正しいほうを選びなさい。

1．喉が痛くて、（　ご飯だ　・　ご飯　）どころか、水も喉を通らない。
2．彼はお金持ちどころか、借金が（　ない　・　ある　）よ。

書いてみよう

＿＿＿＿＿に言葉を入れて、文を完成させなさい。

1．A「Bさんのアルバイトって時給が高いんでしょう？」
　　B「えっ？ ＿＿＿＿＿＿＿＿どころか、3年以上も時給が上がっていないよ。」
2．あの先生の授業は＿＿＿＿＿＿＿＿どころか、眠くなっちゃうよ。
3．肌がきれいになると噂のクリームを使ったら、きれいになるどころか＿＿＿＿＿＿＿＿。
4．彼女はアルバイト先の住所どころか、＿＿＿＿＿＿＿＿＿＿＿＿。
5．ダイエットをして＿＿＿＿＿＿＿＿どころか、＿＿＿＿＿＿＿＿＿＿。
6．彼は試験なのに、＿＿＿＿＿＿＿＿どころか、＿＿＿＿＿＿＿＿も持ってこない。
7．あの店は＿＿＿＿＿＿＿＿どころか、＿＿＿＿＿＿＿＿＿＿。
8．＿＿＿＿＿＿＿＿のに、＿＿＿＿＿＿＿＿どころか、＿＿＿＿＿＿＿＿。

38 だけ

____月____日

例文

1 店長にアルバイトを休ませてもらえるか聞くだけ聞いてみようと思う。
2 まだN2の勉強は全部終わっていないけれど、受験するだけ受験するつもりだ。
3 りんごがたくさんありますから、持てるだけ持って帰っていいですよ。

使い方

① Vる
② Vできる
　Vます たい
＋だけ

①いい結果が出ないかもしれないが、一応やってみると述べる時に使う。「だけ」の後ろに同じ動詞を繰り返して使う（1 2）。②限界までするということを表す。「ほしいだけ／好きなだけ」と言うこともある（3）。

① This expresses that a certain action will be attempted even though a positive outcome is not guaranteed. The part following だけ repeats the verb preceding it (1 2). ② This expresses that something is done to the limit. The patterns ほしいだけ and 好きなだけ are sometimes employed for this usage (3). ／①表示可能未必会出现好的结果，但是还是打算先做做看。「だけ」的后面跟前面用同一个动词（1 2）。②表示在能力范围内尽可能做某事。有时也用「ほしいだけ」「好きなだけ」这两个表达（3）。／① Sử dụng khi trình bày có thể không có kết quả tốt nhưng cứ làm thử. Sau "だけ", sử dụng lặp đi lặp lại cùng động từ, như câu (1 2). ② Khi thể hiện việc làm đến giới hạn cuối cùng. Cũng có khi nói "ほしいだけ", "好きなだけ", như câu (3).

確認しよう

正しいものを選びなさい。

1. 大学じゃなくて、アニメの専門学校に行きたいと親に（ 言う ・ 言った ）だけ言ってみた。
2. 食べ放題は制限時間内であれば、（ 好き ・ 好きだ ・ 好きな ）だけ食べられます。

書いてみよう

______に言葉を入れて、文を完成させなさい。

1. この映画は私の好みではないが、勧められたので______だけ見てみようと思う。
2. 家賃の支払いを待ってもらえないかと大家さんに______だけ______つもりだ。
3. 疲れているので、次の休みは______だけ寝ようと思っている。
4. この荷物を車に______だけ______ください。
5. 人気の店だから当日じゃ予約できないと思うけど、______だけ______。
6. 料理は週末に______だけ______と、楽ですよ。
7. 彼女は忙しいからパーティーに______と思うけど、______だけ______。
8. あきらめないで、______だけ______。

第5課 文法の練習

39 上は

月　　日

例文

1 試合に出る**上は**、ベストを尽くして戦わなければならない。
2 自分で決めた**上は**、最後までやり抜くつもりだ。
3 N２を受験する**上は**、合格したい。

使い方

Vる／Vた ＋ 上は

「A上は、B」の形で、「Aだから、当然Bする」という意味を表す。Aには決定している事実が入り、Bにはそれに合う判断、義務、決意、希望などが来る。似た表現に「からには／以上は（p.204）」がある。

Used in the form A上は、B, this expresses that B will naturally be performed on account of A. A states a decision that has been made, and B conveys the speaker's judgment, obligation, resolution, hope, etc. aligned with that decision. Similar expressions include からには／以上は (p. 204). ／「A上は、B」这个形式表示既然要做A，就该理所当然做B。A这里是已经决定了的事实，B这里是与之相应做出的判断、义务、决意、愿望等。跟「からには / 以上は （p.204）」这个语法相似。／Mẫu câu "A上は、B" diễn tả ý vì A nên đương nhiên làm B. Ở vế câu A có sự thật được quyết định, ở vế câu B có phán đoán, nghĩa vụ, quyết tâm, kỳ vọng v.v. phù hợp với điều đó. Có cách diễn đạt tương tự là "からには／以上は (tr.204)".

確認しよう

「上は」の使い方が正しいものには○、間違っているものには×を書きなさい。

1．（　　　）留学生であった上は、頑張って勉強した。
2．（　　　）留学する上は、頑張って勉強しなければならない。

書いてみよう

＿＿＿＿に言葉を入れて、文を完成させなさい。

1．結婚すると＿＿＿＿＿＿上は、貯金しなければならない。
2．一人暮らしを＿＿＿＿＿＿上は、しっかり自己管理をしなければならない。
3．日本に住む上は、＿＿＿＿＿＿べきだ。
4．プロジェクトリーダーに選ばれた上は、＿＿＿＿＿＿つもりだ。
5．「必ず頑張る」と約束した上は、＿＿＿＿＿＿。
6．大学へ＿＿＿＿＿＿上は、＿＿＿＿＿＿。
7．スピーチ大会に＿＿＿＿＿＿上は、＿＿＿＿＿＿。
8．＿＿＿＿＿＿上は、＿＿＿＿＿＿。

40 ～に～ない

＿＿＿＿月＿＿＿＿日

例文

1 後輩が仕事でミスをして困っているから、帰るに帰れない。
2 電車がないから、帰宅しようにも帰宅できない。
3 お金がなくて、学費を払おうにも払えない。

使い方

① Vる に
② V(よ)う にも
＋ Vできる ない

そうしたいが、事情があってできないと述べる時に使う。①は心理的にできない場合(1)、②は物理的にできない場合(2 3)に使うことが多い。

This expresses that although the speaker would like to do something, circumstances prevent them from doing so. It is often used to convey that the action cannot be performed due to: ① a psychological constraint (1), or ② a material one (2 3). ／在阐述想要这么做，却由于一些原因做不到时使用。①是由于心理上的主观原因而做不到（1）、②多是由于客观原因而做不到（2 3）。／Sử dụng khi trình bày muốn làm như thế nhưng vì hoàn cảnh nên không thể. Thường diễn tả ① tình trạng không thể làm do hoàn cảnh mang tính tâm lý, như câu (1), ② tình trạng không thể làm do hoàn cảnh mang tính vật lý, như câu (2 3).

確認しよう

正しいほうを選びなさい。

1. 祖母が病気なので、旅行に行く（ に ・ にも ）行けない。
2. スマホを忘れて、連絡しようにも（ 連絡しなかった ・ 連絡できなかった ）。

書いてみよう

＿＿＿＿＿に言葉を入れて、文を完成させなさい。

1. 先生が真面目に話していたので、トイレへ＿＿＿＿＿＿＿＿に＿＿＿＿＿＿＿＿。
2. 子どもが手伝いをして失敗したことだから、＿＿＿＿＿＿＿＿に＿＿＿＿＿＿＿＿。
3. パスポートをなくしてしまったので、＿＿＿＿＿＿＿＿にも＿＿＿＿＿＿＿＿。
4. 料理をしたくても冷蔵庫に何もないから、＿＿＿＿＿＿＿＿にも＿＿＿＿＿＿＿＿。
5. 恋人が＿＿＿＿＿＿＿＿＿＿＿＿＿＿から、まずくても、残すに残せなかった。
6. お金を貸してほしいと言われたが、＿＿＿＿＿＿＿＿＿＿＿＿から、貸そうにも貸せない。
7. 友人が＿＿＿＿＿＿＿＿ので、＿＿＿＿＿＿＿＿に＿＿＿＿＿＿＿＿。
8. 台風で＿＿＿＿＿＿＿＿から、＿＿＿＿＿＿＿＿にも＿＿＿＿＿＿＿＿。

まとめの練習

＿＿＿月＿＿＿日

問題１　読解（内容理解 - 短文　Comprehension - Short passages）

次の（1）と（2）の文章を読んで、後の問いに対する答えとして最もよいものを、1・2・3・4から一つ選びなさい。

（1）

以下は、ケンさんが書いた日記である。

> 今朝教室に入るとルイが、「待ってました！」**とばかりに**僕のところへ駆け寄って来た。何かと思ったら、「電車にかばんを忘れてしまって、教科書**どころか**財布もないから、お金を貸してほしい」と言ってきた。親友のルイが困っている**とあれば**助けてあげたいが、僕も給料日前だから、貸してあげ**ようにも**貸してあげられ**ず**、困ってしまった。セイセイは、僕たちを見るに見かねたようで、「これでいい？」**とばかりに**ルイに3000円を渡した。ルイは僕に「役立たず」と言い、セイセイを「神様」と呼んだ。

1　この文章の内容に合うものはどれか。

1　ルイさんはかばんを持たないで家を出た。

2　ケンさんは親友にもお金を貸したくないと考えている。

3　セイセイさんはルイさんに頼まれてお金を貸した。

4　ケンさんはルイさんを助けたかったが、できなかった。

(2)

以下は、ゴックさんが書いた日記である。

> 来日して初めて行った食堂が、今月末をもって閉店することになった。まだ日本の生活に慣れていなかった私に、店主は優しくメニューの説明をしてくれたり、日本のことについていろいろと話してくれた。それ以来、私はその店に通うようになった。
>
> 閉店の理由を聞くと、85歳という高齢で後継者もいないので、続けようにも続けられないからだと言っていた。店が一つなくなったところで、誰も食事をする場所に困ることはなく、別の店に行くまでのことだ。だが、私にとっては思い出の場所が一つなくなるわけだから、寂しくてたまらない。閉店すると聞いた上は、通えるだけ通って、思い出の料理を食べられるだけ食べようと思う。

1 この文章の内容に合うものはどれか。

1 ゴックさんがよく行く食堂は、今月までしか営業しない。

2 来日直後、ゴックさんは日本語のメニューが読めなかった。

3 食堂の店主は閉店することが寂しくてたまらない。

4 店主は閉店前に多くの人に料理を食べてほしいと思っている。

問題2　文法（文法形式の判断 Selecting grammar form）

次の文の（　　　）に入れるのに最もよいものを、1・2・3・4から一つ選びなさい。

1 その客は「早くしろ」とばかり（　　　）テーブルを叩いた。

1　か　　2　で　　3　に　　4　の

2 会社の先輩は、親切（　　　）、とても意地悪です。

1　うえに　　2　どころか　　3　ことなく　　4　だけ

3 家族のために頑張ると誓った上は、簡単に仕事を（　　　）。

1　辞めてもしかたがない　　2　辞めるわけにはいかない

3　辞めなければならない　　4　辞めるしかない

4 誰も手伝ってくれないなら、自分でやる（　　　）のことだ。

1　から　　2　まで　　3　よう　　4　そう

5 憧れの先輩と話す機会をいただいたので、話せる（　　　）話したいと思う。

1　まで　　2　だけ　　3　もの　　4　ため

6 （会社で）

ガリド　「ホアンさん早退したの？ 仕事をお願いしようと思ってたのに。」

トゥグ　「仕方ないよ。子どもがけがをした（　　　）、誰でも帰るでしょう。」

1　とあれば　　2　にあたり　　3　とみえて　　4　ところで

7 先生に遅刻した理由を聞かれたが、寝坊したとは（　　　）

1　言おうものだ　　2　言うに言えなかった

3　言えるものだ　　4　言えるわけではなかった

8 ウユサル　「今度モンゴルに行くんだって？ 確か、船越さんが昔住んでいたらしいから、お勧めの場所とか聞いてみたら？」

深瀧　「へー。じゃあ、今晩メールしてみようかな。」

ウユサル　「あ、でも今ネパールに出張中だから、連絡（　　　）ところで、すぐに返事は来ないかも。」

1　された　　2　した　　3　しようとした　　4　しなかった

問題3 文法（文の組み立て Sentence composition）

次の文の ＿★＿ に入る最もよいものを、1・2・3・4から一つ選びなさい。

1 日本に留学する前日、父は ＿＿＿ ＿★＿ ＿＿＿ ＿＿＿と言った。

1 辛くても　　2 行くと
3 決めた上は　　4 逃げてはいけない

2 彼は ＿＿＿ ＿＿＿ ＿★＿ ＿＿＿ ぐらいの人見知りだよ。

1 挨拶をされても　　2 どころか　　3 返事もしない　　4 明るくて楽しい

3 2歳の子どもが ＿＿＿ ＿★＿ ＿＿＿ ＿＿＿ 。

1 量にはならない　　2 たくさん食べた　　3 ところで　　4 大した

4 チョコレートを食べていたら、妹がちょうだい ＿＿＿ ＿★＿ ＿＿＿ ＿＿＿ 1つあげた。

1 ので　　2 出してきた　　3 とばかりに　　4 手を

5 10年ぶりに ＿＿＿ ＿＿＿ ＿★＿ ＿＿＿ でしょうね。

1 ご家族や　　2 国へ帰るとあれば
3 友人にお土産を　　4 持っていかなければならない

6 イチゴ狩りに ＿＿＿ ＿＿＿ ＿★＿ ＿＿＿ きた。

1 行って　　2 食べられる　　3 食べて　　4 だけ

7 トゥン 「アヌさん、もう大学に出願した？」
アヌ 「それが、まだ ＿＿＿ ＿★＿ ＿＿＿ ＿＿＿ んだよ。」

1 出せない　　2 全部揃っていないから
3 必要な書類が　　4 出そうにも

8 リン 「ひどい！ 私が悪いみたいな言い方しなくてもいいでしょう！」
渡部 「怒らないで。私は ＿＿＿ ＿＿＿ ＿★＿ ＿＿＿ ないよ。」

1 までで　　2 悪いことは悪いと
3 責めているつもりは　　4 はっきり言った

問題4　聴解（統合理解 Integrated comprehension）

まず話を聞いてください。それから、質問とせんたくしを聞いて、1から4の中から、最もよいものを一つ選んでください。

N2-37

1　　2　　3　　4

問題5　聴解（即時応答 Quick response）

まず文を聞いてください。それから、それに対する返事を聞いて、1から3の中から、最もよいものを一つ選んでください。

1　N2-38　　1　　2　　3

2　N2-39　　1　　2　　3

3　N2-40　　1　　2　　3

4　N2-41　　1　　2　　3

5　N2-42　　1　　2　　3

6　N2-43　　1　　2　　3

7　N2-44　　1　　2　　3

8　N2-45　　1　　2　　3

第6課

単語

文法の練習に出てくる難しい単語の意味を確認しましょう。

名詞

□ 親元	parents' home	父母的家	vòng tay cha mẹ
□ 企業	companies	企业	doanh nghiệp
□ 職場	workplace	职场	nơi làm việc
□ 注意報	advisory	警报	thông tin lưu ý
□ 手ぶら	empty-handed	空手	tay không, không đem theo gì cả
□ 伝統	tradition	传统	truyền thống
□ 梨	Asian pears	梨	quả lê
□ 人通り	pedestrian traffic	人来人往	người qua lại
□ 秘密	secret	秘密	bí mật
□ 桃	peaches	桃	quả đào
□ 履歴	log	履历	lịch sử

い形容詞

□ うらやましい	envious	羡慕	ghen tị

な形容詞

□ 盛んな	flourishing	兴盛的	thịnh hành, được ưa chuộng
□ 夢中な	engrossed	全神贯注的	say sưa

動詞

□ 疑う	suspect	怀疑	nghi ngờ
□ (天気が) 崩れる	(weather) turns bad	变天	(thời tiết) thay đổi xấu
□ 口論（する）	quarrel	口角，争论	sự tranh cãi, tranh luận
□ たどり着く	reach	到达	đạt được, đến được
□ 通信（する）	communication; communicate	来电，通信；与…通信	sự liên lạc, liên lạc
□ 殴る	punch	殴打	đấm

その他

□ 多岐にわたる	wide-ranging	涉及多方面	trải rộng nhiều để tài, đa dạng
□ たった	just	仅仅	chỉ, mỗi

41 にわたって

____月____日

例文

1 沖縄から九州地方にわたって、強風注意報が出ています。
2 オリンピックは約20日間にわたって開催される。
3 半年にわたる道路工事も、やっと来週で終わるそうだ。

使い方

N + にわたって
にわたる N

場所・分野などを表す名詞に接続し、それらが広範囲に及んでいることを表す。また、期間や回数を表す名詞に接続し、期間の長さや回数の多さを示す。
This is joined with a noun indicating duration, number of times, location, field, etc. to express the extent or range of something.／接在表示期间、次数、地点、领域等的名词后面，表示波及范围之广。／Tiếp nối với danh từ thể hiện thời gian, số lần, địa điểm, lĩnh vực v.v. và diễn tả chúng ảnh hưởng ở phạm vi rộng.

確認しよう

正しいほうを選びなさい。

1. 彼の成功は長期間（ にわたる ・ にわたって ）訓練の成果です。
2. JLPT の試験結果を見たら、全科目（ にかけて ・ にわたって ）８割以上の正解率だった。

書いてみよう

________に言葉を入れて、文を完成させなさい。

1. 今晩から天気は崩れ、明日は大阪から________にわたって雨が降り続くでしょう。
2. この食堂は________にわたって、伝統の味を守ってきた。
3. 連休初日のせいか、10kmにわたる________が発生している。
4. ________にわたる________がもうすぐ終わります。
5. スピーチ大会の________は多岐にわたり、どれも________。
6. 薬学部のスミス教授は________にわたって、________。
7. 今月号の雑誌には、大谷選手の記事が________にわたり、________。
8. ________にわたり________。

42 にしても

______月______日

例文

[1]「手ぶらでどうぞ」と言われたにしても、ワイン１本ぐらい持っていったほうがいい。
[2] どんな理由で遅れたにせよ、遅刻したことは謝るべきだ。
[3] 参加するにしろ、しないにしろ、メールで返信してください。

使い方

普
＊なA だ／である
＊N だ／である
＋ にしても／にしろ／にせよ

「たとえ～でも」という意味を表す（[1]）。また、疑問詞を含む文に接続し「全ての場合で」という意味を表す（[2]）。「AにしてもBにしても」の形で、「AとBどちらの場合でも」という意味を表す（[3]）。

This expresses "even if" ([1]). When joined to a clause containing an interrogative word, it expresses that the statement applies to all cases ([2]). Used in the pattern AにしてもBにしても, it means "whether A or B" ([3]). ／表示就算是～也～（[1]）。另外，接在疑问词后面，表示所有情况都（[2]）。「AにしてもBにしても」这个形式表示A跟B两种情况都～的意思（[3]）。／Diễn đạt ý cho dù ~ cũng, như câu ([1]). Ngoài ra, tiếp sau câu bao gồm nghi vấn từ, thể hiện ý ở tất cả trường hợp, như câu ([2]). Thể hiện ý dù ở trường hợp nào trong A và B bằng mẫu câu "AにしてもBにしても" như câu ([3]).

確認しよう

正しいほうを選びなさい。

1. 子どもの頃は、どこへ（ 行く ・ 行った ）にせよ、親に許可をもらう必要があった。
2. ほしい（ とか ・ にしろ ）ほしくない（ とか ・ にしろ ）、大学で使うパソコンを買わなければならない。

書いてみよう

______に言葉を入れて、文を完成させなさい。

1. いくら__________にしろ、電話ぐらいしてよ。
2. 相手が__________にせよ、人を殴るのはよくない。話し合いで解決しよう。
3. __________にしろ、親元からあまり遠くないところに住みたいと思っている。
4. その事件に__________にしろ、あなたの電話に犯人からの通信履歴があれば疑われる。
5. __________にしろ、__________にしろ、健康な子が生まれることを願っています。
6. __________にせよ、__________にせよ、きちんと将来を考えてから決めなさい。
7. 親が__________にせよ、__________にせよ、私は__________。
8. __________にせよ、__________。

43 といった

＿＿＿月＿＿＿日

例文

1 東京や大阪**といった**都会に住みたい。

2 この辺りはお金持ちが多く、ベンツやＢＭＷ**といった**高級車がたくさん見られる。

3 この地方は桃とか梨**といった**果物の生産が盛んだ。

使い方

N ＋ といった N

「ＡやＢといった～」や「ＡとかＢといった～」の形で、複数の例を挙げる場合に使う。

This is used in the patterns ＡやＢといった～ or ＡとかＢといった～ to present multiple examples of something. ／「ＡやＢといった～」「ＡとかＢといった～」这个形式在举多个例子时使用。／Sử dụng mẫu câu "ＡやＢといった～", "ＡとかＢといった～" trong trường hợp đưa ra nhiều ví dụ.

確認しよう

「といった」の使い方が正しいものには○、間違っているものには×を書きなさい。

1．（　　　）　日本では、京都や奈良といった古い町が外国人に人気だ。

2．（　　　）　これは村上春樹といった小説家が書いた本です。

書いてみよう

________に言葉を入れて、文を完成させなさい。

1．日本には________とか________といった有名企業がある。

2．________や________といった日本食は、世界でも人気がある。

3．この動物園には________とか________といった珍しい動物がいる。

4．________や________といったＳＮＳが若者に人気だ。

5．運動不足になると、________とか________といった体の問題が出てきます。

6．夏の暑いときには、________や________といった________が食べたくなる。

7．私の国には、________や________といった________があります。

8．________といった________。

44 あげく

月　　日

例文

1 デパートでいろいろ迷ったあげく、何も買わないで帰ってきた。
2 長時間にわたる議論のあげく、結論は出なかった。
3 彼はＮ２を受けるかＮ１を受けるかさんざん悩んだあげくに、どちらも受けなかった。

使い方

Vた ＋ あげく
Nの ＋ あげくに

「AあげくB」の形で、長い時間Aをした結果、最終的にBという残念な結果になったということを表す。Bにはよくない結果や予期しない結果が入る。

Used in the pattern AあげくB, this expresses that outcome B unfortunately occurred even though much time was spent on doing A. An undesirable or unexpected outcome is expressed in B. ／「AあげくB」这个形式表示，花了长时间做了事情A之后，最后还是得到了B这个很遗憾的结果。B这里往往时不好的结果或者没有预想到的结果。／Mẫu câu "AあげくB" để diễn tả kết quả của việc làm A trong thời gian dài thì cuối cùng có kết quả đáng tiếc là B. Ở vế câu B có kết quả không tốt, kết quả không mong đợi.

確認しよう

正しいほうを選びなさい。

1．兄は父との（　口論の　・　口論した　）あげく、家を出ていってしまった。
2．一日も休まずに練習（　した　・　する　）あげくに、当日に風邪をひいて試合に出られなかった。

書いてみよう

＿＿＿＿に言葉を入れて、文を完成させなさい。

1．彼は約束に１時間も＿＿＿＿＿＿あげく、財布を忘れたからお金を貸してくれと言った。
2．その客はスーパーの試食コーナーで何回も＿＿＿＿＿＿あげく、買わずに帰っていった。
3．父は医者の言うことを聞かずに酒を＿＿＿＿＿＿あげく、病気になってしまった。
4．２時間もの＿＿＿＿＿＿のあげく、最初の意見が採用された。
5．道に＿＿＿＿＿＿あげくに、目的地にたどり着けなかった。
6．病院でさんざん待たされたあげく、検査はたった＿＿＿＿＿＿。
7．彼は彼女とけんかのあげく、＿＿＿＿＿＿。
8．＿＿＿＿＿＿あげく、＿＿＿＿＿＿。

45 どころではない

＿＿月＿＿日

例文

1 バーベキューの最中（さいちゅう）に大雨が降（ふ）って、バーベキュー**どころではなく**なった。
2 宿題（しゅくだい）が多くて、遊（あそ）んでいる**どころではない**。
3 せっかく海に泳（およ）ぎに行ったのに、寒（さむ）くて泳（およ）ぐ**どころじゃなかった**。

使い方

V る / V て いる / N ＋ どころではない

「～どころではない」の形（かたち）で、～よりも大事（だいじ）なことがあるから、あるいは大変（たいへん）な状況（じょうきょう）だから、～する時間（じかん）や余裕（よゆう）はないということを表（あらわ）す。

This expresses that there is no time or leeway to do the action mentioned because something more important needs to be done, or because there are difficult circumstances to contend with. ／表示比起～还有更重要的事情，或是处在一个紧急迫切的情况下，没有做～的余力跟时间。／Diễn đạt việc không có thời gian, không có tâm trí thong thả để làm ~ vì có việc quan trọng hơn ~, hoặc vì tình trạng khó khăn.

確認しよう

正しいほうを選（えら）びなさい。

1. 京都（きょうと）旅行に行ったが、病気になって（ 病院 ・ 観光（かんこう） ）どころではなかった。
2. 隣（となり）の部屋（へや）でパーティーでもしているのか、うるさくて（ 寝（ね）て ・ 寝（ね）ている ）どころではない。

書いてみよう

＿＿＿＿に言葉（ことば）を入れて、文を完成（かんせい）させなさい。

1. レストランに行ったが、隣（となり）のテーブルの人がうるさくて、＿＿＿＿＿＿どころではなかった。
2. 授業中（じゅぎょうちゅう）に大きな地震（じしん）が起きて、＿＿＿＿＿＿＿＿＿＿どころではなくなった。
3. ルイ 「ケン、今晩遊（こんばんあそ）びに行かない？」

   ケン 「＿＿＿＿＿＿＿＿＿＿どころじゃないよ。明日大事なテストがあるんだから。」
4. 入院した母が心配（しんぱい）で、＿＿＿＿＿＿＿＿＿＿＿＿どころではない。
5. 彼（かれ）はとても忙（いそが）しそうで、＿＿＿＿＿＿＿＿＿＿＿どころではなさそうだった。
6. ＿＿＿＿＿＿＿＿＿＿＿＿＿＿＿＿、カラオケどころではない。
7. 突然（とつぜん）＿＿＿＿＿＿＿＿＿、＿＿＿＿＿＿＿＿＿どころではなかった。
8. ＿＿＿＿＿＿＿＿＿＿、＿＿＿＿＿＿＿＿＿どころではなかった。

46 さえ　　＿＿月＿＿日

例文

1 喉が痛くて、水さえ飲めない。
2 スキーで足を骨折してしまい、立つことさえできない。
3 小学生の息子でさえ解けた算数の問題が解けなくて、恥ずかしかった。

使い方

N ＋ さえ　極端な例を出すことで、だから他のものはもちろんだと言いたい時に使う。「でさえ」「にさえ」など助詞と一緒に使う。ただし、助詞「を」「が」は省略される。

This is used to present an extreme example that conveys the full extent/gravity of a situation. It is used with particles, as in でさえ or にさえ; however, the particles を and が may be omitted. ／举比较极端的例子，表示"既然这都可以，那其他的也更不用说了"的意思。也可以前面加助词，像「でさえ」「にさえ」这样使用。但是助词「を」「が」需要省略。／Sử dụng khi muốn nói "vì vậy mà những thứ khác là đương nhiên" bằng cách đưa ra ví dụ cực đoan. Sử dụng với trợ từ, như "でさえ", "にさえ". Tuy nhiên, trợ từ "を", "が" thì được giản lược.

確認しよう

正しいほうを選びなさい。

1．彼女は親友（ さえ ・ にさえ ）何も言わずに国へ帰ってしまった。
2．この道は（ 昼 ・ 夜 ）でさえ暗くて人通りもないので、通らないようにしている。

書いてみよう

＿＿＿＿に言葉を入れて、文を完成させなさい。

1．お金がなくて、＿＿＿＿＿＿＿＿さえ買えない。

2．敬語は＿＿＿＿＿＿＿＿でさえ難しいと言っているのだから、外国人にとっては当然難しい。

3．私の祖父は＿＿＿＿＿＿＿＿さえ通っていない山奥で生まれ育った。

4．今日は忙しくて、＿＿＿＿＿＿＿＿さえ＿＿＿＿＿＿＿＿。

5．ゲームに夢中になって、＿＿＿＿＿＿＿＿ことさえ忘れてしまった。

6．A「パーティーの参加人数や場所は決まりましたか。」

　B「＿＿＿＿＿＿＿＿さえ送っていないんですから、まだ全然決まっていません。」

7．私には＿＿＿＿＿＿＿＿にさえ＿＿＿＿＿＿＿＿秘密がある。

8．＿＿＿＿＿＿＿＿さえ＿＿＿＿＿＿＿＿。

47 なんか

______月______日

例文

1 こんなつまらない映画なんか見に行かなければよかった。

2 A 「日本語、お上手ですね。」

B 「いや、私の日本語なんてまだまだですよ。」

3 2泊3日のご旅行でしたら、北海道などいかがですか。

使い方

N ＋ なんか / なんて / など

軽視する時(1)、謙遜する時(2)、例を挙げる時(3)に使う。改まった場面では「など」を使う。

This is used to express contempt (1), show humility (2), or present an example (3). In formal situations, など is used. ／表示轻视（1）、谦虚（2）、以及举例子（3）时使用。比较正式的场合用「など」。／Sử dụng khi xem thường như câu (1), khi khiêm tốn như câu (2), khi đưa ra ví dụ như câu (3). Sử dụng "など" trong tình huống trang trọng.

確認しよう

「なんか」の使い方が正しいものには○、間違っているものには×を書きなさい。

1. (　　) 私なんかにそのような仕事ができるかどうか心配です。

2. (　　) あなたなんか日本語が上手でうらやましいです。

書いてみよう

______に言葉を入れて、文を完成させなさい。

1. 客　「すみません。このズボンに合わせる服を探しているんですが……。」

店員「それなら、この______なんていかがですか。」

2. 彼の能力では______などにはなれない。

3. 日本のお土産なら______など持っていったら、喜ばれると思います。

4. 毎日______なんか食べていたら、体に悪いんじゃない？

5. 「______なんか______ないで、勉強しなさい」とよく母に言われた。

6. 昨日友達とけんかして、「______なんか______」と言われた。

7. 私なんか______ても、きっと______だろう。

8. ______なら、______なんかいいと思います。

48 ～だの…だの

＿＿＿月＿＿＿日

例文

1 ポテトチップスだのクッキーだの食べているから、夕飯が食べられなくなるんだ。
2 彼はこの本は難しいだのつまらないだの、いろんな言い訳をして全然勉強しない。
3 母は、野菜を全然食べていないだの寝るのが遅いだの、口うるさい。

使い方

普
*なAだ
*Nだ
＋ だの

「AやBなど」や「AとかBとか」と同じように複数の例を挙げる時に使う。話し手の不満や非難の気持ちを含む。

This is used to present multiple examples in way similar to AやBなど or AとかBとか. It conveys the speaker's dissatisfaction or criticism. ／跟「AやBなど」「AとかBとか」的用法一样，在举多个例子时使用。表达说话人的一些不满、责备等心情。／Sử dụng khi đưa ra nhiều ví dụ, giống với "AやBなど" hoặc "AとかBとか". Bao gồm cả cảm giác bất mãn, phê phán của người nói.

確認しよう

「～だの…だの」の使い方が正しいものには○、間違っているものには×を書きなさい。

1.（　　）私の家は家賃が安いだの駅も近いだの、住みやすいです。
2.（　　）彼の部屋は脱いだ服だの読みかけの本だの、あちこちにあって汚い。

書いてみよう

＿＿＿＿に言葉を入れて、文を完成させなさい。

1. 彼は料理をしないくせに、私の料理に対して＿＿＿＿＿だの＿＿＿＿＿だの文句を言う。
2. 県外への引っ越しは、＿＿＿＿＿＿＿＿だの＿＿＿＿＿＿＿＿だの面倒だ。
3. 今日買った弁当に、私が嫌いな＿＿＿＿＿だの＿＿＿＿＿だの使った料理が入っていた。
4. 友達はいつも＿＿＿＿＿＿＿＿だの＿＿＿＿＿＿＿＿だの職場の文句を言う。
5. 息子は部屋の掃除をしろと言っても、＿＿＿＿＿＿だの、＿＿＿＿＿＿だの言って、なかなかやらない。
6. 弟は＿＿＿＿＿＿＿だの＿＿＿＿＿＿＿だの言って、すぐアルバイトを休みたがる。
7. 彼女は＿＿＿＿＿＿＿＿だの＿＿＿＿＿＿＿＿だの、遅刻の言い訳をする。
8. ＿＿＿＿＿＿＿＿だの＿＿＿＿＿＿＿だの、＿＿＿＿＿＿＿＿＿＿。

まとめの練習

＿＿＿月＿＿＿日

問題1　読解（内容理解 - 短文 Comprehension - Short passages）

次の(1)と(2)の文章を読んで、後の問いに対する答えとして最もよいものを、1・2・3・4から一つ選びなさい。

(1)

これはケンさんがＳＮＳで書いた文章である。

ケン・ジョンソン

8月14日 6:22

先日、アルバイト先に迷惑をかけてしまった。体調が悪いにもかかわらず、無理をして働いたあげく、店内で倒れてしまったのだ。その日はアルバイトどころではなくなり、店長と一緒に病院へ行った。その後、数日間にわたりアルバイトを休まざるを得なくなった。ただでさえ忙しい店長に、僕の世話で余計な時間を使わせてしまった。僕は店長にお礼がしたいと言ったが、「お礼なんていいから、体を大切にしなさい」と言われた。それ以来、店長は口うるさい母親のように、その食事は栄養バランスが悪いだの、睡眠不足はよくないだの言ってくるようになった。少々うるさいが、同時にありがたくも感じる。

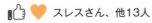

スレスさん、他13人　　コメント２件

いいね！　コメントする　シェア

1 ケンさんは店長に対してどう思っているか。

1　迷惑だと思っている。

2　体を大切にしてほしいと思っている。

3　ありがたいと思っている。

4　口うるさくて嫌だと思っている。

(2)

これはある日本語学校の教師が書いた文章である。

> アルバイトは、給料にしろ通勤時間にしろ、自分が求める条件に合っていることが大切です。しかし、給料や通勤時間といった条件だけを優先してしまうと、うまくいかなくなるおそれがあります。それらがどんなによくても、人間関係など、精神面にかかわる条件が合っていないと、仕事への満足感が得られず、やる気も低下してしまいます。アルバイトは収入を得る手段というだけでなく、人間関係の構築などによって、自己成長をする場でもあります。したがって、さまざまな面から考慮することが重要です。

1 筆者が、アルバイトを選ぶ際の注意点として言いたいことは何か。

1 精神面にかかわる条件だけを考慮すると、十分な収入が得られなくなるかもしれない。
2 精神面にかかわる条件を無視すると、満足感が得られず、やる気がなくなるおそれがある。
3 給料や勤務時間といった条件だけを考慮すると、自己成長が全く期待できなくなる。
4 給料や勤務時間といった条件を無視すると、人間関係にも不満を持つようになる。

問題2　文法（文法形式の判断 Selecting grammar form）

次の文の（　　）に入れるのに最もよいものを、1・2・3・4から一つ選びなさい。

1 祭りは一週間（　　）行われた。

1 にかけて　　2 にわたって　　3 をめぐって　　4 にあたって

2 口に合った（　　）合わなかった（　　）料理を作ってもらったら、感謝すべきだ。

1 し／し　　2 とか／とか　　3 だの／だの　　4 にしろ／にしろ

3 彼女は赤とか黄色（　　）明るい色の服を好んで着ている。

1 といえば　　2 といっても　　3 といった　　4 といって

4 あの双子は似すぎていて、親（　　）見分けがつかないことがあるそうだ。

1 でさえ　　2 だけ　　3 ほど　　4 を

5 子どもを車の中に待たせてパチンコに行く（　　）信じられない。

1 につけ　　2 にしろ　　3 なんて　　4 さえ

6 黒田「大学生の娘さん、元気ですか。」
戸田「ええ、久しぶりに会ったら、かばん（　　）靴（　　）ほしいって甘えられましたよ。」

1 だし／だし　　2 だの／だの　　3 から／にかけて　　4 にしろ／にしろ

7 ルイ「夕べは迷惑をかけた？ 飲みすぎて、よく覚えていないんだ。」
ケン「さんざん（　　）あげくに、道路で寝ようとして大変だったよ。」

1 飲み　　2 飲む　　3 飲んで　　4 飲んだ

8 さくら「冬休みだし、どこか遊びに行かない？」
ケン「旅行でこっちに来ている妹が熱を出して、（　　）。」

1 遊びに行くどころではないだ
2 遊びに行きかねないんだ
3 遊びに行かないわけにはいかないんだ
4 遊びに行きたくてたまらないんだ

問題3　文法（文の組み立て Sentence composition）

次の文の＿★＿に入る最もよいものを、1・2・3・4から一つ選びなさい。

1 一日中、財布を ＿＿＿ ＿＿＿ ＿★＿ ＿＿＿ のを見つけた。

1　自分のポケットに　　2　あげく
3　入っている　　4　探した

2 息子は虫だの ＿★＿ ＿＿＿ ＿＿＿ ＿＿＿ 興味を持って困る。

1　だの　　2　に　　3　カエル　　4　私が嫌いなもの

3 小さな子どもが ＿＿＿ ＿★＿ ＿＿＿ ＿＿＿ 親がきちんと謝るべきだ。

1　かけたら　　2　にせよ　　3　したこと　　4　人に迷惑を

4 ルイは最近知り合った ＿＿＿ ＿＿＿ ＿★＿ ＿＿＿ らしい。

1　彼女のこと　　2　が気になって　　3　どころではない　　4　勉強

5 彼女はフランスや ＿＿＿ ＿＿＿ ＿＿＿ ＿★＿ を旅行したことがあるそうです。

1　ヨーロッパの　　2　といった　　3　イタリア　　4　国々

6 新型ウイルスは ＿★＿ ＿＿＿ ＿＿＿ ＿＿＿ 世間を怖がらせた。

1　大勢の死者　　2　全世界　　3　を出して　　4　にわたって

7 佐藤　「昼ご飯を食べないんですか。」
金澤　「ええ、実は口内炎が ＿＿＿ ＿＿＿ ＿＿＿ ＿★＿ 難しいんです。」

1　さえ　　2　飲むこと　　3　スープを　　4　ひどくて

8 サラ　「臆病な ＿＿＿ ＿＿＿ ＿★＿ ＿＿＿ とは思えないよ。」
トム　「そうかな。僕は適任だと思うよ。」

1　クラスの　　2　私なんかに　　3　リーダーが　　4　務まる

問題4　聴解（ポイント理解 Point comprehension）

まず質問を聞いてください。そのあと、問題用紙のせんたくしを読んでください。読む時間があります。それから話を聞いて、問題用紙の1から4の中から、最もよいものを一つ選んでください。

N2-46

1　さくらさんが意見を聞いてくれなかったこと
2　さくらさんが文句ばかり言ったこと
3　デートでたくさん歩いたこと
4　デート中にけんかしたこと

問題5　聴解（即時応答 Quick response）

まず文を聞いてください。それから、それに対する返事を聞いて、1から3の中から、最もよいものを一つ選んでください。

1　N2-47　1　2　3

2　N2-48　1　2　3

3　N2-49　1　2　3

4　N2-50　1　2　3

5　N2-51　1　2　3

6　N2-52　1　2　3

7　N2-53　1　2　3

8　N2-54　1　2　3

第7課

単語 文法の練習に出てくる難しい単語の意味を確認しましょう。

名詞

☐ 印象	impression	印象	ấn tượng
☐ 折りたたみ傘	folding umbrella	折叠伞	ô xếp
☐ カーディガン	cardigan	对襟毛线衣	áo len mỏng cardigan
☐ 海岸線	coastline	海岸线	đường bờ biển
☐ 介助犬	service dog	辅助犬	chó hỗ trợ
☐ 機能性	functionality	实用性	tính năng
☐ 候補	candidate	候补	ứng viên
☐ 手元	at hand; in front of you	手边	trong tay, xung quanh (chỗ ngồi v.v.)
☐ 土砂降り	heavy downpour	暴雨	(mưa) như trút nước, xối xả
☐ 普段	usual	平时	bình thường
☐ マニュアル	manual	手册，指南	sách hướng dẫn

い形容詞

☐ 堅苦しい	stiff	生硬的	câu nệ, nghiêm trọng, cứng nhắc
☐ 心無い	thoughtless	不走心的	vô tâm, vô tình

な形容詞

☐ スムーズ（な）	smooth	顺畅的	trôi chảy, suôn sẻ
☐ でたらめな	nonsensical	胡说八道的	dối trá, linh tinh
☐ 豊富な	abundant	丰富的	phong phú
☐ 魅力的な	appealing	有魅力的	hấp dẫn

動詞

☐ 失格（する）	be disqualified	失去资格	sự mất tư cách, mất tư cách
☐ 先着（する）	first to arrive	先到	sự đến trước
☐ 散らばる	scatter	散乱的	tứ tung, rải rác
☐ 振る	dump (a person)	分手	chia tay

副詞

☐ まさか	unexpected	竟然	lẽ nào

その他

☐ 涙を流す	cry	流泪	khóc, chảy nước mắt
☐ 右に出る者はいない	be second to none	没有与之匹敌的人物	không ai giỏi hơn, không ai bằng
☐ ～未満	less than ～	未满 ～	dưới ～

49 に限って(1)／に限らず

____月____日

例文

[1] 本日に限って、全品 50% OFF です。
[2] 先着 10 名様に限り、プレゼントをご用意しております。
[3] このアニメは子どもに限らず、大人にも人気がある。

使い方

① N ＋ に限って
　　　に限り
② N ＋ に限らず

①「Aに限ってBだ」で、Aだけ特別にBだという意味を表す([1] [2])。②「Aに限らずBも」で、AだけではなくBもという意味を表す([3])。

① Aに限ってBだ expresses that situation B specially applies to A only ([1] [2]). ② Aに限らずBも expresses that the statement applies to not only A, but also B ([3]). ／①「Aに限ってBだ」这个形式表示针对情况A，会特别享有情况B ([1] [2])。②「Aに限らずBも」表示不仅仅是A，情况B也是如此 ([3])。／① Diễn đạt ý chỉ đặc biệt A thì B bằng mẫu câu "Aに限ってBだ" như câu ([1] [2]). ② Diễn đạt ý cả B chứ không chỉ A bằng mẫu câu "Aに限らずBも", như câu ([3]).

確認しよう

正しいほうを選びなさい。

1．女性（　に限って　・　に限らず　）、みんな家事をすべきだ。
2．犬や猫はだめです。このアパートは鳥や魚（　に限り　・　に限らず　）、飼うことができます。

書いてみよう

＿＿＿＿に言葉を入れて、文を完成させなさい。

1．この映画館は毎週水曜日がレディースデーで、＿＿＿＿＿＿に限り1000円で映画が見られます。

2．6歳未満のお子様に限り、＿＿＿＿＿＿＿＿＿＿＿＿＿＿＿＿。

3．ペットの入店はお断りしておりますが、介助犬に限り、＿＿＿＿＿＿＿＿＿＿＿＿＿＿＿＿。

4．A「ビールが嫌いなら、ワインもありますよ。」

　B「いいえ、私は＿＿＿＿＿＿＿＿＿＿に限らず、お酒は全部だめなんです。」

5．寿司は＿＿＿＿＿＿＿＿＿＿に限らず、＿＿＿＿＿＿＿＿＿＿でも人気だ。

6．新しくできたレストランは大人気で、＿＿＿＿＿＿＿＿に限らず＿＿＿＿＿＿＿＿も混んでいる。

7．＿＿＿＿＿＿＿＿＿＿＿＿＿＿＿に限り、＿＿＿＿＿＿＿＿＿＿＿＿＿＿＿＿＿＿＿＿。

8．＿＿＿＿＿＿＿＿＿＿＿＿＿＿＿に限らず、＿＿＿＿＿＿＿＿＿＿＿＿＿＿＿＿＿＿＿。

50 に限って(2)

＿＿＿月＿＿＿日

例文

1 洗濯物を外に干した日**に限って**、雨が降る。
2 遠足の日**に限って**、体調を崩す。
3 普段電話は来ないのに、テストのとき**に限って**電話が鳴り、失格になってしまった。

使い方

N ＋ に限って

「Aに限ってB」という形で、(いつもはBではないのに) Aの時だけ運悪くBだと述べる。時を表す名詞と一緒に使うことが多い。「に限って(1)(p.100)」と違い、「に限り」という形は使えない。

Used in the pattern Aに限ってB, this expresses that situation B normally doesn't occur but unfortunately happened to occur on the occasion of A. It is often used with nouns that express time. Unlike に限って(1) (p. 100), it is not used in the form に限り. ／「Aに限ってB」表示平时明明不会出现B这样的情况，偏偏要在做事情A的时候出现情况B。往往跟表示时间的名词一起使用。与「に限って(1)(p.100)」不同，这里不能用「に限り」这个形式。／Sử dụng mẫu câu "Aに限ってB" khi trình bày (luôn không phải B vậy mà) chỉ khi A thì không may là B. Thường sử dụng với danh từ diễn tả thời gian. Khác với "に限って(1)(tr.100)", không thể sử dụng ở hình thức "に限り".

確認しよう

「に限って」の使い方が正しいものには○、間違っているものには×を書きなさい。

1. (　　) 急いでいるときに限って、鍵が見つからず、遅れそうになる。
2. (　　) 急いでいるときに限って、準備がスムーズに進む。

書いてみよう

＿＿＿＿＿に言葉を入れて、文を完成させなさい。

1. 遠足とか運動会とか、楽しみにしていた日に限って、＿＿＿＿＿＿＿＿＿＿。
2. 授業で＿＿＿＿＿＿＿＿＿＿に限って、先生に当てられる。
3. ＿＿＿＿＿＿＿＿＿＿に限って、デートに誘われます。
4. ＿＿＿＿＿＿＿＿＿＿に限って、パソコンの調子が悪くなる。
5. ＿＿＿＿＿＿＿＿＿＿に限って、上司に残業を頼まれる。
6. 新しい服を着た日に限って、＿＿＿＿＿＿＿＿＿＿。
7. いつも折りたたみ傘をかばんに入れているのに、＿＿＿＿＿に限って、＿＿＿＿＿。
8. ＿＿＿＿＿＿＿＿＿＿に限って、＿＿＿＿＿＿＿＿＿＿。

51 限り

月　　日

例文

1 日本にいる**限り**、日本の法律を守らなければならない。

2 健康な**限り**、働きたい。

3 薬を飲ま**ない限り**、その病気は治りません。

使い方

① Vる／Vている
いAい
なAな／である
Nの／である
→ ＋限り

② Vない（ない を消す）
いAく
なAでは
Nでは
→ ＋ない限り

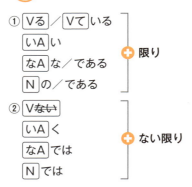

①「A限りB」で、Aが続く間は絶対にBだ（1 2）、②「Aない限りB」の形で、AなければBだという意味を表す（3）。

① The pattern A限りB expresses that B remains true as long as A is true (1 2). ② The pattern Aない限りB expresses that B remains true as long as A does not hold true (3).／①「A限りB」表示在A持续的期间里绝对要做B（1 2）、②「Aない限りB」这个形式表示如果不做A这件事，就会出现结果B（3）。／Dùng ① "A限りB" để diễn đạt ý trong lúc A tiếp diễn thì nhất định là B, như câu (1 2), và ② "Aない限りB" diễn đạt ý nếu không A thì B, như câu (3).

確認しよう

正しいほうを選びなさい。

1．実際に（　住んでみる　・　住んでみない　）限り、その地域のよさはわからない。

2．学生（　な　・　である　）限り、学校のルールは守らなければならない。

書いてみよう

________に言葉を入れて、文を完成させなさい。

1．台風が過ぎても、風が________________限り、外に出ないほうがいい。

2．____________________限り、手伝ってください。

3．父は____________________限り、いろいろなことにチャレンジしたいと言っている。

4．____________________限り、たばこやお酒は禁止です。

5．戦争が続いている限り、____________________。

6．一生懸命に____________________限り、成功はありません。

7．____________________限り、____________________。

8．____________________ない限り、____________________。

52 ずにはいられない

____月____日

例文

1 この映画は悲しすぎて、涙を流さずにはいられない。
2 大好きな彼女に振られてしまった。今日はお酒を飲まずにはいられない。
3 彼女は甘い物が好きで、ダイエット中でも甘い物を食べないではいられないそうだ。

使い方

V~~ない~~ ＋ ずにはいられない
ないではいられない

我慢しようとしても、気持ちや行動が止められないことを表す。三人称の場合は、「そうだ」「らしい」などをつける。動詞「する」の活用は例外で「せずにはいられない」になる。

This expresses that someone is unable to contain a certain emotion or to refrain from some act, even though they try to do so. When the subject is a third person, expressions such as そうだ or らしい are added. The verb する undergoes irregular conjugation to become せずにはいられない. ／表示某种心情或行为想要强忍却总也忍不住。主语是第三人称的时候，后面要加「そうだ」「らしい」等。动词「する」要变成「せずにはいられない」。／Diễn tả việc cho dù cố gắng kiềm chế cũng không thể ngừng được cảm xúc hay hành động. Trường hợp ngôi thứ ba thì thêm "そうだ", "らしい" v.v. Chia động từ "する" là ngoại lệ, thành "せずにはいられない".

確認しよう

正しいほうを選びなさい。

1．今日は暑くて、エアコンを（　つけず　・　つけない　）ではいられない。
2．僕のミスでチームが負けてしまった。自分を責めず（　に　・　で　）はいられない。

書いてみよう

________に言葉を入れて、文を完成させなさい。

1．歯医者に行ったが、痛すぎて声を________にはいられませんでした。

2．たばこをやめたいんですが、たばこを見ると________にはいられなくなるんです。

3．蚊に刺されたところが、かゆくて、かゆくて、________にはいられない。

4．彼の話はおもしろすぎて、聞いているみんなは________ではいられないようだ。

5．________そうだ。心配せずにはいられない。

6．店員の態度が悪すぎて、店長に________にはいられなかった。

7．彼女はダンスが好きで、________と、________にはいられなくなるそうだ。

8．________を見ると、________にはいられない。

53 にかけては

____月____日

例文

1 漢字の知識にかけては、セイセイさんがこのクラスで一番だ。
2 彼はすべての科目の成績がよく、特に数学にかけてはこの学校で彼に勝てる人がいない。
3 私は料理を作るのは苦手だが、食べることにかけては誰にも負けない。

使い方

N ＋ にかけては

～の分野では他の人より優れているというプラスの評価を述べる時に使う。「一番だ」「誰にも負けない」「右に出る者はいない」などと一緒に使われる。

This is used to express the positive appraisal that someone excels more than others in a particular field. It is used with expressions such as 一番だ, 誰にも負けない, and 右に出る者はいない. ／表示在某个领域，比起其他人都优秀这样的正面积极评价时使用。经常会跟「一番だ」「誰にも負けない」「右に出る者はいない」一起使用。／Sử dụng khi trình bày đánh giá tích cực là ở lĩnh vực ~ thì xuất sắc hơn người khác. Được sử dụng với "一番だ", "誰にも負けない", "右に出る者はいない" v.v.

確認しよう

「にかけては」の使い方が正しいものには○、間違っているものには×を書きなさい。

1.（　　）彼はスポーツにかけては、誰にも負けないと言っている。
2.（　　）彼はスポーツにかけては、一度も上手にできたことがない。

書いてみよう

________に言葉を入れて、文を完成させなさい。

1. 彼は________にかけては知識が豊富なので、困ったら彼にいつも聞いている。
2. 歌のうまさにかけては、________の右に出る者はいないだろう。
3. ________の知識にかけては、________が一番だと思う。
4. 父は料理が上手だ。特に________にかけてはレストランのシェフのように作れる。
5. この製品は値段が高めだが、________にかけては他社より優れている。
6. マラソン大会が楽しみだ。私は________にかけては誰にも負けないつもりだ。
7. どの親も子どもを________にかけては________でしょう。
8. ________にかけては________という自信がある。

54 にそって

_____月_____日

例文

1 川にそって桜の木が植えられている。
2 マニュアルにそってお客様の対応をする。
3 親の期待にそった結果が出せるかどうか心配です。

使い方

N + にそって
にそった N

「AにそってB」の形で、A（道や線など）から離れないようにずっとBをするという意味（1）や、A（意見や要望など）に合わせてBをする（2 3）ということを述べる。

Used in the pattern AにそってB, this expresses that B follows or takes place along A (a road, line, etc.) (1), or that B is performed in line with A (an opinion, requirement, etc.) (2 3). ／「AにそってB」这个形式表示沿着A（道路、线等）一直都有B（1）、或是遵循A（意见或期望等）来做B（2 3）。／Trình bày ý làm B suốt để không rời khỏi A (đường đi, tuyến đường v.v.), như câu (1), hoặc làm B cho phù hợp với A (ý kiến, nguyện vọng v.v.), như câu (2 3) bằng mẫu câu "AにそってB".

確認しよう

正しいほうを選びなさい。

1. 白い線に（ そって ・ とおりに ）お並びください。
2. 白いスカート（ にそって ・ に合わせて ）赤いカーディガンを着た。

書いてみよう

_______に言葉を入れて、文を完成させなさい。

1. _______________にそって道が続いています。
2. A「新宿に行く電車は何番線ですか。」
   B「3番線です。この_______________にそって歩くと、新宿行きのホームに行けますよ。」
3. 説明書にそって_______________。
4. 会議はお手元に置いた_______________にそって進めます。
5. 結婚式は二人の_______________にそったスタイルでするのが一番いい。
6. 当旅行会社では、お客様一人一人の_______________にそった_______________を提案します。
7. 週末はよく海岸線にそって_______________。
8. _______________にそって_______________。

55 はさておき

月　　日

例文

[1] このかばんはデザインはさておき、機能性に優れている。
[2] 誰が窓を割ったかはさておき、散らばったガラスを片付けよう。
[3] 堅苦しい話はさておき、そろそろ乾杯しましょう。

使い方

N ＋ はさておき

普
*なAだ
*Nだ
＋ かはさておき／かどうかはさておき

「Aはさておき」で「Aのことは一旦取り上げずに」「Aのことを考えないと」という意味で、話の焦点を変える時に使う（[1] [2]）。また、これまで続いたことを切り上げて別のことをしようと述べる時にも使う（[3]）。

This is used to pause or set aside a certain topic in order to shift the focus of the discussion to something else ([1] [2]). It is also used to switch from the current activity to another one ([3]). ／先暂且不说或不考虑～这件事，在转变话题焦点时使用（[1] [2]）。另外，也可以用在结束至今为止持续的事情，接下来做别的事情时（[3]）。／Sử dụng khi thay đổi tiêu điểm của câu chuyện với ý là tạm thời không đưa ra việc ~ / không nghĩ đến việc ~, như câu ([1] [2]). Ngoài ra, cũng sử dụng khi trình bày kết thúc việc tiếp diễn lâu nay mà làm việc khác, như câu ([3]).

確認しよう

正しいほうを選びなさい。

1. 見た目（ は ・ も ）さておき、味には自信がありますよ。
2. 入院費用がどのくらいかかるかはさておき、（ 治す ・ あきらめる ）ことを考えよう。

書いてみよう

______に言葉を入れて、文を完成させなさい。

1. おしゃべりはさておき、そろそろ__________を始めましょう。
2. 私ばかり話していますね。私の話はさておき、__________を聞かせてください。
3. あのホテルは__________はさておき、部屋も__________も最高だ。
4. このドラマは________はさておき、________が魅力的だから毎週必ず見ている。
5. 彼の__________はさておき、面接での印象がよかったので、採用の候補にしたい。
6. 夏休みに______________かはさておき、まずはみんなで日にちだけ決めよう。
7. ________________かどうかはさておき、一生懸命頑張ろう。
8. ________________はさておき、______________。

56 まい

月　　日

例文

1 そんなでたらめな話、誰も信じるまい。
2 甘い物は食べまいと思っていても、誰かが食べていると、つい一緒に食べてしまう。
3 犯人はまさかあの人なのではあるまいか。

使い方

① Vる／Vない ＋ まい
② 普
　*なAな
　*Nな
　＋ のではあるまいか

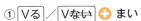

①否定の推量と否定の意志を表す(1 2)。動詞の2・3グループはない形に接続することもある。また、動詞「する」は「すまい」の形もある。
②「～のではあるまいか」で、～だろうと思うという意味になる(3)。

① This expresses an unlikelihood or the desire not to do something (1 2). The verb する is sometimes rendered in the form すまい. ② Used in the pattern ～のではあるまいか, this expresses the speaker's belief that something is likely true (3). ／① 表示否定的推测或否定的意思时使用（1 2）。二类动词跟三类动词可以接在否定形式后面。另外，动词「する」也可以变成「すまい」的形式。②「～のではあるまいか」这个形式表示推测（3）。／Diễn tả ① Suy đoán phủ định và ý chí phủ định như câu (1 2). Cũng có khi tiếp nối với thể phủ định của động từ nhóm 2, 3. Ngoài ra, động từ "する" cũng có hình thức "すまい". ② Là ý nghĩa cho rằng có lẽ ~ với mẫu câu "～のではあるまいか", như câu (3).

確認しよう

正しいものをすべて選びなさい。

1．彼女は絶対に彼を（　許さ　・　許す　）まい。
2．何度失敗しても、決して（　あきらめ　・　あきらめる　）まい。

書いてみよう

______に言葉を入れて、文を完成させなさい。

1．今日は雨が__________まいと思っていたが、午後から土砂降りの雨だった。

2．海に落としたスマホは絶対に__________まい。

3．きちんと勉強しないと、N1にはそう簡単に__________まい。

4．1日2時間以上ゲームは__________まいと思っているが、やり始めると止まらない。

5．最近親に連絡していないので、__________のではあるまいかと思い、電話した。

6．心無い一言でルームメートを泣かせてしまった。二度と__________まいと心に誓った。

7．____________________まいと思っている。

まとめの練習

＿＿＿月＿＿＿日

問題１　読解（内容理解 - 短文 Comprehension - Short passages）

次の（1）と（2）の文章を読んで、後の問いに対する答えとして最もよいものを、1・2・3・4から一つ選びなさい。

（1）

これはスポーツについて書かれたエッセイである。

> 皆さんは「スポーツの日」を知っていますか。「スポーツの日」は10月の第二月曜日で、日本の祝日の一つです。日本の多くの小中学校や高校では、この時期にスポーツ大会が開催されます。
>
> スポーツ大会は、互いの体力や技術を競い合うスポーツのイベントです。これによって、児童・生徒たちは競技がルール**にそって**行われるものであるということはもちろん、互いに協力することの重要性を学びます。また、競技後は敵味方を問わず、互いを称え合う姿が見られます。
>
> このように、スポーツは体力の向上**に限らず**、人間性や社会性を育むための重要な役割を果たしているのです。

1 筆者はスポーツの役割について何と言っているか。

1　競い合う精神を育てるものだと言っている。

2　敵や味方を作らないことを教えるものだと言っている。

3　競い合うことではなく、助け合うことの大切さを教えるものだと言っている。

4　健康のためだけでなく他者を敬う精神を育てるために行うものだと言っている。

(2)

これはケンさんが書いた日記である。

> 明日は日本語学校でクラス対抗のスポーツ大会が行われる。僕のクラスにはスポーツ**にかけては**誰にも負けないルイがいるから、クラスメートはみんな「絶対優勝できるぞ」と期待していた。ところが、こんなとき**に限って**、ルイがインフルエンザにかかり、出られなくなってしまった。別のクラスの学生から、ルイが出られ**ない限り**、きみたちの優勝はある**まい**と言われ、何かせ**ずにはいられなく**なった。そこで、クラスメートを集め、この二日間、競技の練習をした。
>
> 明日はいよいよ本番だ。結果**はさておき**、みんなで頑張ってよかったと思える大会にしたい。

1 この文章からわかることは何か。

1　ケンさんのクラスはスポーツが得意な人が多い。

2　ルイさんのインフルエンザは思ったより重い症状が出た。

3　ケンさんはやってよかったと思える大会にしたいと思っている。

4　ケンさんのクラスは優勝をあきらめることにした。

日本語学校のスポーツ大会

問題2　文法（文法形式の判断 Selecting grammar form）

次の文の（　　　）に入れるのに最もよいものを、1・2・3・4から一つ選びなさい。

1 どんな駐車場でも一回で駐車できます。駐車の技術（　　　）自信があります。

1　にそって　　2　はさておき　　3　にあたって　　4　にかけては

2 日本語が（　　　）限り、仕事は見つからないと言われた。

1　下手　　2　下手の　　3　下手で　　4　下手な

3 この漢字は外国人（　　　）、日本人でも読めないことが多い。

1　を問わず　　2　に限らず　　3　をはじめ　　4　を中心に

4 白いシャツを着た日（　　　）汚してしまう。

1　にそって　　2　に限って　　3　において　　4　にかけて

5 もう少し暖かくなると、道（　　　）植えられた桜が咲きます。

1　にわたって　　2　を通って　　3　にそって　　4　にともなって

6 子ども　「この野菜、まずい。食べたくない。」

母親　「味（　　　）、体にいいんだから食べたほうがいいのに。」

1　はさておき　　2　はもちろん　　3　にかけては　　4　にかわって

7 ワン　「お酒、飲まないんですか。」

リン　「ええ、実はお酒で失敗して、それ以来（　　　）んです。」

1　飲むまいと決めた　　2　飲まないわけにはいかない

3　飲みたくてたまらない　　4　飲まずにはいられない

8 マニタ　「さっき公園で仲良し親子を見たら、両親のことを（　　　）。」

ラリタ　「その気持ち、よくわかります。」

1　思い出すまいとがまんしました

2　思い出そうとしませんでした

3　思い出さずにはいられなくなりました

4　思い出さずじまいでした

問題3　文法（文の組み立て Sentence composition）

次の文の＿★＿に入る最もよいものを、1・2・3・4から一つ選びなさい。

1 12歳以下の子どもは、このお化け屋敷に ＿＿＿ ＿＿＿ ＿★＿ ＿＿＿ 入れます。

1 保護者が　2 に限って　3 入れませんが　4 同伴する場合

2 コピー機にエラーが ＿＿＿ ＿★＿ ＿＿＿ ＿＿＿ ください。

1 このマニュアル　2 発生したら　3 にそって　4 チェックして

3 急用が ＿＿＿ ＿＿＿ ＿＿＿ ＿★＿ つもりです。

1 参加する　2 入らない　3 限り　4 パーティーに

4 昨日の花火大会は子どもと ＿★＿ ＿＿＿ ＿＿＿ ＿＿＿ くらい人が多かった。

1 心配になる　2 迷子になるの

3 手をつながないと　4 ではあるまいかと

5 新しい ＿★＿ ＿＿＿ ＿＿＿ ＿＿＿。

1 日に限って　2 靴をはいた　3 犬の糞を　4 踏んでしまった

6 私の祖父は困っている ＿＿＿ ＿＿＿ ＿＿＿ ＿★＿ ではいられない性格でした。

1 知らない　2 助けない　3 人でも　4 人は

7 鈴木「魚の本が多いですね。これは全部お兄様の本なんですか。」

木村「ええ、兄は ＿＿＿ ＿＿＿ ＿★＿ ＿＿＿ がないほど詳しいんです。」

1 かけては　2 知らない　3 魚に　4 こと

8 部長「では、社長から挨拶をいただきたいと存じます。」

社長「いや、料理が冷めますから、＿＿＿ ＿＿＿ ＿＿＿ ＿★＿ しましょう。」

1 はさておき　2 挨拶　3 乾杯　4 はやく

問題4　聴解（ポイント理解 Point comprehension）

まず質問を聞いてください。そのあと、問題用紙のせんたくしを読んでください。読む時間があります。それから話を聞いて、問題用紙の1から4の中から、最もよいものを一つ選んでください。

N2-55

1 聴解
2 漢字
3 カタカナ語
4 文法

問題5　聴解（即時応答 Quick response）

まず文を聞いてください。それから、それに対する返事を聞いて、1から3の中から、最もよいものを一つ選んでください。

1 N2-56　1　2　3

2 N2-57　1　2　3

3 N2-58　1　2　3

4 N2-59　1　2　3

5 N2-60　1　2　3

6 N2-61　1　2　3

7 N2-62　1　2　3

8 N2-63　1　2　3

第8課

単語

文法の練習に出てくる難しい単語の意味を確認しましょう。

名詞

□ 愛情	love	感情	tình yêu
□ ガーデニング	gardening	园艺	sự chăm sóc vườn, làm vườn
□ 会費	party fee	会费	hội phí, phí tham gia
□ 株価	stock prices	股价	giá cổ phiếu
□ 食いしん坊	foodie	吃货	người tham ăn
□ 好景気	booming economy	景气好	tình hình kinh tế lạc quan
□ 終電	last train (of the day)	末班电车	chuyến tàu cuối trong ngày
□ 終バス	last bus (of the day)	末班巴士	chuyến xe buýt cuối trong ngày
□ 知らないふり	acting dumb	装作不知道	giả vờ không biết
□ 病状	condition, symptoms	病情	tình trạng bệnh, bệnh trạng
□ ホラー	horror	恐怖	kinh dị
□ 野外	outdoor	室外	ngoài trời
□ 老犬	old dog	高龄犬	con chó già

な形容詞

□ 不運な	unfortunate	不幸的	bất hạnh, không may
□ 無口な	silent	沉默寡言的	sự ít nói, kín miệng
□ ユニークな	unique	特别的	độc đáo

動詞

□ 輝く	sparkle	闪闪发亮	tỏa sáng
□ 勤続（する）	continuous service; continue working	（在同一单位）连续勤务	sự làm việc liên tục, làm việc liên tục
□ 懸念（する）	concern; be concerned	担心	sự quan ngại, quan ngại
□ 称賛（する）	praise	称赞	sự khen ngợi, tán thưởng
□ 点検（する）	inspection; inspect	定期检查	sự kiểm tra, kiểm tra
□ 恋愛（する）	(being in) love; be/fall in love	恋爱	chuyện yêu đương, yêu

その他

□ 口が軽い	have a loose tongue	嘴不严	nói nhiều, không kín tiếng

57 しかない

＿＿月＿＿日

例文

1 終電も終バスも行ってしまったので、タクシーで帰る**しかない**。
2 このシャツはお気に入りだったが、破(やぶ)れてしまったので、捨(す)てる**よりほかない**。
3 大型(おおがた)の台風が接近(せっきん)しているため、野外コンサートは中止する**ほかしかたがない**。

使い方

Vる ＋ しかない
ほかない
ほかしかたがない
よりほかない
よりほかはない

～以外(いがい)に方法(ほうほう)がないから、～をしなければならないという意味(いみ)を表(あらわ)す。
This expresses that something has to be done because there is no way out of it. ／表示除了～以外没有别的方法，必须要这么做的意思。／Diễn tả ý vì không có cách nào khác ngoài ~ nên phải làm ~.

確認しよう

正しいほうを選(えら)びなさい。

1．レポートが終わっていないので、今晩(こんばん)はゆっくり寝(ね)る（ しかない ・ ことができない ）。
2．レポートが終わっていないので、今晩(こんばん)は寝(ね)ないで書く（ しかない ・ ことができない ）。

書いてみよう

＿＿＿＿＿に言葉(ことば)を入れて、文を完成(かんせい)させなさい。

1．エレベーターが点検中(てんけんちゅう)なので、8階(かい)まで＿＿＿＿＿＿＿＿しかない。

2．スマホを落(お)として壊(こわ)してしまった。新しいのを＿＿＿＿＿＿＿＿しかない。

3．試験は明日だ。今日まで一生懸命頑張(いっしょうけんめいがんば)ってきたのだから、あとは＿＿＿＿＿＿＿＿ほかない。

4．この病気を治(なお)したければ、＿＿＿＿＿＿＿＿よりほかはないと医者に言われた。

5．何でもうまくなりたければ、一生懸命(いっしょうけんめい)＿＿＿＿＿＿＿＿よりほかはない。

6．これ以上店の経営(けいえい)を続(つづ)けても借金が増(ふ)えるだけなので、＿＿＿＿＿＿＿＿ほかしかたがない。

7．＿＿＿＿＿＿＿＿ので、＿＿＿＿＿＿＿＿しかない。

8．＿＿＿＿＿＿＿＿けど、＿＿＿＿＿＿＿＿ので、＿＿＿＿＿＿＿＿ほかない。

58 ものか

月　　日

例文

1 あんなサービスの悪い店、二度と行く**ものか**。

2 きみに僕の気持ちがわかる**もんか**。

3 A「ホラー映画、怖いから見たくないんでしょ？」

　B「怖い**もんか**。時間がないだけだよ。」

使い方

Vる／いAい／なAな／Nな ＋ ものか／もんか

「決して～ない」という強い否定や拒絶を表す。会話では「もんか」という形になる。また、丁寧な場面では「ものですか」「もんですか」になる。

This is used to strongly deny or reject some act/situation. It becomes もんか in conversation, and ものですか or もんですか in polite settings. ／表示强烈的否定或拒绝，绝对不会做某事。对话里面多用「もんか」。另外，比较正式礼貌的场合要用「ものですか」「もんですか」。／Diễn tả ý phủ định, cự tuyệt mạnh mẽ là nhất quyết không ~. Trong hội thoại có hình thức “もんか”. Ngoài ra, ở tình huống lịch sự thì “ものですか”, “もんですか”.

確認しよう

正しいほうを選びなさい。

1．絶対に（ 負ける ・ 負けない ）もんかと思って、今まで頑張ってきました。

2．兄に「学生は楽でいいね」と言われたので、「（ 楽な ・ 楽の ）もんか」と言い返した。

書いてみよう

＿＿＿＿に言葉を入れて、文を完成させなさい。

1．彼女は口が軽い。彼女だけには絶対に秘密を＿＿＿＿＿＿＿＿もんか。

2．A「留守の間、息子を預かっていただけるなんて助かります。ご迷惑ではありませんか。」

　B「＿＿＿＿＿＿＿＿もんですか。孫ができたみたいで嬉しいですよ。」

3．将来のため、どんなに辛くても＿＿＿＿＿＿＿＿ものかと思いながら勉強を続けてきた。

4．学生「私たちが卒業したら、先生、私たちのことをすぐに忘れてしまうんじゃないですか。」

　先生「こんなにユニークな人たち、＿＿＿＿＿＿＿＿ものですか。」

5．明日は決勝戦だ。絶対に＿＿＿＿＿＿＿＿もんかとみんなで作戦会議をした。

6．手伝ってあげたのにお礼も言わないなんて、二度と＿＿＿＿＿＿＿＿もんか。

7．彼の話にまた騙された。＿＿＿＿＿＿＿＿もんか。

59 ようが

＿＿月＿＿日

例文

1 参加しようがしまいが、返事は出すべきだ。
2 泣こうが怒ろうが、そんなわがままには対応しません。
3 いくら高かろうと、必要なものは買わなければならない。

使い方

① V(よ)う / いAかろう / なAだろう / Nだろう ＋ が/と
② Vるまい / いAくなかろう / なAじゃなかろう / Nじゃなかろう ＋ が/と

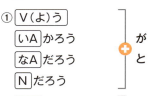

①と②を組み合わせて、～でも～じゃなくてもという意味を（1）、①を繰り返し、～の場合でも…の場合でもという意味（2）を表す。また、①を疑問詞と一緒に使い、～に関係なくどんな場合でもという意味を表す（3）。

Patterns ① and ② may to combined to say "whether or not" (1). Pattern ① may be repeated to say "regardless of whether X or Y" (2). Also, ① can be used with an interrogative word to say "no matter how" (3). ／①跟②形式结合，表示不论做或不做某事也要～的意思（1）、① 形式反复使用，表示哪种场合都～（2）。另外，① 形式跟疑问词放在一起，表示不论怎样都～的意思（3）。／Diễn tả ý kết hợp hình thức ① và ②, ~ mà không ~ cũng, như câu (1), lặp đi lặp lại hình thức ①, trong trường hợp ~ mà trong trường hợp ... cũng, như câu (2). Sử dụng hình thức ① với nghi vấn từ, diễn tả ý dù trong trường hợp nào cũng, không liên quan ~, như câu (3).

確認しよう

正しいほうを選びなさい。

1．周りに人がいようが（　いまい　・　いない　）が、ここは禁煙なのでたばこは吸えない。
2．どんなに生活が（　苦し　・　苦しい　）かろうが、頑張って生き抜きます。

書いてみよう

＿＿＿＿に言葉を入れて、文を完成させなさい。

1．お酒を＿＿＿＿＿＿が＿＿＿＿＿＿が、会費が同じなのは納得できない。

2．アルバイトでは客が＿＿＿＿＿＿が＿＿＿＿＿＿が、立っていなければならないので疲れる。

3．たとえ両親に＿＿＿＿＿＿＿＿＿＿と、私は夢をあきらめないつもりだ。

4．＿＿＿＿＿＿が＿＿＿＿＿＿が、お金を拾ったら、警察に届けるべきだ。

5．天気が＿＿＿＿＿＿と＿＿＿＿＿＿と、遠足は行われます。

6．＿＿＿＿＿＿が＿＿＿＿＿＿が、この町が好きなので、引っ越すつもりはない。

7．＿＿＿＿＿＿と＿＿＿＿＿＿と、これまでの努力は称賛されるべきだ。

8．どんなに＿＿＿＿＿＿＿＿＿＿が、＿＿＿＿＿＿＿＿＿＿。

60 一方だ

＿＿＿月＿＿＿日

例文

1 給料は変わらないのに、物価は上がる一方だ。
2 年々日本へ観光に来る外国人は増加する一方だ。
3 祖母の病状は悪くなる一方で、心配です。

使い方

Vる ＋ 一方だ
一方で

～の方にどんどん進む、～の傾向がますます強まるということを表す。変化を表す動詞が使われる。

This expresses that something progresses in a certain direction or that a certain trend is becoming stronger. It is used with verbs expressing change. ／表示事物朝着某个方向一直前进，～的倾向变得越来越强烈的意思。这里要用表示变化的动词。／Diễn tả dần dần tiến đến hướng ~, khuynh hướng ~ ngày càng trở nên mạnh mẽ. Sử dụng động từ diễn tả sự thay đổi.

確認しよう

正しいほうを選びなさい。

1．天気予報では午後から晴れると言っていたが、雨は（ 強まる ・ やまない ）一方だ。
2．好景気で株価は（ 上昇 ・ 上昇する ）一方だ。

書いてみよう

＿＿＿＿に言葉を入れて、文を完成させなさい。

1．最近英語を使わないので、＿＿＿＿＿＿＿＿一方です。
2．日本は子どもの数が＿＿＿＿＿＿＿＿一方で、労働力不足が懸念されている。
3．嘘ばかりついていると、信用は＿＿＿＿＿＿＿＿一方だ。
4．いろいろな不運が続いたが、今が最悪と思えば、これからは＿＿＿＿＿＿＿＿一方だろう。
5．ペットの老犬は食欲がなくなり、＿＿＿＿＿＿＿＿一方だ。
6．地球の環境を守るため、何かしなければ、＿＿＿＿＿＿＿＿一方だ。
7．＿＿＿＿＿＿＿＿にしたがって、＿＿＿＿＿＿＿＿一方だ。
8．＿＿＿＿＿＿＿＿によって、＿＿＿＿＿＿＿＿一方だ。

61 ことなく

＿＿＿月＿＿＿日

例文

[1] 彼(かれ)は１日も学校を休むことなく、卒業(そつぎょう)した。
[2] あの恋人(こいびと)たちは飽(あ)きることなく、見つめ合っている。
[3] 彼女(かのじょ)は親友の私にさえ相談(そうだん)することなしに、夢(ゆめ)をあきらめてしまった。

使い方

Vる ＋ ことなく
　　　ことなしに

「AことなくB」の形(かたち)で、Aをしない状態(じょうたい)でBをするという意味(いみ)を表(あらわ)す。

Used in the pattern A ことなく B, this expresses that B occurs without situation/action A occurring. ／「AことなくB」这个形式表示在没有做事情A的情况下，做了事情B。／Diễn tả ý làm B trong tình trạng không làm A bằng mẫu câu "A ことなく B".

確認しよう

正しいほうを選(えら)びなさい。

1．ブラジルチームは相手(あいて)に１点(てん)も（　取られる　・　取る　）ことなく優勝(ゆうしょう)した。
2．メールは電話と違(ちが)い、相手(あいて)の都合(つごう)を気に（　することなく　・　しながら　）送れるので便利(べんり)だ。

書いてみよう

＿＿＿＿＿に言葉(ことば)を入れて、文を完成(かんせい)させなさい。

1．＿＿＿＿＿＿＿＿＿ことなしに、Ｎ２の合格(ごうかく)はありません。

2．スピーチ大会で、一度もメモを＿＿＿＿＿＿＿＿＿＿＿ことなく話すことができました。

3．駅前のビルの建設工事(けんせつこうじ)は予定(よてい)通りに進(すす)み、＿＿＿＿＿＿＿＿＿＿＿ことなく完成(かんせい)した。

4．大きな病気に＿＿＿＿＿＿＿＿＿ことなく、一年を過(す)ごすことができました。

5．たくさん練習(れんしゅう)したので、面接(めんせつ)では＿＿＿＿＿＿＿＿ことなく、はっきりと答えられました。

6．天気が心配(しんぱい)でしたが、＿＿＿＿＿＿ことなしに、運動会が＿＿＿＿＿＿＿よかったです。

7．大きな地震(じしん)がありましたが、みんな＿＿＿＿＿＿＿＿＿ことなく＿＿＿＿＿＿＿＿＿。

8．＿＿＿＿＿＿＿＿＿ので、＿＿＿＿＿＿＿＿＿ことなく、＿＿＿＿＿＿＿＿＿。

62 というものではない

月　　日

例文

1 お金持ちだから幸せだというものではない。
2 結婚は愛情さえあればいいというものではない。
3 毎日運動したからといって、ダイエットに成功するというものでもない。

使い方

普
*なA（だ）
*N（だ）
＋ というものではない / というものでもない

必ずしも～とは言いきれないと述べる時に使う。「～からといって（N3 p.65）」と一緒に使うことが多い。
This expresses that something does not always hold true. It is often used with からといって (N3 p. 65). ／在表示未必就能断言～时使用。往往跟「からといって（N3 p.65）」这个语法一起用。／Sử dụng khi muốn nói không thể nói chắc chắn rằng ~. Thường được sử dụng với "からといって (N3 tr.65)".

確認しよう

正しいほうを選びなさい。

1．不合格だったからといって、能力が（　足りた　・　足りなかった　）というものではない。
2．何をしても、謝れば（　許される　・　許されない　）というものではない。

書いてみよう

＿＿＿＿に言葉を入れて、文を完成させなさい。

1．勤続年数が長ければ、能力が＿＿＿＿＿＿＿＿というものでもない。
2．高価なプレゼントをあげれば、みんな＿＿＿＿＿＿＿＿というものではない。
3．真面目な人だから、＿＿＿＿＿＿＿＿というものでもない。
4．その国に住めば、その国の言葉が＿＿＿＿＿＿＿＿というものではない。
5．英語が＿＿＿＿＿＿＿＿からといって、海外旅行が楽しめないというものでもない。
6．勉強の時間は＿＿＿＿＿＿＿＿ばいいというものではなく、質も大切だ。
7．＿＿＿＿＿＿＿＿は＿＿＿＿＿＿＿＿ほどいいというものでもない。
8．＿＿＿＿＿＿＿＿ば、＿＿＿＿＿＿＿＿というものではない。

63 にかかわらず

____月____日

例文

1 この遊園地(ゆうえんち)は曜日にかかわらず、いつも混(こ)んでいる。
2 お酒(さけ)を飲む飲まないにかかわりなく、会費(かいひ)は1人3000円です。
3 このアルバイトは経験(けいけん)があるかどうかにかかわらず、誰(だれ)でも応募(おうぼ)できます。

使い方

① N
② Vる(か)　Vない(か)
　いAい(か)　いAくない(か)
　なAな(か)　なAではない(か)
　N(か)　Nではない(か)
＋ にかかわらず／にかかわりなく

③ Vる
　いAい
　なAな
　N
＋ かどうかにかかわらず／かどうかにかかわりなく

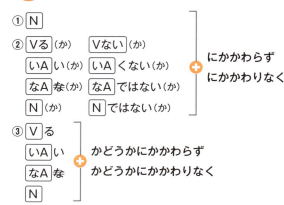

「AにかかわらずB」で、BはAに影響(えいきょう)されないと述(の)べる時(とき)に使(つか)う。①は曜日(ようび)、年齢(ねんれい)、経験(けいけん)、能力(のうりょく)、天候(てんこう)など意味(いみ)に幅(はば)がある名詞(めいし)を使(つか)う。

Used in the form AにかかわらずB, this expresses that B is the case regardless of A. ① takes nouns from a wide variety of categories such as day of the week, age, experience, ability, or weather. ／「AにかかわらずB」表示事情B不受事情A的影响。常跟「曜日、年龄、経験、能力、天候」等可以表示一定范围的名词一起使用。／Sử dụng khi trình bày B không bị ảnh hưởng bởi A bằng mẫu câu "AにかかわらずB". ① là sử dụng danh từ có độ rộng trong ý nghĩa như 曜日, 年齢, 経験, 能力, 天候 v.v.

確認しよう

正しいほうを選(えら)びなさい。

1．この映画は、成人(せいじん)（　にかかわらず　・　かどうかにかかわらず　）見られます。
2．この映画は、年齢(ねんれい)（　にかかわらず　・　かどうかにかかわらず　）見られます。

書いてみよう

______に言葉(ことば)を入れて、文を完成(かんせい)させなさい。

1．パーティーに______________にかかわらず、今週中にメールでお返事(へんじ)ください。

2．この大学の食堂は______________にかかわりなく、誰(だれ)でも利用(りよう)できます。

3．熱(ねつ)が______________にかかわらず、体調(たいちょう)がおかしいときは病院に行ったほうがいい。

4．スポーツ大会では______________にかかわりなく、楽しめるゲームも考えています。

5．______________にかかわらず、カラオケは楽しいです。

6．______________にかかわらず、努力(どりょく)を続(つづ)けることが大切だ。

7．______________にかかわらず、______________。

64 こととなると

＿＿＿月＿＿＿日

例文

1 彼は授業中は眠そうだが、恋愛のこととなると目を輝かせて語り出す。
2 父は僕には厳しいが、妹のことになると優しくなる。
3 うちの子は遊ぶこととなると張り切るが、勉強のこととなると急に元気がなくなる。

使い方

Vる ＋ こととなると
Nの ＋ ことになると

～が話題や問題になる時は、普段と違う態度や行動をとると述べる時に使う。

This is used to indicate that someone displays an uncharacteristic attitude or behavior under a certain condition. ／表示一旦提到某个话题或问题时，就做出与平时不同的反应或行动等。／Sử dụng khi trình bày ~ trở thành đề tài, vấn đề thì có thái độ, hành động khác với bình thường.

確認しよう

「こととなると」の使い方が正しいものには○、間違っているものには×を書きなさい。

1.（　　）普段静かなジョンさんは、食べ物のこととなるとおしゃべりになる。
2.（　　）普段静かなジョンさんは、食べ物のこととなると無口になる。

書いてみよう

＿＿＿＿＿に言葉を入れて、文を完成させなさい。

1. アニメ好きのルイは＿＿＿＿＿＿＿＿＿＿のこととなると、話が止まらなくなる。
2. 仕事では厳しい部長も、＿＿＿＿＿＿＿＿＿＿のこととなると、優しい顔になるらしい。
3. 彼はお金を＿＿＿＿＿＿＿＿＿ことになると嬉しそうだが、＿＿＿＿＿＿＿＿＿ことになると知らないふりをする。
4. 食いしん坊の弟は＿＿＿＿＿＿＿＿＿＿こととなると、とたんに元気になる。
5. 理科の先生は＿＿＿＿＿＿＿＿＿＿こととなると、熱心に説明してくれます。
6. ガーデニングが趣味の母は＿＿＿＿＿＿＿＿ことになると、何時間でも庭仕事ができるらしい。
7. ＿＿＿＿＿＿＿＿＿＿は、＿＿＿＿＿＿＿＿＿＿＿＿＿ことになると、話が止まらない。
8. ＿＿＿＿＿＿＿＿＿＿＿＿＿＿＿＿＿＿＿＿＿＿＿＿＿＿こととなると、目を輝かせる。

まとめの練習

＿＿＿月＿＿＿日

問題1 読解（内容理解 - 中文 Comprehension - Mid-size passages）

次の文章を読んで、後の問いに対する答えとして最もよいものを、1・2・3・4から一つ選びなさい。

以下は、ケンさんが書いた作文である。

僕の近所に住むスレスさんは、困ったときはいつも助けてくれる兄のような存在だ。性格は穏やかで優しいが、日本語の勉強のことになると急に厳しくなる。

僕は勉強が得意なほうだし、最近は学校の外でも積極的に日本語を使っているが、それでも成績が下がる一方で心配になった。そこで、勉強に厳しいスレスさんなら、勉強方法についていいアドバイスをしてくれるのではないかと思い、相談してみた。すると、「ケン、成績を上げる近道なんてないよ」とあっさりと言われた。さらに続けて、「日本語でたくさん会話をしても、正確さが身につくというものではないよ。地道な努力をすることなく上達はしないし、JLPTや大学の合格を目指すなら、どんなに忙しかろうが、毎日きちんと集中する時間を作って勉強するよりほかないよ」と言われた。スレスさんが言ったとおり、最近はアルバイトやさくらとのデートが楽しくて、机に向かって勉強する時間が少なくなっていたことは事実だ。

スレスさんに痛いことを言われて、少し気分が落ち込んでしまったが、おかげで、成績が下がった原因について反省できたし、今度のJLPTで不合格になるものかと決意を新たにできた。そして、スレスさんからのアドバイスにしたがい、忙しいかどうかにかかわらず、机に向かう時間をとり、こつこつと勉強しようと心に誓った。

1 スレスさんについて合わないことはどれか。

1　ケンさんの近所に住んでいる人

2　自分には甘く、人には厳しい人

3　いろいろな面で頼りになる人

4　日本語の勉強に関して厳しい人

2 ケンさんの相談にスレスさんはどんなアドバイスをしたか。

1　会話の時間を増やすこと

2　JLPTの合格を目指すこと

3　学校の外で積極的に日本語を使うこと

4　毎日机に向かって勉強すること

3 この文章の内容に合うものはどれか。

1　ケンさんはスレスさんに相談するまで全く勉強していなかった。

2　ケンさんはスレスさんが言ったことは事実だと思った。

3　ケンさんはスレスさんに相談して以来、成績が上がっている。

4　ケンさんはスレスさんに勉強方法が悪いと指摘された。

問題2　文法（文法形式の判断 Selecting grammar form）

次の文の（　　　）に入れるのに最もよいものを、1・2・3・4から一つ選びなさい。

1 年齢とともに体重が（　　　）一方だったが、運動を始めてから体が引き締まってきた。

1　増え　　2　増えて　　3　増える　　4　増えた

2 いただいた地図がわかりやすかったので、（　　　）ことなく目的地に着きました。

1　迷い　　2　迷う　　3　迷わない　　4　迷わず

3 普段厳しい五十嵐先生は（　　　）こととなると、優しい顔をする。

1　ペット　　2　ペットで　　3　ペットの　　4　ペットだ

4 忙しいか忙しくないか（　　　）、毎日日記を書いています。

1　にかわって　　2　にかかわらず　　3　に限って　　4　に限らず

5 努力すれば報われる（　　　）。報われない努力もたくさんある。

1　一方だ　　2　ほかない
3　わけがない　　4　というものでもない

6 母　「友達にそのゲーム機、貸してほしいって言われてるんでしょ？ 貸してあげたら？」
息子　「絶対に貸す（　　　）。貸すと、なかなか返ってこないんだもん。」

1　もんか　　2　ことか　　3　わけだ　　4　べきだ

7 兄　「経験がないのに起業するなんて、父さんも母さんも賛成していないみたいだよ。」
妹　「誰が反対（　　　）、絶対にやるよ。」

1　しようが　　2　しまいが　　3　しようか　　4　しまいか

8 竹内　「この雨でも、登山は続けますか。」
及川　「こんなにひどい雨では、今日の登頂は断念（　　　）ね。」

1　しかねます　　2　しようがないです
3　するわけにはいきません　　4　するよりほかないです

問題3　文法（文の組み立て Sentence composition）

次の文の＿★＿に入る最もよいものを、1・2・3・4から一つ選びなさい。

1　秋になってずいぶん ＿＿ ＿＿ ＿★＿ ＿＿ 一方だ。
　1　これからは　　2　木の葉の　　3　寒くなる　　4　色も変わり

2　夢をかなえるためには、＿＿ ＿＿ ＿★＿ ＿＿ つもりです。
　1　どんなに大変　　2　が　　3　頑張る　　4　だろう

3　彼は、私が ＿＿ ＿＿ ＿＿ ＿★＿ と思った。
　1　貸した本を汚した　　2　二度と貸すもんか
　3　あげく　　4　あまりおもろくなかったと言ったので

4　相手の社会的地位が ＿＿ ＿＿ ＿★＿ ＿＿ ことができる人になりたい。
　1　にかかわらず　　2　高いかどうか
　3　同じように接する　　4　誰に対しても

5　彼女はいつも ＿＿ ＿＿ ＿★＿ ＿＿ 、今度注意しようと思う。
　1　ので　　2　ことなく　　3　遅れてくる　　4　連絡する

6　ケンは ＿＿ ＿＿ ＿★＿ ＿＿ になる。
　1　のこととなると　　2　大好きな　　3　さくらさん　　4　嬉しそうな顔

7　店員 「この商品、売れ行きが悪いので、値段を下げたらどうでしょうか。」
　店長 「ただ ＿＿ ＿★＿ ＿＿ ＿＿ ものではないよ。」
　1　値段を　　2　売れるようになる
　3　下げれば　　4　という

8　今入 「天候不良で飛行機が飛ばないそうです。」
　安東 「じゃ、＿＿ ＿＿ ＿★＿ ＿＿ ほかないですね。」
　1　一泊する　　2　宿を見つけて　　3　より　　4　どこか

問題4　聴解（概要理解 Summary comprehension）

この問題は、全体としてどんな内容かを聞く問題です。話の前に質問はありません。まず話を聞いてください。それから、質問とせんたくしを聞いて、1から4の中から、最もよいものを一つ選んでください。

N2-64

1　　2　　3　　4

問題5　聴解（即時応答 Quick response）

まず文を聞いてください。それから、それに対する返事を聞いて、1から3の中から、最もよいものを一つ選んでください。

1　N2-65　　1　　2　　3

2　N2-66　　1　　2　　3

3　N2-67　　1　　2　　3

4　N2-68　　1　　2　　3

5　N2-69　　1　　2　　3

6　N2-70　　1　　2　　3

7　N2-71　　1　　2　　3

8　N2-72　　1　　2　　3

第9課

単語

文法の練習に出てくる難しい単語の意味を確認しましょう。

名詞

□ 思春期	puberty	青春期	tuổi dậy thì
□ 視線	being in (someone's) sight	视线	ánh mắt
□ 湿度	humidity	湿度	độ ẩm
□ 商店街	shopping district	商店街	khu phố chợ
□ 段差	steps	地面的高低差	bậc thang, bậc cấp
□ 手すり	handrails	扶手	tay vịn
□ 人目	public gaze, what others might think	众目	mắt nhìn của người khác, sự đánh giá của người khác

な形容詞

□ 正直な	honest	真正的	thẳng thắn

動詞

□ 抑える	tone down	控制	hạn chế, kềm nén
□ おしゃべり（する）	chat	聊天	sự trò chuyện, tán gẫu
□ 思いやる	be considerate	考虑别人	quan tâm, chu đáo
□ 干渉（する）	intervention; intervene	干涉	sự can thiệp, can thiệp
□ 悔やむ	regret	后悔	hối tiếc
□ 指導（する）	guidance; coach	指导	sự chỉ đạo, hướng dẫn
□ 選挙（する）	election; elect	选举	sự bầu cử, bầu cử
□ 散る	fall	花谢	rơi, rụng
□ 投票（する）	voting; vote	投票	sự bỏ phiếu, bỏ phiếu
□ 身支度（する）	getting dressed; get dressed	装扮	sự sửa soạn, chỉnh trang

その他

□ 雲がかかる	become clouded over	遮盖着云	mây phủ

65 わりに

_____月_____日

例文

1 彼女は細いわりによく食べる。
2 彼は「カラオケなんかつまらない」と言っていたわりには、一番楽しそうにしている。
3 今日は湿度が低いので、気温のわりに暑く感じない。

使い方

普
*なAな
*Nの
＋ わりに / わりには

「AわりにB」で、Aから期待される程度と違ってBだという意味を表す。「にしては(p.59)」と同じように使う。

Used in the pattern AわりにB, this expresses that B is a situation at odds with what normally would be expected from A. It is used nearly in the same way as にしては (p. 59). ／「AわりにB」表示B跟事情A所被期待的程度或结果不同。用法与「にしては（p.59)」相同。／Diễn tả ý B khác với mức độ được kỳ vọng từ A bằng mẫu câu "AわりにB". Sử dụng giống như "にしては (tr.59)".

確認しよう

「わりに」の使い方が正しいものには○、間違っているものには×を書きなさい。

1.（　　　）あのレストランの料理は、高いわりにおいしくない。
2.（　　　）自動販売機にお金を入れたわりに、ジュースが出てこない。

書いてみよう

＿＿＿＿に言葉を入れて、文を完成させなさい。

1. 今回のテストはあまり＿＿＿＿＿＿＿＿わりに、いい成績が取れた。
2. 彼女は＿＿＿＿＿＿＿＿わりに、若く見えます。
3. 遊園地は平日のわりに、＿＿＿＿＿＿＿＿ので、あまり乗り物に乗れなかった。
4. 昨日スーパーで買った果物は、＿＿＿＿＿＿＿＿わりには、甘くておいしい。
5. この仕事は危険で大変なわりには、＿＿＿＿＿＿＿＿ので、やめようと思う。
6. 彼は1週間前に日本へ来たばかりのわりに、＿＿＿＿＿＿＿＿。
7. 時間をかけて＿＿＿＿＿＿＿＿わりに、＿＿＿＿＿＿＿＿。
8. ＿＿＿＿＿＿＿＿わりに、＿＿＿＿＿＿＿＿。

66 かと思うと

______月______日

例文

1 ルームメイトは、帰ってきたかと思うと、すぐアルバイトに出かけていった。
2 娘はさっきまで泣いていたかと思ったら、もう笑っている。
3 空が光ったかと思うと、ドーンという雷の音がして、雨が降ってきた。

使い方

Vた ＋ かと思うと
かと思ったら

「AかとSと思うとB」の形で、Aの直後に対比的または予想外のBが起きるということを表す。話し手自身の行動については使わない。

Used in the pattern Aかと思うとB, this expresses situation A is immediately followed by a situation B that contrasts with A or is not expected. It is not used to describe the speaker's actions. ／「Aかと思うとB」这个形式表示A刚一结束就发生了与A相反或者意料外的事情B。不用在说话人自己身上。／Thể hiện ngay sau khi A thì xảy ra B mang tính đối lập hoặc ngoài dự tính bằng mẫu câu "Aかと思うとB". Không sử dụng để nói về hành động của bản thân người nói.

確認しよう

「かと思うと」の使い方が正しいものには○、間違っているものには×を書きなさい。

1．（　　　）私はベッドに横になったかと思うと、すぐに寝てしまった。
2．（　　　）彼はベッドに横になったかと思うと、すぐに寝てしまった。

書いてみよう

________に言葉を入れて、文を完成させなさい。

1．雨が________かと思うと、また降ってくる。そして、また止む。今日の天気は変だ。

2．桜は________かと思ったら、すぐに散ってしまうので、早くお花見に行こう。

3．「またね」と言って________かと思ったら、「忘れ物」と言って戻ってきた。

4．ルイさんは、突然________かと思ったら、またすぐ________。

5．彼はお風呂に________かと思うと、すぐに________。ちゃんと体を洗ったのだろうか。

6．彼はおなかの調子が悪いらしい。トイレから________かと思うと、________。

7．今日は渋滞がひどくて、________かと思うと、________。

67 もかまわず

月＿＿日

例文

1 人目もかまわず、電車の中でけんかをしている人がいる。
2 病院の待合室が静かなのもかまわず、彼らは大きい声でおしゃべりしている。
3 友達が外で待っているのもかまわず、彼女はゆっくりと身支度している。

使い方

N ＋ もかまわず

Vる／Vている
いAい
なAな／である
＋ のもかまわず

「AもかまわずB」で、普通はAを気にするものなのに、気にしないでBをするという意味を表す。
Used in the pattern AもかまわずB, this expresses that a person does something (B) in disregard of a situation that normally should be shown consideration (A). ／「AもかまわずB」表示一般情况下是会在意A，但却没有考虑A就做了B。／Diễn tả ý làm B mà không để ý A dù thông thường đó là một việc bận tâm bằng mẫu câu "AもかまわずB".

確認しよう

正しいほうを選びなさい。

1. 隣の人は近所迷惑なの（ に ・ も ）かまわず、夜中までパーティーするので、嫌だ。
2. 彼女は周囲の視線もかまわず、（ 大声で ・ 静かに ）泣いた。

書いてみよう

＿＿＿＿に言葉を入れて、文を完成させなさい。

1. 子どもたちは＿＿＿＿＿＿＿＿もかまわず、外で遊んでいる。
2. ＿＿＿＿＿＿＿＿もかまわず、彼は川に流された子どもを助けた。
3. あの母親は赤ちゃんが＿＿＿＿＿＿＿＿もかまわず、友達とおしゃべりしている。
4. 自分が＿＿＿＿＿＿＿＿もかまわず、彼は私に傘を貸してくれた。
5. 先生は＿＿＿＿＿＿＿＿もかまわず、私の相談に乗ってくれた。
6. 彼女は友達にお金を借りているのもかまわず、＿＿＿＿＿＿＿＿。
7. 両親からの反対もかまわず、＿＿＿＿＿＿＿＿。
8. ＿＿＿＿＿＿＿＿もかまわず、彼は＿＿＿＿＿＿＿＿。

68 に違いない

月　　日

例文

1 彼女はよく遅刻するから、明日の約束にも遅刻してくるに違いない。
2 スレスさんはN１に合格したのですから、日本語がペラペラに違いない。
3 それは私の財布に相違ありません。

使い方

普
*なAだ
*Nだ
＋ に違いない / に相違ない

話者が強い確信を持って、ほぼ間違いなく～のはずだと言う時に使う。「相違ない」は「違いない」より固い表現。

This is used to express the speaker's strong belief that something is most likely true. 相違ない has the same meaning but is a stiffer expression. ／表示说话者强烈确信某件事，表达肯定没错时使用。「相違ない」更生硬一些。／Sử dụng khi người nói đoan chắc mà nói rằng chắc chắn ~ chứ không sai. "相違ない" là cách diễn đạt khô cứng hơn.

確認しよう

正しいほうを選びなさい。

1. 彼は来月から一人暮らしを始めるので、今（　不安　・　不安だ　）に違いない。
2. 彼はいつも寝坊して遅れてくるので、今日も寝坊する（　つもりだ　・　に違いない　）。

書いてみよう

＿＿＿＿＿に言葉を入れて、文を完成させなさい。

1. 駅前にある古い食堂はいつも大勢の人が並んでいる。きっと＿＿＿＿＿＿＿＿に違いない。
2. 彼はこのページをまだ勉強していないから、この問題は＿＿＿＿＿＿＿＿に違いない。
3. 山のほうに暗い雲がかかっている。きっと山は＿＿＿＿＿＿＿＿に違いない。
4. この教科書を繰り返し勉強すれば、＿＿＿＿＿＿＿＿に違いない。
5. 両親は僕の留学生活を＿＿＿＿＿＿＿＿に相違ない。
6. このかばんはブランド品にしては安すぎる。＿＿＿＿＿＿＿＿に相違ない。
7. 彼女は最近元気がない。＿＿＿＿＿＿＿＿に相違ない。
8. ＿＿＿＿＿＿＿＿から、＿＿＿＿＿＿＿＿に違いない。

69 てしょうがない

月　　日

例文

1 蚊に刺されたところがかゆく**てしょうがない**。

2 一人で寂しく晩ご飯を食べていると、家族のことが思い出され**てしかたがない**。

3 あのとき勉強せずに遊んでばかりいたことが悔やまれ**てしかたがない**。

使い方

Vて
いAくて
なAで
＋ しょうがない / しかたがない

感情や感覚を我慢できない様子を表す。感情や感覚を表す形容詞や「動詞＋たい」に接続する。動詞は「おなかが空く」「腹が立つ」「気になる」「気がする」「思われる」など自然に起こるものを使う。

This expresses that some feeling or sensation is unbearably intense. It is joined to an adjective that expresses emotion/sensation or to verb+たい. The verbs used are ones that express a natural occurrence, such as おなかが空く, 腹が立つ, 気になる, 気がする, or 思われる. ／表示忍受不了某种情感或感觉。接在表示情感或感觉的形容词或「动词＋たい」形式后面。往往用表自然发生的事情的动词，比如「おなかが空く」「腹が立つ」「気になる」「気がする」「思われる」等。／Diễn tả tình trạng không thể kiềm chế cảm xúc, cảm giác. Tiếp nối với tính từ diễn tả cảm xúc, cảm giác hay "động từ +たい". Động từ thì sử dụng những từ tự nhiên xảy ra như "おなかが空く", "腹が立つ", "気になる", "気がする", "思われる" v.v.

確認しよう

正しいほうを選びなさい。

1．彼女のことが（　気になって　・　気がして　）しょうがない。
2．喉が乾いて、水が（　飲んで　・　飲みたくて　）しかたがありません。

書いてみよう

＿＿＿＿＿に言葉を入れて、文を完成させなさい。

1．頭が＿＿＿＿＿＿＿＿＿＿しょうがなかったので、近所の薬局で薬を買った。

2．私の部屋はエアコンがないので、夏は＿＿＿＿＿＿＿＿＿＿しかたがない。

3．買ったばかりの携帯電話をトイレに落としてしまい、＿＿＿＿＿＿＿＿＿＿しょうがありません。

4．就職も決まらないし、貯金もそんなにないし、将来が＿＿＿＿＿＿＿＿＿＿しかたがない。

5．友達に連絡もなく1時間も待たされて、＿＿＿＿＿＿＿＿＿＿しかたがなかった。

6．＿＿＿＿＿＿＿＿＿＿、嬉しくてしょうがないようです。

7．おなかが空いてしかたがなかったので、＿＿＿＿＿＿＿＿＿＿。

8．＿＿＿＿＿＿＿＿＿＿しょうがないとき、＿＿＿＿＿＿＿＿＿＿。

70 向け／向き

＿＿＿月＿＿＿日

例文

1. この映画は子ども**向けに**作られたものです。
2. この本は小学生**向けだ**が、漢字にふりがながあるので、日本語学習者**向きで**もある。
3. このアルバイトは重い物を運ぶことが多いので、どちらかと言えば男性**向きです**ね。

使い方

① N ＋ 向けに
　　　 向けだ
　　　 向けの N

② N ＋ 向きに
　　　 向きだ
　　　 向きの N

①「～向け」は、その物が～を対象に作られていると言う時に使う。②「～向き」は、その物が～に合っていると述べる時に使う。

① ～向け is used to express that something was made or designed for ～. ② ～向き expresses that the thing is suited or more appropriate for ～.／①「～向け」用在表示某个事物是以～为对象而制作的的意思时。②「～向き」阐述某个事物适合～时使用。／① Sử dụng "～向け" khi nói vật đó được làm ra cho đối tượng ～. ② Sử dụng "～向き" khi trình bày vật đó hợp với ～.

確認しよう

正しいほうを選びなさい。

1. 当店のカレーは子ども（ 向けに ・ 向けの ）辛さを抑えております。
2. 「初めての料理」という本だが、作り方が難しくて（ 初心者 ・ 上級者 ）向きに感じる。

書いてみよう

＿＿＿＿＿に言葉を入れて、文を完成させなさい。

1. この靴、おしゃれで素敵だけど、ヒールが高くて、＿＿＿＿＿＿＿＿＿＿向きではないね。
2. 子ども新聞は＿＿＿＿＿＿＿＿＿＿向けに、やさしく書かれた新聞です。
3. 日本向けに右ハンドルの車が作られるが、＿＿＿＿＿向けには左ハンドルの車が作られている。
4. 化粧は女性だけのものではなくなった。最近店で＿＿＿＿＿＿＿＿向けの化粧品をよく見る。
5. 最近手すりが多くて段差が少ない＿＿＿＿＿＿＿＿＿＿向きのマンションが人気だ。
6. 隣の食堂は量も多いし、安いし、＿＿＿＿＿＿＿＿＿＿＿＿＿＿＿＿向きだ。
7. ＿＿＿＿＿＿＿＿＿＿＿＿＿向けに「やさしい日本語」を使うようにしています。
8. ＿＿＿＿＿＿＿＿＿＿＿＿＿向けの＿＿＿＿＿＿＿＿＿＿＿＿＿＿＿＿＿＿＿＿＿。

71 に対して

____月____日

例文

1 活発で外で遊ぶのが好きな双子の兄**に対して**、弟はうちで本を読むのが好きだ。

2 ケンさんはレポートを 10 枚書いた**のに対して**、ルイさんは 1 枚しか書かなかった。

3 ランチタイムやディナータイムは忙しい**のに対し**、その他の時間は客が少ない。

使い方

N ＋ に対して
　　　に対し

普
*なA な／である
*N な／である
＋ のに対して
　 のに対し

「Aに対してB」で、Aとは対照的にBだ、Aとは違ってBだという意味を表す。

Used in the pattern Aに対してB, this frames B as a situation that contrasts with or differs from situation A.／「Aに対してB」表示与A相对照，B完全不同。／Diễn tả ý đối lập với A là B, khác với A là B bằng mẫu câu "Aに対してB".

確認しよう

正しいほうを選びなさい。

1．うちの前のスーパーは（　安い　・　安いの　）に対して、駅前のスーパーは高い。
2．都市は人口が増えているのに対して、田舎は人口が（　減っている　・　増えている　）。

書いてみよう

＿＿＿＿に言葉を入れて、文を完成させなさい。

1．この商店街は、休日は人が＿＿＿＿＿＿＿＿のに対して、平日は人が少ない。

2．父は僕には＿＿＿＿＿＿＿＿のに対して、妹には甘い。

3．積極的な兄に対して、弟は＿＿＿＿＿＿＿＿性格だ。

4．彼は料理が上手であるのに対して、私は何を作っても＿＿＿＿＿＿＿＿。

5．昨日は外に出られないほど＿＿＿＿＿＿＿＿のに対して、今日はとてもよく晴れている。

6．父はいくら食べても太らないのに対して、母は＿＿＿＿＿＿＿＿。

7．＿＿＿＿＿＿＿＿に対し、ケンさんは最近勉強をサボっているようだ。

8．＿＿＿＿＿＿＿＿に対して、＿＿＿＿＿＿＿＿。

72 にほかならない

　　月　　日

例文

1 私たちのチームが優勝できたのは、みんなの努力の成果にほかなりません。
2 選挙の投票率の低さは、政治に対する期待の低さにほかなりません。
3 部長が部下を厳しく指導するのは、社員として成長してほしいからにほかならない。

使い方

N ＋ にほかならない

絶対に～だと断言する時に使う。「から」「ため」と一緒に使い、理由・原因を強調する時にも使う（3）。

This is used to assert that something cannot be anything but what is stated. It is also used with から or ため to emphasize a reason or cause (3). ／表达能断定绝对是～时使用。跟「から」「ため」一起用，强调原因、理由时使用（3）。／Sử dụng khi tuyên bố nhất định ~ . Sử dụng với "から", "ため" khi nhấn mạnh lý do, nguyên nhân, như câu (3).

確認しよう

正しいほうを選びなさい。

1. 人間関係で大切なのは、人を思いやる気持ち（ で ・ に ）ほかならない。
2. N２に合格できたのはこの本を使って（ 勉強した ・ 勉強したから ）にほかならない。

書いてみよう

＿＿＿＿＿に言葉を入れて、文を完成させなさい。

1. 親が毎朝早く起きて朝ご飯を作ってくれるのは、＿＿＿＿＿＿＿＿＿＿にほかなりません。
2. 私の体調不良は、＿＿＿＿＿＿＿＿＿＿のせいにほかなりません。
3. 私が合格できたのは、＿＿＿＿＿＿＿＿＿＿にほかなりません。
4. この手紙に＿＿＿＿＿＿＿＿＿＿ことは、私の正直な気持ちにほかなりません。
5. 思春期の子どもが親に＿＿＿＿＿＿＿＿＿＿のは、成長の現れにほかなりません。
6. 彼女が毎日休まず学校へ行くのは、＿＿＿＿＿＿＿＿＿＿にほかなりません。
7. 親が子どもに干渉するのは、＿＿＿＿＿＿＿＿＿＿にほかならない。
8. ＿＿＿＿＿＿＿＿＿＿は、＿＿＿＿＿＿＿＿＿＿にほかなりません。

まとめの練習

＿＿＿月＿＿＿日

問題１　読解（内容理解 - 中文 Comprehension - Mid-size passages）

次の文章を読んで、後の問いに対する答えとして最もよいものを、1・2・3・4から一つ選びなさい。

以下は、ケンさんが書いた日記である。

今日はクラスで飲み会をした。この間のスポーツ大会にインフルエンザで参加できなかったルイが、みんなで集まって何かしたいと言ったことがきっかけで、飲み会が開かれたのだ。

ルイは「完全に元気になったから、今日は思い切り飲むぞ」と言っていたわりに、すぐに酔っ払って、開始30分で寝てしまった。そんなルイに対して、セイセイは顔色一つ変えずに、次々とビールを飲んでいた。今日は友達の普段は見られない一面が見られて、おもしろかった。

しばらくして、ルイは急に起きたかと思ったら、「僕はケンに会えて幸せだ。ケン、I love you ～」などと、人目もかまわず店中に聞こえるような声で叫んで、僕の頬にキスをした。久しぶりのお酒と、友達との外出が楽しくてしかたがなかったのだろう。僕にとってもルイは大事な友人にほかならないが、他のお客さんに見られて恥ずかしかった。

今回の店は、安くて学生向きの居酒屋だったので、僕たちと同じように大声で話すグループがあちこちにいたが、落ち着いた雰囲気の大人向けの店だったら、僕たちは大変迷惑だったに違いない。今日の飲み会はとても楽しかったが、次はもう少し周りのお客さんのことも考えながら楽しめれば、もっといい飲み会になると思う。

1 何がおもしろかったのか。

1　みんなで集まって飲み会をしたこと

2　ルイさんとセイセイさんの飲むスピードが対照的だったこと

3　友達の知らなかった一面が見られたこと

4　ルイさんにキスされたこと

2 ケンさんたちはどんな店に行ったか。

1　学生向きの安くて活気のある店

2　静かな雰囲気の大人向けの店

3　学生向きだが、落ち着いた雰囲気の店

4　グループ向けで、一人では入れない店

3 この文章の内容に合うものはどれか。

1　ケンさんは、お酒を飲むとみんながどうなるか知っていた。

2　ケンさんは、ルイさんはお酒に弱くて、酔うといつもキスをすることを知らなかった。

3　ケンさんは、みんな騒いで恥ずかしかったので、二度と飲み会を開きたくないと思っている。

4　ケンさんは、次の飲み会は周りの迷惑にならないか気を配りながら楽しみたいと思っている。

問題2　文法（文法形式の判断 Selecting grammar form）

次の文の（　　）に入れるのに最もよいものを、1・2・3・4から一つ選びなさい。

1 息子は宿題があるの（　　）遊びに行ってしまった。

1　に対して　　2　もかまわず　　3　わりに　　4　かと思うと

2 医者が厳しい顔をしている。きっと私は重い病気である（　　）。

1　とは限らない　　2　しかない　　3　おそれはない　　4　に違いない

3 この料理は子ども（　　）辛さを抑えています。

1　向けに　　2　気味で　　3　にとって　　4　に対して

4 電車が遅れたとか、自転車が故障したというのは、遅刻の（　　）ほかならない。

1　言い訳　　2　言い訳の　　3　言い訳に　　4　言い訳まで

5 彼女が冷静な性格であるのに（　　）、彼はすぐ感情的になる性格だ。

1　かけては　　2　そって　　3　かまわず　　4　対して

6 竹内　「昨日の地震、強くて怖かったですね。」
黒田　「ええ、（　　）かと思ったら、本棚から本が落ちてきて怖かったです。」

1　揺れる　　2　揺れた　　3　揺れて　　4　揺れない

7 ビダン　「隣の部屋の人が夜中に掃除や洗濯をするから、（　　）よ。」
カウン　「じゃ、大家さんに相談したら？」

1　うるさくてしかたがない　　2　うるさくしようがない
3　眠れないに違いない　　4　寝ないではいられない

8 ワン　「この映画、期待していたわりには（　　）。」
ディパク　「うん、この間の映画祭で賞を取った映画なのにね。」

1　おもしろかったよね
2　つまらなかったよね
3　二度と見るもんかと言っていたよ
4　何回も見に来たくなるのがわかるよ

問題3　文法（文の組み立て Sentence composition）

次の文の＿★＿に入る最もよいものを、1・2・3・4から一つ選びなさい。

1 私が留学先で ＿＿＿ ＿★＿ ＿＿＿ ＿＿＿ からにほかならない。

1　サポートがある　　2　勉強に集中できる

3　両親からの　　4　のは

2 昨夜、娘が熱を出して、一晩中寝ずに ＿＿＿ ＿＿＿ ＿＿＿ ＿★＿ に相違ない。

1　相当疲れて　　2　いる　　3　看病した　　4　夫は

3 故障で ＿★＿ ＿＿＿ ＿＿＿ ＿＿＿ 。

1　止まっていた　　2　かと思うと

3　電車が動き出した　　4　また止まってしまった

4 このショッピングモールには小さな ＿＿＿ ＿★＿ ＿＿＿ ＿＿＿ キッズコーナーが設けられている。

1　子ども連れの客　　2　向けに

3　子どもたちが　　4　自由に遊べる

5 部長がせっかちな性格な ＿★＿ ＿＿＿ ＿＿＿ ＿＿＿ 、ときどき部長に叱られている。

1　ので　　2　課長は　　3　のに対して　　4　のんびりしている

6 授業が始まったが ＿＿＿ ＿＿＿ ＿★＿ ＿＿＿ 。

1　しょうがない　　2　小説の続きが　　3　昨日買った　　4　気になって

7 ケン　「電車の優先席で、高齢者が ＿＿＿ ＿★＿ ＿＿＿ ＿＿＿ 若者のグループがいたんだ。」

さくら　「へえ、そんな非常識な人たちがいるんだね。」

1　立っている　　2　騒いで　　3　のもかまわず　　4　席を譲らない

8 ズイ　「＿＿＿ ＿★＿ ＿＿＿ ＿＿＿ ね。」

フー　「うん、本当に降るのかな。」

1　と言っていた　　2　寒くない　　3　雪が降るわりに　　4　天気予報では

問題4　聴解（課題理解 Task-based comprehension）

まず質問を聞いてください。それから話を聞いて、問題用紙の1から4の中から、最もよいものを一つ選んでください。

N2-73

1　飲み会の計画を立てる
2　男の人にＵＲＬを教える
3　友達に店について聞く
4　他の人にも店の情報を聞く

問題5　聴解（即時応答 Quick response）

まず文を聞いてください。それから、それに対する返事を聞いて、1から3の中から、最もよいものを一つ選んでください。

1	N2-74	1	2	3
2	N2-75	1	2	3
3	N2-76	1	2	3
4	N2-77	1	2	3
5	N2-78	1	2	3
6	N2-79	1	2	3
7	N2-80	1	2	3
8	N2-81	1	2	3

第10課（だいじゅっか）

単語

文法（ぶんぽう）の練習（れんしゅう）に出てくる難（むずか）しい単語（たんご）の意味を確認（かくにん）しましょう。

名詞（めいし）

□ 才能（さいのう）	talent	才能	tài năng
□ 大企業（だいきぎょう）	large companies	大企业	doanh nghiệp lớn
□ 食べ盛り（たべざかり）	hearty appetite (of a growing child)	食欲旺盛	tuổi ăn tuổi lớn, đang độ tuổi ăn khỏe
□ 中小企業（ちゅうしょうきぎょう）	small and medium-sized enterprises	中小企业	doanh nghiệp vừa và nhỏ
□ 蜂（はち）	bee	蜂，蜜蜂	con ong

い形容詞（けいようし）

□ 懐かしい（なつかしい）	nostalgic	怀念的	hoài nhớ

な形容詞（けいようし）

□ 聡明な（そうめいな）	bright	聪明	thông minh

動詞（どうし）

□ あくび（する）	yawn	哈欠；打哈欠	sự ngáp, ngáp
□ 感心（かんしん）（する）	admiration; admire, be impressed	感动	sự cảm phục, cảm phục
□ ご馳走（ちそう）（する）	treat; treat to	请客	sự thết đãi, thết đãi
□ 操作（そうさ）（する）	operation; operate	操作	việc thao tác, thao tác
□ 注射（ちゅうしゃ）（する）	injection; inject	打针	sự tiêm, tiêm chích
□ 独立（どくりつ）（する）	independence; become independent	自立	sự độc lập, độc lập, tách khỏi
□ 拍手（はくしゅ）（する）	applause; applaud	鼓掌	sự vỗ tay, vỗ tay
□ 響く（ひびく）	resound; be stirring	震撼	âm vang, chạm đến (trái tim)
□ 吠える（ほえる）	bark	狗叫	sủa
□ もてなす	treat to	招待	tiếp đãi, thết đãi
□ よこす	send, give (a call)	寄信，致电	gửi đến

副詞（ふくし）

□ 今さら（いまさら）	at this point	事到如今	đến bây giờ, đến lúc này (mới)

その他（た）

□ 腹が立つ（はらがたつ）	get angry	生气	tức giận

73 ～やら…やら

＿＿＿月＿＿＿日

例文

1 部長のお宅では、寿司やらてんぷらやら、食べきれないぐらいの料理でもてなされた。
2 初めてスキーをしたが、寒いやら転んで痛いやら、二度とするまいと思った。
3 電車で足を踏まれるやら道で犬の糞を踏むやら、今日は不運な一日だった。

使い方

Vる
いAい
N
＋ やら

いろいろある中の代表例を2つ挙げる時に使う。「～や…など」という意味だが、驚きや不満といった気持ちや、あるいはいろいろな感情が共起し整理できないということを表す。

This is used to present two representative examples from among various items. It has the same meaning as ～や…など, while also conveying feelings such as surprise or dissatisfaction, or the speaker's inability to process various feelings that occur at the same time. ／在很多例子里面举两个比较有代表性的例子时使用。虽然跟「～や…など」意思相同，但往往用在表示惊讶或者不满等心情、或者多种情感同时发生难以理清时使用。／ Sử dụng khi đưa ra 2 ví dụ đại diện trong nhiều thứ. Có nghĩa là "～や…など" nhưng thể hiện cảm xúc ngạc nhiên, bất mãn, hoặc nhiều cảm xúc cùng xuất hiện, không thể sắp xếp được.

確認しよう

正しいほうを選びなさい。

1. おじさんの家には、（ 犬やら猫やら ・ 犬だし猫だし ）がいて、いつもにぎやかだ。
2. 今日は（ 寒いやら天気も悪いやら ・ 寒いし天気も悪いし ）、それに風も強いです。

書いてみよう

＿＿＿＿に言葉を入れて、文を完成させなさい。

1. 彼の部屋には＿＿＿＿＿＿やら＿＿＿＿＿＿やら、いろいろなものがあった。
2. 試合に負けて、＿＿＿＿＿＿やら＿＿＿＿＿＿やらで、その日は寝られませんでした。
3. 卒業式は＿＿＿＿＿＿やら＿＿＿＿＿＿やら、複雑な気持ちだった。
4. 引っ越ししたら、＿＿＿＿＿＿やら＿＿＿＿＿＿やらをしなければならない。
5. 彼はお酒に酔って、＿＿＿＿＿＿やら＿＿＿＿＿＿やらで、みんなに迷惑をかけた。
6. 子どもを病院へ連れていったが、注射を見て＿＿＿＿＿＿やら＿＿＿＿＿＿やら大変だった。
7. 蜂に刺されたところが＿＿＿＿＿＿やら＿＿＿＿＿＿やら……。
8. 今週は＿＿＿＿＿＿やら＿＿＿＿＿＿やら、＿＿＿＿＿＿＿＿＿＿。

74 はもとより

_____月_____日

例文

1 このアニメは子ども**はもとより**、大人も楽しめる。
2 不景気で中小企業**はもとより**、大企業でも給料がなかなか上がらなくなっている。
3 料理を食べる**のはもとより**、作るのも好きだ。

使い方

N ＋ はもとより

Vる / いAい / なAな ＋ のはもとより

「AはもとよりB」で、Aは言う必要がないくらい当然で、さらにBもと述べる表現。「はもちろん（N3 p.79）」と同じように使う。

Used in the pattern AはもとよりB, this presents A as an obvious example of some situation and then adds B as another example. It is used in the same way as はもちろん (N3 p. 79). ／「AはもとよりB」表示A连说都不用说是当然的，进而阐述B也是如此。跟「はもちろん（N3 p.79）」的用法相同。／"AはもとよりB" là cách diễn đạt trình bày ý A là đương nhiên, không cần phải nói, và thêm cả B. Sử dụng giống với "はもちろん (N3, tr.79)".

確認しよう

正しいほうを選びなさい。

1．敬語は（ 外国人 ・ 日本人 ）はもとより、（ 外国人 ・ 日本人 ）でも難しいと言う。
2．このソフトは（ 便利 ・ 便利なの ）はもとより、安いので、多くの会社で使われている。

書いてみよう

__________に言葉を入れて、文を完成させなさい。

1．この会社の製品は__________________はもとより、デザインもいいので、人気がある。

2．結婚式では__________________はもとより、出席者もみんなきれいなドレスを着ていた。

3．スレスさんは性格が__________はもとより、勉強もできるから、みんなから信頼されている。

4．美術館では、作品に触ることはもとより、__________________________も禁止されている。

5．芸術が好きな彼は、絵画を______________はもとより、自分で______________も好きだ。

6．たばこは、吸っている________________はもとより、________________にも害を与える。

7．医学部に通っている彼の部屋には、______________はもとより、趣味の______________もたくさんある。

8．_____________________________はもとより、_______________________________。

75 ことに

＿＿＿月＿＿＿日

例文

1 驚いたことに、会社の上司が父の高校の同級生だった。
2 嬉しいことに、クラス全員が試験に合格した。
3 昨日強い地震があったが、幸いなことに死者もけが人も出なかった。

使い方

Vた / いAい / なAな ＋ ことに

「AことにB」の形で、Bに対する感情をAで述べる。感情を最初に言うことで、気持ちを強調したり話題に注目させたりしたい時に使う。

Used in the pattern AことにB, this expresses the speaker's feeling (A) regarding situation B. Since it places the feeling at the beginning of the sentence, it can be used to emphasize that emotion or draw attention to a particular topic. ／「AことにB」这个形式表示在A这里阐述对B这件事持有的情感或感触。通过先表达自己的情感，可以起到强调说话人心情或使话题引人注意的作用。／Trình bày cảm xúc đối với B qua A bằng mẫu câu "AことにB". Sử dụng khi muốn nhấn mạnh cảm xúc hay làm cho người khác quan tâm đến chủ đề bằng cách nói cảm xúc trước tiên.

確認しよう

正しいほうを選びなさい。

1. あきれたこと（ に ・ で ）、彼は面接の途中で何回もあくびをした。
2. （ 不運な ・ 不運の ）ことに、スマホを海に落としてしまった。

書いてみよう

＿＿＿＿＿に言葉を入れて、文を完成させなさい。

1. ＿＿＿＿＿＿＿＿＿＿ことに、1点足りなくて試験に落ちてしまった。
2. ＿＿＿＿＿＿＿＿＿＿ことに、どこかで鍵をなくしてしまった。
3. ＿＿＿＿＿＿＿＿＿＿ことに、家族はみんな健康で、いい生活をしている。
4. ＿＿＿＿＿＿＿＿＿＿ことに、近所の子どもたちが公園のごみ拾いをしていた。
5. ありがたいことに、＿＿＿＿＿＿＿＿＿＿＿＿＿＿＿＿＿＿＿＿。
6. 腹が立ったことに、1時に駅で友達と待ち合わせしたのに、＿＿＿＿＿＿＿＿＿＿＿＿＿。
7. 昨日海へ行ったが、＿＿＿＿＿＿＿＿＿＿ことに、＿＿＿＿＿＿＿＿＿＿＿＿。
8. ＿＿＿＿＿＿＿＿＿＿ことに、＿＿＿＿＿＿＿＿＿＿＿＿＿＿＿＿＿＿。

76 までもない

＿＿月＿＿日

例文

1 近くなんだから、車で行くまでもない。
2 今さら言うまでもないことですが、車を運転するときはシートベルトをしてください。
3 試験では何も書けなかった。結果は見るまでもないでしょう。

使い方

Vる ＋ までもない

～する必要はない、～する意味がないということを表す。

This expresses that it is unnecessary or pointless to do the act mentioned. ／表示没有做此事的必要、做这件没有意义。／Diễn tả ý không cần làm ~, làm ~ không có ý nghĩa.

確認しよう

正しいほうを選びなさい。

1．この文法はとても簡単だから、（ 説明する ・ 説明しない ）までもない。
2．子どもにお酒を飲ませてはいけないというのは、（ 言うまでもない ・ 言ってはいけない ）。

書いてみよう

＿＿＿＿に言葉を入れて、文を完成させなさい。

1．熱もないし、ちょっと頭が痛いだけだから、＿＿＿＿＿＿＿＿までもありません。

2．このスマホは操作が簡単だから、説明書を＿＿＿＿＿＿＿＿までもない。

3．彼らが恋人同士というのは、見てわかる。彼らに＿＿＿＿＿＿＿＿までもない。

4．プロのチームと小学生のチームの試合でどちらが勝つかなんて、＿＿＿＿＿＿＿＿までもない。

5．このテレビはちょっと古いけど、まだ使えるので、＿＿＿＿＿＿＿＿までもない。

6．このぐらいの料理なら自分で作れるので、＿＿＿＿＿＿＿＿までもない。

7．＿＿＿＿＿＿と＿＿＿＿＿＿とどちらが＿＿＿＿＿＿なんて、比べるまでもない。

8．＿＿＿＿＿＿＿＿＿＿＿＿＿＿＿＿までもない。

77 ものがある

_____月_____日

例文

1 あの先生の話は、いつも心に響く**ものがある**。
2 この町に来たのは初めてだが、どこか懐かしい**ものがある**。
3 普段あまり褒められないので、褒められすぎると、何か怖い**ものがある**。

使い方

Vる／Vない
いAい
なAな
＋ものがある

はっきりとは言えないが、～と感じるという意味を表す。感情や考え、評価を表す言葉と一緒に使う。

This expresses a thought or feeling that the speaker has but cannot fully articulate. It is used with words that express feelings, thoughts, or appraisals. ／表示虽然说不上来是什么，却总有这样一种感觉。与表达情感、思考或评价的词汇一起使用。／Thể hiện ý tuy không nói rõ ràng nhưng cảm thấy ~. Sử dụng với từ diễn tả cảm xúc, suy nghĩ, đánh giá.

確認しよう

正しいほうを選びなさい。

1．彼が書いた作文は、何か（ 不自然の ・ 不自然な ）ものがある。
2．妹の結婚に反対だという父の意見には納得（ できない ・ できなかった ）ものがあった。

書いてみよう

__________に言葉を入れて、文を完成させなさい。

1．娘の結婚は嬉しいが、少し__________ものがある。
2．彼の日本語能力の進歩には、__________ものがある。
3．友達が仕事で成功していくのは嬉しいが、どこか__________ものがある。
4．町の発展は嬉しいが、古い建物が壊されていくのは__________ものがある。
5．インフルエンザになってスポーツ大会に__________のは、__________ものがある。
6．彼のスピーチはすごく上手とは言えなかったが、__________ものがあった。
7．__________には、感心させられるものがある。
8．__________は、__________ものがある。

78 きり

______月______日

例文

[1] 朝、パンを食べたきり、何も食べていない。
[2] 高校時代の親友はアメリカに行ったっきり、メールも電話もよこさない。
[3] 子どもたちが独立(どくりつ)して、夫婦(ふうふ)二人きりの生活が始まった。

使い方

① Vた ＋ きり／っきり
② N ＋ きり／っきり

①～をしたのが最後(さいご)で、その後期待(ごきたい)されることが起(お)こらないと述(の)べる時(とき)に使(つか)う（[1] [2]）。②数(かず)を表(あらわ)す名詞(めいし)と一緒(いっしょ)に使(つか)い、「～だけ」という意味(いみ)を表(あらわ)す（[3]）。話(はな)し言葉(ことば)では「っきり」の形(かたち)も使(つか)われる。

① This is used to express that a certain act or situation that the speaker expected has not occurred in the time since the act mentioned before きり occurred ([1] [2]). ② It is also used with a noun expressing quantity to mean "only (that number)" ([3]). The form っきり is also often used in conversation. ／①在表示最后做完～这件事后，被期待的事情就再也没有发生过（[1] [2]）。②跟表示数字的名词一起使用，表示只有～的意思（[3]）。口语里面，常用「っきり」的形式。／① Sử dụng khi trình bày làm ~ là cuối cùng và sau đó không xảy ra điều được kỳ vọng sau đó, như câu ([1] [2]). ② Sử dụng với danh từ chỉ số lượng, thể hiện ý chỉ ~, như câu ([3]). Trong văn nói, hình thức "っきり" cũng được sử dụng.

確認しよう

正しいほうを選(えら)びなさい。

1. 彼(かれ)を怒(おこ)らせてしまった。声(こえ)をかけても、下を（ 向(む)き ・ 向(む)いた ）きりでこちらを見ない。
2. もう遅刻(ちこく)しないでください。許(ゆる)すのは（ 今回(こんかい) ・ 今回(こんかい)の ）きりですよ。

書いてみよう

__________に言葉(ことば)を入れて、文を完成(かんせい)させなさい。

1. 年を取った祖父(そふ)は、病院のベッドに__________________きりになってしまった。
2. 彼(かれ)は朝８時に家を__________________っきり、帰ってこない。
3. 家族と住んでいたときはうるさかったが、__________きりで住んでみると寂(さび)しいものがある。
4. 一回(いっかい)きりの人生ですから、______________________________________。
5. 彼女(かのじょ)は一口______________っきりで箸(はし)を置(お)いてしまった。______________のかもしれない。
6. 昨日(きのう)はとても疲(つか)れて、ソファに__________________きり、__________________________。
7. 夫(おっと)は飲みすぎて、__________________みたいで、トイレに__________________きりだ。
8. ______________________________きり、______________________________。

第10課 文法の練習

79 のみならず

月　　日

例文

[1] 社長にご馳走になったのみならず、車で家まで送っていただきました。
[2] 彼女は聡明であるのみならず、性格もよい。
[3] 彼は学校でのみならず、電車やバスの中でも勉強している。

使い方

普
*なAである
*Nだ／である
＋ のみならず

「AのみならずB」で、Aだけではなく Bもという意味を表す。[3]のように名詞に接続する場合は助詞とともに使うことがある。

Used in the pattern AのみならずB, this expresses "not only A, but also B." Particles are sometimes added when this expression is joined with nouns, as seen in [3]. ／「AのみならずB」表示不仅仅是A，而且B。像[3]这样接在名词后面时，常会跟助词一起使用。／Diễn tả ý không chỉ A mà B cũng, bằng mẫu câu "AのみならずB". Có khi sử dụng với trợ từ trong trường hợp tiếp nối với danh từ như câu [3].

確認しよう

正しいほうを選びなさい。

1. 彼は待ち合わせに遅れてきたのみならず、それを（　謝らなかった　・　謝ってくれた　）。
2. 彼は（　音楽　・　音楽である　）のみならず、スポーツの才能もある。

書いてみよう

＿＿＿＿に言葉を入れて、文を完成させなさい。

1. 外国で生活するには、その国の＿＿＿＿＿＿＿＿のみならず、文化や習慣も学ぶべきだ。
2. あの歌手は声が＿＿＿＿＿＿＿＿のみならず、表現力もある。
3. 先輩はアルバイトを＿＿＿＿＿＿＿＿のみならず、面接のポイントも教えてくれた。
4. この料理は辛くないので、＿＿＿＿＿＿のみならず、＿＿＿＿＿＿でも食べられるでしょう。
5. 彼は勉強が＿＿＿＿＿＿＿＿のみならず、話も＿＿＿＿＿＿＿＿し、性格もいい。
6. 犯人はお金を＿＿＿＿＿＿＿＿のみならず、その男性の顔を＿＿＿＿＿＿＿＿逃げた。
7. 彼は＿＿＿＿＿＿＿＿としてのみならず、＿＿＿＿＿＿＿＿としても有名だ。
8. ＿＿＿＿＿＿＿＿＿＿のみならず、＿＿＿＿＿＿＿＿＿＿。

80 や否や

＿＿＿月＿＿＿日

例文

1 アルバイトが終わるや否や、彼は店を飛び出していった。
2 先生が教室に入ってくるや否や、学生たちが静かになった。
3 その靴を一目見るや、気に入った。

使い方

Vる ＋ や否や／や

「Aや否やB」で、Aするのとほぼ同時にBが起きたと述べる表現。Bに話者自身の意志や希望を表す言葉は使えない。「とたん（N3 p.138）」と同じように使う。

Used in the pattern Aや否やB, this expresses that B occurred almost simultaneously with A. B cannot take words that express the speaker's will or wishes. It is used in the same way as とたん (N3 p. 138). ／「Aや否やB」表示几乎与A同时发生了B。B这里不能使用表示说话人自身的意志或愿望的词汇。用法跟「とたん（N3 p.138）」相同。／Cách diễn đạt "Aや否やB" trình bày B xảy ra hầu như cùng lúc với khi làm A. Ở vế câu B không thể sử dụng từ diễn tả ý chí, nguyện vọng của bản thân người nói. Sử dụng giống như "とたん (N3, tr.138)".

確認しよう

正しいほうを選びなさい。

1. 彼は地震のニュースを（ 知る ・ 知った ）や否や、家族に電話をかけた。
2. 歌手がステージに登場するや否や、大きな（ 拍手をしましょう ・ 拍手が起こった ）。

書いてみよう

＿＿＿＿に言葉を入れて、文を完成させなさい。

1. 雷が＿＿＿＿や否や、ペットの犬が吠えだした。
2. 天気がよかったから布団を干したのに、＿＿＿＿や否や、雨が降ってきた。
3. 珍しいことに、息子は家に＿＿＿＿や、おやつも食べず宿題を始めた。
4. 子どもたちは食べ盛りで、テーブルに料理を＿＿＿＿や否や、なくなってしまう。
5. ワールドカップのチケットは人気で、発売されるや否や、＿＿＿＿。
6. 犬はおなかが空いていたらしく、＿＿＿＿や否や、＿＿＿＿。
7. 迷子になった子どもは、お母さんを＿＿＿＿や、＿＿＿＿。
8. ＿＿＿＿や否や、＿＿＿＿。

まとめの練習

＿＿＿月＿＿＿日

問題１　読解（統合理解 Integrated comprehension）

次のＡとＢの文章を読んで、後の問いに対する答えとして最もよいものを、１・２・３・４から一つ選びなさい。

以下は、ケンさんとルイさんが「人の家に招かれたときの手土産」について書いた作文である。

Ａ　ケンさんが書いた作文

先日、日本人のお宅での食事会に招かれました。手土産に何を持っていくべきかわからなかったので、私の国で手土産として定番のワインを持っていきました。家に着くと、ご主人**はもとより**、お子さんたちも玄関まで来て私を迎えてくれ、手土産も喜んでくれました。テーブルに着くと、寿司**やら**てんぷら**やら**並べきれないぐらいの料理が出され、私は持ってきたワインが開けられるのを待っていました。しかし、残念な**ことに**、ワインはキッチンに置かれた**きり**、最後まで開けられずじまいでした。私は、ワインはいい手土産ではなかった**のみならず**、お子さんたちが飲めるものではないので、不快にさせてしまったのではないかと心配になりました。後で友人に聞いてみると、ワインは決して悪い手土産ではなく、日本ではお客さんが帰った後で開けることも珍しくないと言われて、少し安心しました。

Ｂ　ルイさんが書いた作文

人の家に招かれたとき、何を持っていけばいいか悩みます。せっかく持っていったものが喜ばれなかったら、辛い**ものがあります**。特に、国が違うと手土産の扱い方もさまざまでしょうから、さらに気を使うことになるのは言う**までもありません**。

例えば、日本では手土産をもらったとき、お客さんが帰るまで開けないことがあります。お客さんの目の前で中身を見るのは、手土産を評価するようで失礼だと考える人がいるからだそうです。

私の国でも手土産を受け取る**や否や**開けるのは失礼ですが、お客さんがいるうちに開けることが多いです。私はすぐに開けてほしいときは、「一緒にみんなで食べましょう」とか、「どうぞ開けてみてください」などと伝えるようにしています。

1 AとBが共通して述べていることは何か。

1 日本で手土産を受け取ったときの習慣
2 日本で喜ばれる手土産の選び方
3 日本における訪問客の出迎え方
4 日本人が訪問客の前で手土産を見ない理由

2 手土産について、AとBはどのように述べているか。

1 Aは手土産をすぐに開けてもらう方法を述べているが、Bは述べていない。
2 Aは手土産をすぐに開けてもらう方法を述べていないが、Bは述べている。
3 Aは不適切な手土産があることを述べているが、Bは述べていない。
4 Aは不適切な手土産があることを述べていないが、Bは述べている。

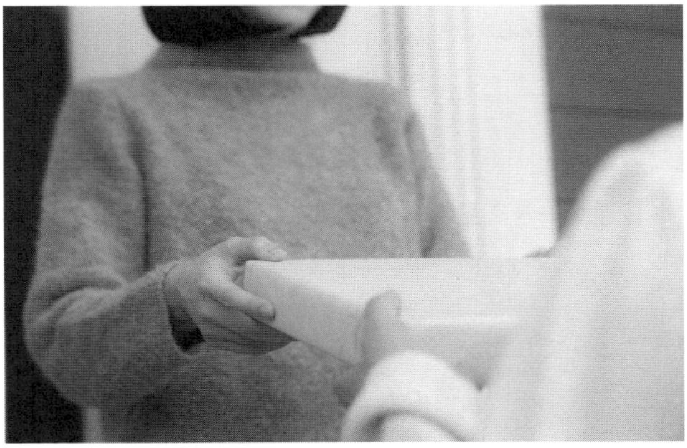

問題2　文法（文法形式の判断 Selecting grammar form）

次の文の（　　　）に入れるのに最もよいものを、1・2・3・4から一つ選びなさい。

1 ここは紅葉の名所で、秋になると、休日（　　　）平日も観光客でいっぱいになる。

1　やら　　2　なら　　3　はさておき　　4　はもとより

2 知らない人に駅までの道を聞いたら、ありがたい（　　　）に、連れて行ってくれた。

1　だけ　　2　わけ　　3　こと　　4　もの

3 この漢字は簡単だから、ふりがなを（　　　）までもない。

1　つけ　　2　つける　　3　つけて　　4　つけた

4 男女（　　　）、すべての子どもたちに教育が与えられるべきだ。

1　を問わず　　2　だけに　　3　はもとより　　4　のみならず

5 彼のスピーチには聞く人を感動（　　　）ものがある。

1　する　　2　される　　3　させる　　4　させられる

6 （学校で）

ルイ　　「ケンは帰ったの？」

セイセイ「うん、さっきメールを見る（　　　）、教室を飛び出していったよ。」

1　次第　　2　とたん　　3　きり　　4　や否や

7 教授A「今日の講義はどうでしたか。」

教授B「スマホをいじる（　　　）隣の人と話す（　　　）、真剣な人が少なかったよ。」

1　やら／やら　　2　たり／たり

3　にせよ／にせよ　　4　としても／としても

8 （居酒屋で）

課長「息子は3年前に家を出たきり、（　　　）。」

部長「それは、心配ですね。」

1　一人暮らしを始めました　　2　涙を流していたんです

3　連絡をよこさないんです　　4　仕事が大変だそうです

問題3　文法（文の組み立て Sentence composition）

次の文の＿★＿に入る最もよいものを、1・2・3・4から一つ選びなさい。

1 昨日の台風で庭の木が ＿＿＿ ＿★＿ ＿＿＿ ＿＿＿ が無傷だった。

1 ことに　　2 折れたが　　3 不思議な　　4 桜の木だけ

2 機嫌が悪いのか、彼女に ＿＿＿ ＿＿＿ ＿★＿ ＿＿＿ ので放っておくことにした。

1 返事もしない　　2 きり　　3 声をかけても　　4 下を向いた

3 社長は、彼は面接のとき ＿＿＿ ＿★＿ ＿＿＿ ＿＿＿ 採用を決めたらしい。

1 堂々としていて　　2 ものがある　　3 将来期待できる　　4 と感じて

4 ＳＮＳに写真を ＿＿＿ ＿★＿ ＿＿＿ ＿＿＿ 嬉しかったです。

1 たくさん来て　　2 投稿する　　3 コメントが　　4 や否や

5 夢の実現には、夢 ＿＿＿ ＿＿＿ ＿＿＿ ＿★＿ をきちんと立てることが重要だ。

1 計画　　2 情熱　　3 に対する　　4 はもとより

6 大谷選手は ＿＿＿ ＿＿＿ ＿★＿ ＿＿＿ になり得る。

1 のみならず　　2 ロールモデル　　3 多くの若者の　　4 スポーツ選手

7 送別会では、これまで親切にしていただいた皆さんから ＿＿＿ ＿＿＿ ＿＿＿ ＿★＿ になりました。

1 花束やメッセージ　　2 嬉しいやら悲しいやら
3 複雑な気持ち　　4 をいただき

8 ルイ「自転車が壊れちゃったんだ。修理に出さないと。」
ケン「このぐらいの故障なら、僕が ＿＿＿ ＿＿＿ ＿★＿ ＿＿＿ よ。」

1 までもない　　2 から　　3 店に頼む　　4 簡単に直せる

問題4　聴解（概要理解　Summary comprehension）

この問題は、全体としてどんな内容かを聞く問題です。話の前に質問はありません。まず話を聞いてください。それから、質問とせんたくしを聞いて、1から4の中から、最もよいものを一つ選んでください。

N2-82　　1　　2　　3　　4

問題5　聴解（即時応答　Quick response）

まず文を聞いてください。それから、それに対する返事を聞いて、1から3の中から、最もよいものを一つ選んでください。

1　N2-83　　1　　2　　3

2　N2-84　　1　　2　　3

3　N2-85　　1　　2　　3

4　N2-86　　1　　2　　3

5　N2-87　　1　　2　　3

6　N2-88　　1　　2　　3

7　N2-89　　1　　2　　3

8　N2-90　　1　　2　　3

第11課

単語

文法の練習に出てくる難しい単語の意味を確認しましょう。

名詞

□ 原作者	(original) author	原著	tác giả nguyên tác
□ コメディアン	comedian	喜剧演员	diễn viên hài
□ 視点	perspective	视点	quan điểm
□ 新郎新婦	bride and groom	新郎新娘	cô dâu chú rể, tân lang tân nương
□ 政策	policy	政策	chính sách
□ 定時	the (set) time	定点	giờ quy định
□ 同僚	coworker	同事	đồng nghiệp
□ マスコミ	mass media	媒体	truyền thông
□ 容疑者	suspect	犯罪嫌疑人	người bị tình nghi

い形容詞

□ 誇らしい	proud	自豪的，骄傲的	tự hào

な形容詞

□ 空っぽな	empty	空空的	trống rỗng
□ 乱暴な	rough	粗暴的	thô bạo

動詞

□ 浮かべる	show (on one's face)	浮现	biểu lộ, hiện lên
□ 促す	encourage	催促	thúc đẩy, đốc thúc
□ 抱える	have (stress, etc.)	抱有，持有	mắc phải, ôm
□ 鍛える	build up	磨练	rèn luyện
□ 下す	hand down (a decision)	下达，做出判断	hạ lệnh
□ 志望（する）	application; apply	志愿	nguyện vọng, có nguyện vọng
□ 処罰（する）	punishment; punish	处罚	sự xử phạt, xử phạt
□ 診断（する）	diagnosis; diagnose	诊断	sự chẩn đoán, chẩn đoán
□ そわそわ（する）	restlessness; be restless	坐立不安	sự sốt ruột, sốt ruột
□ 調理（する）	cooking; cook	烹饪	sự nấu nướng, nấu nướng
□ 了解（する）	consent	同意	sự hiểu, đồng ý

副詞

□ がっしりと	stocky	健壮的	rắn chắc, chắc nịch

その他

□ 息を切らす	be out of breath	喘气急促	hụt hơi, thở hổn hển

81 のもとで

月　日

例文

1 私は坂本先生のもとでピアノを習っている。
2 弁護士立ち会いのもとに話し合いを行った。
3 新しい経済政策のもとで、この国の景気は改善してきている。

使い方

N ＋ のもとで / のもとに

「AのもとでB」の形で、Aの影響を受けてBをするということを表す（1 3）。「AのもとにB」は、Aという条件・状況でBをすると述べる時に使う（2）。

Used in the pattern AのもとでB, this expresses that B is performed under the influence, guidance, etc. of A (1 3). The pattern AのもとにB expresses that B is performed under the condition or circumstances mentioned in A (2). ／「AのもとでB」这个形式表示在A的影响下做B（1 3）。「AのもとにB」表示，在A这样的条件、状况下做B（2）／Diễn tả việc chịu ảnh hưởng của A mà làm B bằng mẫu câu "AのもとでB", như câu (1 3). "AのもとにB" được sử dụng khi trình bày việc làm B với điều kiện / trong tình trạng gọi là A, như câu (2).

確認しよう

正しいほうを選びなさい。

1．彼は厳しい上司の（　もとを　・　もとで　）働いている。
2．その小説は原作者の了解の（　もとに　・　ものに　）映画化された。

書いてみよう

＿＿＿＿に言葉を入れて、文を完成させなさい。

1．彼は＿＿＿＿＿＿＿＿のもとで日本語を勉強しています。
2．両親を早くに亡くした彼女は＿＿＿＿＿＿＿＿のもとで育てられました。
3．捨てられていたその猫は、今では新しい＿＿＿＿＿＿＿＿のもとで幸せに暮らしている。
4．罪を犯した者は、＿＿＿＿＿＿＿＿のもとに処罰が下される。
5．佐々木教授のもとで＿＿＿＿＿＿＿＿をしたいと考え、この大学院を志望しました。
6．この薬は＿＿＿＿＿＿＿＿のもとで＿＿＿＿＿＿＿＿ようにしてください。
7．彼は＿＿＿＿＿＿＿＿という＿＿＿＿＿＿＿＿のもとにこの店で働いている。
8．＿＿＿＿＿＿＿＿のもとで＿＿＿＿＿＿＿＿。

82 げ

______月______日

例文

[1] 友達が悲しげな顔をしていて心配だ。
[2] 彼女は退屈げにあくびをした。
[3] 二人は意味ありげに視線を合わせた。

使い方

V~~ます~~ た~~い~~
いA ~~い~~
なA ~~な~~
＋ げ

ある → ありげ
ない → なさげ

～そうな様子でという意味で、人や動物の様子や感情を表すのに使われる。な形容詞と同じ活用をする。「ありげ」「なさげ」は助詞「が」を省略することが多い（[3]）。

This means "appearing to be" and is used to describe the behavior or feelings of a person or animal as they appear to the speaker. It conjugates in the same way as na-adjectives. The particle が is often omitted for ありげ or なさげ ([3]). ／好像很～的样子，在表示人或动物的样子或情感时使用。用法与な形容词的用法相同。「ありげ」「なさげ」常常会省略助词「が」（[3]）。／Được sử dụng để diễn tả tình hình hoặc cảm xúc của người hoặc động vật, với ý nghĩa có vẻ như ~, chia thể giống với tính từ loại Na. "ありげ", "なさげ" thường giản lược trợ từ "が", như câu ([3]).

確認しよう

正しいほうを選びなさい。

1．彼が彼女に好きだと伝えると、彼女は（　恥ずかし　・　恥ずかしい　）げに微笑んだ。
2．先生は何か（　言いたげに　・　言いたげな　）学生を見つけると、発言を促した。

書いてみよう

＿＿＿＿＿に言葉を入れて、文を完成させなさい。

1．山道で息を切らして、彼女は＿＿＿＿＿＿＿＿＿＿だ。
2．彼は定時になるとそわそわし始めて、今にも＿＿＿＿＿＿＿＿＿＿な様子を見せる。
3．母親は遠い街へと旅立っていく息子を＿＿＿＿＿＿＿＿＿＿に見送った。
4．初めての教室で新一年生たちは＿＿＿＿＿＿＿＿＿＿に先生を待っている。
5．試合に負けた選手たちは＿＿＿＿＿＿＿＿＿＿な表情を浮かべながら、相手チームに礼をした。
6．彼女は＿＿＿＿＿＿＿＿＿＿＿＿＿＿を興味なさげに聞いている。
7．＿＿＿＿＿＿＿＿＿＿＿＿＿＿＿＿＿＿、息子は誇らしげだ。
8．＿＿＿＿＿＿＿＿＿＿＿＿＿＿＿＿＿＿＿＿＿と聞いて、彼は不満げな顔をした。

83 というより

＿＿月＿＿日

例文

1 彼女が描いた犬の絵は、犬**というより**豚に見える。

2 ハナ 「明日の旅行には傘を持っていったほうがいいかな。」
マリ 「雨らしいから、持っていったほうがいい**というより**、持っていかないとだね。」

3 私にとって、クラスメートは友達**というより**、むしろライバルのような存在だ。

使い方

普
*なA ~~だ~~
*N ~~だ~~
＋ というより

「AというよりB」で、Aという言い方もできるがBと言い換えたほうが適切だと言う時に使う。

Used in the pattern AというよりB, this is used to express that B is a more apt way of describing someone/something than is A. ／「AというよりB」表示A这个说法倒是没什么问题，但是换成B这个说法会更确切一些。／Sử dụng khi nói có thể có cách nói là A nhưng nên đổi cách nói B thì phù hợp hơn bằng mẫu câu "AというよりB".

確認しよう

「というより」の使い方が正しいものには○、間違っているものには×を書きなさい。

1. （　　） 私の弟は体が大きく、小学生というより高校生のように見える。
2. （　　） 私の弟は体が大きく、高校生というより小学生のように見える。

書いてみよう

＿＿＿＿に言葉を入れて、文を完成させなさい。

1. そんなにゆっくり走るの？ ジョギングというより＿＿＿＿＿＿＿＿だね。

2. 彼は日に焼けてがっしりとしていて、研究者というより＿＿＿＿＿＿＿＿のようだ。

3. 私はお酒が＿＿＿＿＿＿＿＿というより、健康のために飲まないようにしている。

4. 亮介 「この日本のコメディアン知ってる？」
アラン 「彼は私の国では＿＿＿＿＿＿というより、映画監督として＿＿＿＿＿＿よ。」

5. この銀行の建物は歴史があって美しい。銀行というより＿＿＿＿＿＿＿＿のようだ。

6. 井川 「中山さんの仕事を手伝ってあげたんだって？」
元木 「手伝ったというより、＿＿＿＿＿＿＿＿＿＿＿＿＿＿＿＿。」

7. ＿＿＿＿＿＿＿＿＿＿というより、＿＿＿＿＿＿＿＿＿＿。

84 かねない

月　　日

例文

1 雨に濡れたままだと風邪をひきかねないから、すぐ着替えなさい。
2 鍵をしないで自転車を置いておくと、盗まれかねません。
3 こんなに悪い点数のテストを見せたら、父を怒らせかねない。

使い方

V~~ます~~ ＋ かねない

～という悪い結果になる可能性があるという意味を表す。「おそれがある（N3 p.113）」と同じように使う。

This expresses the possibility of a negative outcome occurring. It is used in the same way as おそれがある (N3 p. 113). ／表示有可能会造成～这样不好的结果。与「おそれがある（N3 p.113）」用法相同。／Diễn tả ý có thể có kết quả xấu là ~. Sử dụng giống với "おそれがある (N3, tr.113)"

確認しよう

正しいほうを選びなさい。

1．病気に（　なり　・　なる　）かねないから、健康には気をつけなさい。
2．走ったら、（　時間に間に合い　・　滑って転び　）かねないよ。

書いてみよう

＿＿＿＿＿に言葉を入れて、文を完成させなさい。

1．窓を開けたままで出かけたら、＿＿＿＿＿＿＿＿＿＿＿＿かねないよ。

2．恋人の誕生日を忘れたら＿＿＿＿＿＿＿＿＿＿かねないから、カレンダーに書いておこう。

3．甘いものばかり食べていると、＿＿＿＿＿＿＿＿＿＿かねない。

4．赤ちゃんが＿＿＿＿＿＿＿＿かねないので、小さなものを床に置いたままにしないでください。

5．物が落ちてきて＿＿＿＿＿＿＿＿＿＿かねないから、工事現場ではヘルメットをしてください。

6．腹痛を起こしかねないので、＿＿＿＿＿＿＿＿＿＿＿＿＿＿＿＿＿＿＿＿＿＿＿。

7．乱暴に扱ったら壊れかねないから、＿＿＿＿＿＿＿＿＿＿＿＿＿＿＿＿＿＿＿＿。

8．＿＿＿＿＿＿＿＿＿＿＿＿＿＿かねないので、＿＿＿＿＿＿＿＿＿＿＿＿＿＿＿＿＿。

85 ことだし

＿＿月＿＿日

例文

[1] もう中学生になったことだし、携帯電話を持たせてもいいかもしれないね。
[2] 冷蔵庫も空っぽなことだし、買い物に行かなければならない。
[3] 母が病気のことだし、旅行はキャンセルしよう。

使い方

普
*なAな／である
*Nの／である
＋ ことだし

「AことだしB」の形で、Bをする理由の一つとしてAを挙げる表現。「～ので」と同じように使う。

Used in the pattern AことだしB, this presents A as one reason for performing act B. It is used in the same way as ～ので. ／「AことだしB」这个形式表示，A是做B的理由之一。跟「～ので」用法相同。／Mẫu câu "AことだしB" là cách diễn đạt đưa ra A như một lý do để làm B. Sử dụng giống với "～ので".

確認しよう

正しいほうを選びなさい。

1. 免許も（ 取った ・ 取りました ）ことだし、自分の車を買いたいなあ。
2. おなかも（ 空いた ・ 空かない ）ことだし、昼ご飯を食べに行こうか。

書いてみよう

＿＿＿＿に言葉を入れて、文を完成させなさい。

1. 久しぶりにスポーツをして＿＿＿＿＿＿＿＿ことだし、今日は早く寝てくださいね。
2. 天気も＿＿＿＿＿＿＿＿ことだし、今日はピクニックへ行こう。
3. ＿＿＿＿＿＿＿＿ことだし、広い部屋に引っ越そうと思っている。
4. お金も＿＿＿＿＿＿＿＿ことだし、旅行に行くのはあきらめます。
5. 掃除機がないのは＿＿＿＿＿＿＿＿ことだし、新しいのを買いましょう。
6. 試験も終わったことだし、＿＿＿＿＿＿＿＿＿＿＿＿＿＿＿＿。
7. タバコは体に＿＿＿＿＿＿＿＿ことだし、＿＿＿＿＿＿＿＿ので、そろそろやめようかな。
8. ＿＿＿＿＿＿＿＿ことだし、＿＿＿＿＿＿＿＿＿＿＿＿＿＿＿＿。

86 に決まっている

＿＿＿月＿＿＿日

例文

1 たくさん勉強したのだから、合格するに決まっている。
2 こんな時間に電話をしたら、迷惑に決まっている。
3 この雨で、桜は散ってしまったに決まっている。

使い方

普 ＊なAだ ＊Nだ ＋ に決まっている

絶対に～だと思うと断定する時に使う。自分の意志を述べる時には使わない。「に違いない (p.131)」と同じように使う。

This is used to assert that something is absolutely the case. It is not used to express the speaker's will. It is used in the same way as に違いない (p. 131). ／用在断定某件事时，表示绝对是～。在阐述自己的想法时不能用。用法与「に違いない (p.131)」相同。／Sử dụng khi quả quyết cho rằng nhất định là ~. Không sử dụng khi nói về ý chí của bản thân. Sử dụng giống với "に違いない (tr.131)".

確認しよう

正しいほうを選びなさい。

1. 腕を骨折してしまったら、（ 便利 ・ 不便 ）に決まっている。
2. （ 彼は ・ 私は ）汗をかいたので、シャワーを浴びるに決まっている。

書いてみよう

＿＿＿＿に言葉を入れて、文を完成させなさい。

1. 彼はアメリカに住んでいたのだから、＿＿＿＿＿＿＿＿＿＿に決まっている。
2. 彼は毎日遅刻してくるので、明日も＿＿＿＿＿＿＿＿＿＿に決まっている。
3. 自分の子どもなんだから、＿＿＿＿＿＿＿＿＿＿に決まっている。
4. サッカーが大好きな彼のことだから、昨日の試合を＿＿＿＿＿＿＿＿＿＿に決まっている。
5. あの先生が作るテストは＿＿＿＿＿＿＿＿＿＿に決まっている。
6. 毎日お菓子ばかり食べていたら、＿＿＿＿＿＿＿＿＿＿に決まっている。
7. ＿＿＿＿＿＿＿＿＿＿ば、彼女は喜ぶに決まっている。
8. 彼は＿＿＿＿＿＿＿＿から、＿＿＿＿＿＿＿＿＿＿に決まっている。

87 上で

月　　日

例文

[1] 私にとって、日本語を勉強する上で一番難しいのは漢字を覚えることだ。
[2] 未成年の方は保護者の許可を取った上で、イベントにご参加ください。
[3] 試験は十分な準備の上で受けたい。

使い方

① Vる / Nの
② Vた / Nの
＋ 上で

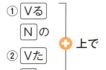

「A上でB」で、①Aの場合に重要なことなどをBで述べる時に使う([1])。②まずAをしてからBをするという意味([2])。AもBも意志動詞が入る。[3]のように名詞を使う場合は、する動詞の名詞部分に接続する。

Used in the pattern A上でB, this expresses that: ① B is an action considered important, challenging, etc. when doing A ([1]), or ② B is done after A is performed ([2]). Both A and B take a volitional verb. When used with nouns as seen in [3], it is joined with the noun part of *suru*-verbs. ／「A上でB」表示①在做A这件事时，做B很重要([1])。②先做完A之后再做B([2])。A跟B这里都可以放意志动词。像[3]这样跟名词一起使用时，接在する动词名词部分的后面。 ／① Sử dụng khi trình bày những việc quan trọng khi A bằng B với mẫu câu "A上でB ([1])". ② Có nghĩa là làm A trước, sau đó mới làm B ([2]) . Cả A và B đều có động từ ý chí. Trường hợp sử dụng danh từ như câu [3] thì tiếp nối với phần danh từ của động từ làm.

確認しよう

正しいほうを選びなさい。

1. デートではおいしいレストランを調べた（ 上で ・ 上の ）、食べに行きました。
2. 新しい家を（ 探した ・ 探す ）上で大切なことは、通勤のしやすさだと思う。

書いてみよう

＿＿＿＿に言葉を入れて、文を完成させなさい。

1. 医者は血液検査の結果を＿＿＿＿＿＿上で、患者に診断を下した。
2. スピーチ大会には、十分な＿＿＿＿＿＿の上で参加したいと思う。
3. 野菜はよく＿＿＿＿＿＿上で調理をしてください。
4. 犬を飼い始めるので、＿＿＿＿＿＿上で必要なものを買いそろえた。
5. 健康的な生活を＿＿＿＿＿＿上で必要なのは、ストレスを抱えないことだ。
6. どの大学を受験するかは、＿＿＿＿＿＿上で、＿＿＿＿＿＿と思う。
7. 生きていく上で大切なのは、＿＿＿＿＿＿＿＿＿＿＿＿。
8. ＿＿＿＿＿＿＿＿上で、＿＿＿＿＿＿＿＿＿＿。

88 を通して

月　　日

例文

[1] 中田さんが退職するということを、同僚を通して知りました。
[2] ラジオを通じてその歌手の新曲を聞きました。
[3] この公園は一年を通して、いろいろな花が咲いている。

使い方

N ＋ を通して / を通じて

人や組織、メディア、イベント・経験などを表す名詞に接続し、媒介や手段を表す（[1] [2]）。また、期間を表す名詞と一緒に使い、～の期間ずっとという意味を表す（[3]）。

This is joined with a noun indicating a person, organization, media outlet, event, experience, etc. to express the medium or means of something ([1] [2]). It is also used with nouns indicating a time period to express that an action occurred throughout that period ([3]). ／接在表示人或组织、媒体、活动・经验等名词后面，表示媒介或手段（[1] [2]）。另外，也跟表示时间段的名词一起使用，表示在某个期间一直～的意思（[3]）。／Tiếp nối với danh từ thể hiện con người, tổ chức, truyền thông, sự kiện, kinh nghiệm v.v. để diễn tả trung gian, phương tiện, như câu ([1] [2]). Ngoài ra, còn sử dụng với danh từ thể hiện khoảng thời gian để diễn tả ý suốt trong khoảng thời gian ~, như câu ([3]).

確認しよう

正しいほうを選びなさい。

1. テレビドラマ（　を　・　に　）通じて、日本の歴史を学びました。
2. 新郎新婦は共通の友人を（　通して　・　通って　）知り合ったそうだ。

書いてみよう

＿＿＿＿＿に言葉を入れて、文を完成させなさい。

1. この地方は温暖で、＿＿＿＿＿＿＿＿＿＿を通じて暖かいです。
2. 高校３年間を通して、＿＿＿＿＿＿＿＿＿＿＿＿＿＿＿。
3. 社長には＿＿＿＿＿＿＿＿＿＿を通してご連絡ください。
4. 留学の＿＿＿＿＿を通して、＿＿＿＿＿＿＿＿だけではなく、国際的な視点を身につけることができました。
5. 選手たちは厳しい＿＿＿＿＿＿＿＿＿＿を通して、技術だけでなく精神力も鍛えてきた。
6. 容疑者逮捕のニュースは、マスコミを通じて＿＿＿＿＿＿＿＿＿＿＿＿＿＿＿。
7. アルバイトでの経験を通して、＿＿＿＿＿＿＿＿＿＿＿＿＿＿＿＿＿＿＿。
8. ＿＿＿＿＿＿＿＿＿＿＿＿を通じて＿＿＿＿＿＿＿＿＿＿＿＿＿＿＿＿＿。

まとめの練習

＿＿月＿＿日

問題１　読解（内容理解 - 短文 Comprehension - Short passages）

次の(1)と(2)の文章を読んで、後の問いに対する答えとして最もよいものを、1・2・3・4から一つ選びなさい。

(1)

これは、ケンさんが書いた日記である。

> いつものようにジョギングしていたら、不安**げ**に歩いているおばあさんを見かけた。そのときは、おばあさんは散歩をしている**に決まっている**と思って、そのまますれ違った。しかし、しばらくしてまたそのおばあさんを見かけたとき、散歩**というより**、道に迷っているように見えた。もしそうだったら、事件や事故につながり**かねない**と思い、声をかけた。やっぱり道に迷っていて、帰り方がわからなくて困っていたそうだ。それで、僕は近くの交番におばあさんを送り届けて、家に帰った。この経験**を通して**、困っていそうな人には積極的に声をかけたほうがいいということを学んだ。

1　ケンさんがおばあさんを交番に連れて行ったのはなぜか。

1　おばあさんが事件に巻き込まれていたから
2　おばあさんが一人で散歩するのは危ないから
3　おばあさんが帰り方がわからなくなっていたから
4　おばあさんから助けてほしいと声をかけられたから

(2)

これは、ケンさんが書いた日記である。

家でのんびりしていると、警察から電話があった。昨日助けたおばあさんの件だった。おばあさんは警察の協力**のもとに**、無事家に帰ることができたそうだ。ご家族も心配していたそうで、おばあさんが無事に帰れて本当によかったと思う。その後、警察の人がぜひ僕を表彰したいと言い出したので、びっくりしてしまった。少し大げさな気もするけれど、こんなことはめったにない**ことだし**、表彰式に行くことにした。髪もさっぱり切った**上で**、クリーニングしたスーツで行こうと思っている。

1 この文章からわかることはどれか。

1 おばあさんは家の人に迎えに来てもらった。
2 おばあさんは警察にケンさんを表彰してほしいと言った。
3 ケンさんはもう表彰式に行く準備ができている。
4 ケンさんは自分が表彰されることに驚いている。

問題2　文法（文法形式の判断 Selecting grammar form）

次の文の（　　）に入れるのに最も良いものを、1・2・3・4から一つ選びなさい。

1 昔の日本は韓国や中国（　　）西洋と繋がっていました。

1 を通じて　　2 に対して　　3 を問わず　　4 にわたって

2 あのおとなし（　　）少年が、オリンピック代表選手だとは思いませんでした。

1 がちな　　2 らしい　　3 っぽい　　4 げな

3 このサッカーチームは経験のある監督の（　　）、毎年いい成績を収めている。

1 ところ　　2 もとで　　3 おかげ　　4 上で

4 今履いているスニーカーは古くなった（　　）、新しいのを買いたい。

1 ばかりに　　2 ことだし　　3 わりに　　4 せいで

5 電車の中で大きな声で話すと、他の人の迷惑に（　　）。

1 なりにくい　　2 なるものではない

3 なるしかない　　4 なりかねない

6 中井「この桃はあまり甘くないなあ。」

真田「果物（　　）、野菜のようだね。」

1 というより　　2 にとって　　3 として　　4 といったら

7 先生「4月から東京で一人暮らしですね。アパートは決まりましたか。」

学生「はい、家族とよく（　　）上で決めました。」

1 相談して　　2 相談する　　3 相談した　　4 相談しよう

8 妹「今日の夕飯は何かなあ。」

兄「昨日のカレーが余っているから、今日もカレー（　　）よ。」

1 だらけだ　　2 のわけではない　　3 に決まっている　　4 かのようだ

問題3　文法（文の組み立て Sentence composition）

次の文の ＿★＿ に入る最もよいものを、1・2・3・4から一つ選びなさい。

1 子育てを ＿＿＿ ＿＿＿ ＿★＿ ＿＿＿ 少しわかるようになった。

1　いつも私のことを　　2　親の気持ちが

3　通じて　　4　考えてくれていた

2 彼の勉強机にはゲームやフィギュアが ＿＿＿ ＿＿＿ ＿★＿ ＿＿＿ のようだ。

1　机　　2　おもちゃ屋の棚　　3　というより　　4　置かれていて

3 この果物はこの地域の ＿＿＿ ＿＿＿ ＿★＿ ＿＿＿ 育ちます。

1　暖かい　　2　もとで　　3　気候の　　4　おいしく

4 批判するなら、＿＿＿ ＿＿＿ ＿★＿ ＿＿＿ 批判してください。

1　確かめた上で　　2　もとにするのではなくて

3　人から聞いた話を　　4　一度自分の目で

5 私が、進学はせずに ＿＿＿ ＿＿＿ ＿★＿ ＿＿＿ しまった。

1　父は難しげな　　2　就職したいと　　3　伝えると　　4　顔をして黙って

6 ＿＿＿ ＿＿＿ ＿★＿ ＿＿＿ ケーキを買って帰ろう。

1　なりかねないので　　2　息子たちには全部

3　同じ種類の　　4　兄弟げんかに

7 夫「見て。友達からいいワインをもらったよ。どうしよう。」

妻「あなたも ＿＿＿ ＿＿＿ ＿★＿ ＿＿＿ あげたら？」

1　ことだし　　2　私も

3　あなたのお父さんに　　4　お酒を飲まない

8 娘「私のパスポート、ここに置くね。」

父「こんなに ＿＿＿ ＿＿＿ ＿★＿ ＿＿＿ しまっておきなさい。」

1　散らかったテーブルの上に　　2　きちんと

3　失くすに決まっているから　　4　置いたら

問題4　聴解（概要理解 Summary comprehension）

この問題は、全体としてどんな内容かを聞く問題です。話の前に質問はありません。まず話を聞いてください。それから、質問とせんたくしを聞いて、1から4の中から、最もよいものを一つ選んでください。

N2-91

1　2　3　4

問題5　聴解（即時応答 Quick response）

まず文を聞いてください。それから、それに対する返事を聞いて、1から3の中から、最もよいものを一つ選んでください。

1 N2-92　1　2　3

2 N2-93　1　2　3

3 N2-94　1　2　3

4 N2-95　1　2　3

5 N2-96　1　2　3

6 N2-97　1　2　3

7 N2-98　1　2　3

8 N2-99　1　2　3

第12課

単語

文法の練習に出てくる難しい単語の意味を確認しましょう。

名詞

□ えさ	(pet) food	饲料	thức ăn cho vật nuôi
□ 解決策	solution	解决方案	phương án giải quyết
□ 歓声	cheers	欢呼声	tiếng hoan hô
□ 警報	alarm	警报	sự cảnh báo
□ 事項	items	事项	điều mục
□ 施設	facilities	设施	cơ sở
□ 舌	tongue	舌头	lưỡi
□ 上映会	film screening	上映会	buổi chiếu phim
□ 治安	public order	治安	trị an
□ 肉まん	steamed bun with meat filling	肉包子	bánh bao thịt
□ 見積もり	estimate	预算	sự báo giá

な形容詞

□ 効率的な	efficient	有效率的	có hiệu quả
□ 得な	bargain	实惠的	có lợi
□ 不要な	unnecessary	不用的	không cần thiết

動詞

□ 解消（する）	solution; solve	解决	sự xóa bỏ, xóa bỏ
□ 関連（する）	related; be related	相关；与…相关	sự liên quan, liên quan
□ 強化（する）	stepping up; step up	加强	sự tăng cường, tăng cường, đẩy mạnh
□ 司会（する）	emcee	主持人；主持	sự dẫn chương trình, dẫn chương trình
□ 充実（する）	full lineup; have a full lineup	充实	sự đầy đủ, sung túc
□ 取得（する）	obtaining; obtain	申请，办理	sự lấy, lấy được
□ 巡回（する）	patrol	巡逻	sự tuần tra, tuần tra
□ 進級（する）	advancement; advance (to a higher level)	升班	sự thăng cấp, thăng cấp, lên lớp
□ 耕す	till	耕作	canh tác, cày cấy
□ 短縮（する）	shortening; shorten	缩短	sự rút ngắn, rút ngắn
□ 復帰（する）	returning (to a job); return (to a job)	回归	sự quay lại, quay lại
□ 痩せる	lose weight	瘦	ốm đi, gầy đi

89 ～か～ないかのうちに

＿＿＿月＿＿＿日

例文

1 犬は飼い主が「よし」と言うか言わないかのうちに、えさを食べ始めた。
2 新しい商品が発売されたかされないかのうちに、また次の商品が発売された。
3 洗濯物を干したか干さないかのうちに、雨が降り始めた。

使い方

Vる / Vた ＋ か Vない かのうちに

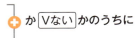

「AかAないかのうちにB」の形で、AとほぼB同時にBが起きた(1)、Aの直後にBが起きた(2 3)という意味を表す。Bに意志、命令、否定を表す文は使えない。

Used in the pattern AかAないかのうちにB, this expresses that B occurred almost simultaneously with A (1), or immediately after A (2 3). Volitional, imperative, or negative clauses cannot be used in B. ／「AかAないかのうちにB」这个形式表示B几乎与A同时发生（1）、刚发生了A就紧接着发生了B（2 3）。B这里不能用表示意志、命令、否定等的句子。／Mẫu câu "AかAないかのうちにB" diễn tả ý B xảy ra hầu như cùng lúc với A như câu (1), B xảy ra ngay sau khi A như câu (2 3). Không thể sử dụng câu diễn tả ý chí, mệnh lệnh, phủ định ở B.

確認しよう

「～か～ないかのうちに」の使い方が正しいものには○、間違っているものには×を書きなさい。

1.（　　）コンビニを出るか出ないかのうちに、買ったパンの袋を開けて食べた。
2.（　　）コンビニを出るか出ないかのうちに、買ったパンの袋を開けて食べよう。

書いてみよう

＿＿＿＿に言葉を入れて、文を完成させなさい。

1. 子どもたちは授業が＿＿＿＿か＿＿＿＿かのうちに教科書を片付け始めた。
2. 駅に＿＿＿＿か＿＿＿＿かのうちに電車がホームに入ってきた。
3. 夜が＿＿＿＿か＿＿＿＿かのうちにニワトリが鳴いた。
4. 息子は玄関のベルが＿＿＿＿か＿＿＿＿かのうちにドアを開けて祖父母を迎えた。
5. 父は病気が＿＿＿＿か＿＿＿＿かのうちに仕事に復帰した。
6. 赤ちゃんはベッドに＿＿＿＿か＿＿＿＿かのうちにまた泣き出した。
7. 先生が名前を呼んだか呼ばないかのうちに＿＿＿＿＿＿＿＿。
8. ＿＿＿＿か＿＿＿＿かのうちに＿＿＿＿＿＿＿＿。

90 際に

____月____日

例文

1 このお菓子はお客様が来た**際に**開けるつもりだ。
2 工事の**際に**危険がないよう、十分に注意してください。
3 2年生になるに**際して**、進級テストがありました。

使い方

① Vる／Vた ＋ 際に
　 Nの 　　＋ 際
② Vる ＋ に際して
　 N

①「～際に」で、～場合／時という意味(1 2)。②「～に際して」で、特別なことの前にという意味を表す(3)。②は「にあたって(p.49)」「に先立って(p.172)」と同じように使う。

① ～際に means "in the event of ～" or "when ～" (1 2). ② ～に際して means "before (some special occasion)" (3). In usage ②, it is used in the same way as にあたって (p. 49) or に先立って (p. 172). ／①「～際に」表示某种场合或时候(1 2)。②「～に際して」表示某件特别的事情发生之际(3)。② 的用法与「にあたって(p.49)」「に先立って(p.172)」相同。／Dùng ① "～際に" khi diễn tả ý trong trường hợp / khi ~, như câu (1 2). ② "～に際して" diễn tả ý trước việc đặc biệt như câu (3). ② được sử dụng giống với "にあたって(tr.49)", "に先立って(tr.172)".

確認しよう

正しいほうを選びなさい。

1. 結婚式（ の ・ に ）際して、尊敬する先輩に司会をお願いした。
2. 初めての海外旅行を（ する ・ した ）に際して、パスポートを取得した。

書いてみよう

＿＿＿＿に言葉を入れて、文を完成させなさい。

1. はしごから＿＿＿＿＿＿際に足を怪我してしまった。
2. このスカーフは＿＿＿＿＿＿の際に主人が買ってくれた物です。
3. ＿＿＿＿＿＿に際して不要なものを捨てた。
4. ＿＿＿＿＿＿に際して、みんなにお礼を伝えるためのパーティーを開きました。
5. この肉まんは熱くて、＿＿＿＿＿＿際に舌を＿＿＿＿＿＿可能性があります。
6. 猫を飼い始めるに際して、＿＿＿＿＿＿。
7. ＿＿＿＿＿＿際に＿＿＿＿＿＿。
8. ＿＿＿＿＿＿に際して＿＿＿＿＿＿。

91 に先立って

______月______日

例文

1 映画の公開に先立って、特別上映会が行われた。
2 彼らは結婚式に先立つ準備で大忙しだ。
3 説明会を開始するに先立ちまして、配布資料のご説明をいたします。

使い方

Vる（の）／N ＋ に先立って／に先立つ N

「Aに先立ってB」という形で、Aの前に必要なこととしてBをすると言う時に使う。「にあたって(p.49)」「に際して(p.171)」と同じように使う。

Used in the pattern Aに先立ってB, this expresses that B is an action that needs to be performed before doing A. It is used in the same way as にあたって (p. 49) and に際して (p. 171). ／「Aに先立ってB」这个形式表示在做A这件事之前，有必要先做B这件事。用法与「にあたって（p.49）」「に際して（p.171）」相同。／Sử dụng mẫu câu "Aに先立ってB" khi nói sẽ làm B như là một việc cần thiết trước A. Sử dụng giống với "にあたって(tr.49)", "に際して(tr.171)".

確認しよう

正しいほうを選びなさい。

1．運動会の開会（ に ・ を ）先立って、校長先生からの挨拶があった。
2．野菜を（ 育てた ・ 育てる ）に先立って、畑をよく耕した。

書いてみよう

______に言葉を入れて、文を完成させなさい。

1．______________に先立って、どんな車がいいかよく調べました。

2．______________に先立ちまして、いくつか注意事項をお伝えします。

3．__________に先立って、前日の夜8時以降は何も食べないようにという指示が医者からあった。

4．道路工事に先立つ______________が近隣住民に対して行われた。

5．海外旅行に先立って、______________________。

6．レポートを書くに先立って、______________________。

7．______________に先立つ______________________。

8．______________に先立って、______________________。

92 に加えて

月　　日

例文

[1] 自分の荷物に加えて子どもの荷物も運ばなければならないので、大きいかばんが必要だ。
[2] 喉が痛いのに加えて、熱まで出てきてしまった。
[3] 明日は漢字のテストに加えて文法のテストまであるので、準備が大変だ。

使い方

N ＋ に加えて

Vる
いAい
なAな
＋ のに加えて

「Aに加えてB」の形で、AだけではなくBもという意味を表す。よく「Aに加えてBまで」という表現を使う（[2] [3]）。

Used in the pattern Aに加えてB, this means "not only A, but also B." The variation Aに加えてBまで is also commonly used ([2] [3]). ／「Aに加えてB」这个形式表示不仅是A，B也时如此。经常用「Aに加えてBまで」这个形式（[2] [3]）。／Mẫu câu "Aに加えてB" diễn tả ý nghĩa không chỉ A mà B cũng.Thường sử dụng cách diễn đạt "Aに加えてBまで" như câu ([2] [3]).

確認しよう

正しいほうを選びなさい。

1. この公園にはプール（ と ・ に ）加えて野球場まであって、施設が充実している。
2. 今週は大事なプレゼンに加えて、（ レポートの提出もある ・ 頑張りたい ）。

書いてみよう

________に言葉を入れて、文を完成させなさい。

1. 彼は__________に加えて__________も話すことができる。
2. このランチセットはデザートに加えて、__________までついてきてお得だ。
3. 誕生日には__________に加えて、__________までもらって嬉しかった。
4. この街は__________に加えて、新鮮な魚も食べられるので、旅先として人気だ。
5. 雨に加えて寒さも厳しかったため、__________。
6. 電車の遅延に加えて交通渋滞も起こり、__________。
7. そのホテルは__________に加えて、__________。
8. __________に加えて、__________。

93 にこたえて

月　　日

例文

1 親の期待にこたえて、彼女は医学部への進学を決めました。
2 日本人の友達を作りたいという留学生の声にこたえて、大学は交流会を計画した。
3 治安に不安を感じている市民の要求にこたえて、警察は巡回を強化した。

使い方

N ＋ にこたえて

「AにこたえてB」の形で、AにそうようにBを行うという意味を表す。Aには期待、質問、希望、声など、人からの働きかけや心情に関する言葉が入る。

Used in the pattern AにこたえてB, this expresses that B is performed in line with or in response to A. A takes words that express the influence or sentiment of someone else, such as 期待, 質問, 希望, or 声. ／「AにこたえてB」这个形式表示为了满足A，来实行B。A这里一般是表示期待、疑问、愿望、意见等关于人做出的某种行为或心情的语句。／Mẫu câu "AにこたえてB" diễn tả ý tiến hành B theo A. Ở vế câu A có các từ liên quan đến việc thúc đẩy hay tâm tình của người khác như kỳ vọng, chất vấn, mong đợi, tiếng nói v.v.

確認しよう

正しいほうを選びなさい。

1．観客の歓声（　を　・　に　）こたえて、アイドルはステージから手を振った。
2．もっと食べたいというお客様の声にこたえて、ご飯の量を（　増やした　・　減らした　）。

書いてみよう

＿＿＿＿に言葉を入れて、文を完成させなさい。

1．学生たちからの＿＿＿＿＿＿にこたえて、大学はＩＴ関連の講義を増やした。

2．お客様の＿＿＿＿＿＿にこたえて、わが社は新しい商品を開発しました。

3．クライアントの＿＿＿＿＿＿にこたえて、費用の見積もりを作成した。

4．ファンの期待にこたえて、＿＿＿＿＿＿＿＿＿＿＿＿。

5．子どもたちのリクエストにこたえて、＿＿＿＿＿＿＿＿＿＿＿＿。

6．学生からの＿＿＿＿＿＿にこたえて、＿＿＿＿＿＿＿＿＿＿＿＿。

7．国民の＿＿＿＿＿＿にこたえて、国は＿＿＿＿＿＿＿＿＿＿＿＿。

8．＿＿＿＿＿＿＿＿にこたえて、＿＿＿＿＿＿＿＿＿＿＿＿。

94 ないものだろうか

＿＿＿月＿＿＿日

例文

1 好きなものを好きなだけ食べながら痩せられ**ないものだろうか**。
2 交通渋滞を解消するための新しいアイディア**はないものか**。
3 どうにか簡単に日本語を身につける方法**はないものだろうか**。

使い方

Vない ＋ ものだろうか
ものか

N ＋ はないものだろうか
はないものか

実現が難しいことをどうにかして実現できないかという気持ちを表す。可能動詞や「どうにか」「どうにかして」「なんとか」などの言葉と一緒に使うことが多い。

This expresses the speaker's wish that something difficult to realize could somehow become possible. It is often used with potential verbs and expressions like どうにか, どうにかして, or なんとか. ／表示难以实现的事情即便是再努力是否也还是难以实现这样质疑的心情。常与可能动词或「どうにか」「どうにかして」「なんとか」这样的词汇一起使用。／Diễn tả cảm giác liệu có thể làm gì đó để thực hiện một việc khó thực hiện không. Thường sử dụng cùng với động từ khả năng hoặc các từ như "どうにか", "どうにかして", "なんとか" v.v.

確認しよう

正しいほうを選びなさい。

1．なんとかして今から成績を（　上げられない　・　上げられる　）ものか。
2．シャツについたソースの染みを、どうにか（　落とさない　・　落とせない　）ものだろうか。

書いてみよう

＿＿＿＿＿に言葉を入れて、文を完成させなさい。

1．この問題に対する解決策は＿＿＿＿＿＿＿＿＿＿ものだろうか。
2．この研究テーマに関心を持つ＿＿＿＿＿＿＿＿＿＿はいないものだろうか。
3．早く春に＿＿＿＿＿＿＿＿ものだろうか。
4．もっと効率的に仕事を＿＿＿＿＿＿＿＿＿＿＿＿ものか。
5．思い出のあるこの壊れた古い時計を＿＿＿＿＿＿＿＿＿＿＿＿ものだろうか。
6．どうにか彼女と＿＿＿＿＿＿＿＿＿＿方法は＿＿＿＿＿＿＿＿＿＿ものか。
7．＿＿＿＿＿＿＿＿＿＿＿＿＿＿＿＿＿＿＿＿＿＿＿＿方法はないものだろうか。
8．どうにか＿＿＿＿＿＿＿＿＿＿＿＿＿＿＿＿＿＿＿＿＿＿＿＿＿＿＿ものか。

95 につき

＿＿＿月＿＿＿日

例文

1 大雨につき、試合は中止になりました。
2 体調不良につき、本日は会社を休ませていただきます。
3 イベント開催につき、今週末は駐車場が利用できません。

使い方

N ＋ につき

「AにつきB」の形で、Aという理由でBだという表現。形式的な言い方で、連絡事項、お知らせ、注意などによく使われる。

Used in the pattern AにつきB, this expresses A as the reason for B. It is a formal expression often used in memos, notifications, cautions, etc. ／「AにつきB」这个形式表示由于A的原因，出现B这样的结果。这种表达比较形式，常用在发布通知，宣告注意事项时使用。／Mẫu câu "AにつきB" là cách diễn đạt vì lý do A mà B. Đây là cách nói mang tính hình thức, thường được sử dụng cho các điều mục cần lưu ý, thông báo, nhắc nhở v.v.

確認しよう

正しいほうを選びなさい。

1．祝日（ と ・ に ）つき、本日は休校です。
2．大統領の来日につき、（ この道は通行止めになります ・ 奈良で東大寺を訪問されました ）。

書いてみよう

＿＿＿＿に言葉を入れて、文を完成させなさい。

1．＿＿＿＿＿＿＿＿につき、エレベーターは使用できません。

2．体育祭の＿＿＿＿＿＿＿＿につき、授業を短縮します。

3．＿＿＿＿＿＿＿＿につき、公園の一部が立ち入り禁止となっています。

4．非常ベルの＿＿＿＿＿＿＿＿につき、警報が鳴りますが、ご安心ください。

5．＿＿＿＿＿＿＿＿につき、大学の授業は休講となります。

6．材料の＿＿＿＿＿＿＿＿につき、当店のメニューも価格を見直すことになりました。

7．そちらの本は貸し出し中につき、＿＿＿＿＿＿＿＿＿＿＿＿＿＿＿＿。

8．＿＿＿＿＿＿＿＿につき、＿＿＿＿＿＿＿＿＿＿＿＿＿＿＿＿。

96 ～につけ…につけ

月　　日

例文

1 JLPTを受けるにつけ、受けないにつけ、日本語の勉強を頑張ってください。
2 彼女は嬉しいにつけ、悲しいにつけ、すぐ泣いてしまう。
3 母は何かにつけ、一人暮らしの私を心配して電話をかけてくる。

使い方

Vる／Vない
いAい／くない
＋につけ

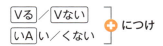

「AにつけBにつけ」の形で、対比的なAとBを並べて、それらのどちらの場合でもという意味を表す(1 2)。どんな場合でもという意味の「何かにつけ」「何事につけ」という慣用的な表現もある(3)。

Used in the pattern AにつけBにつけ, this means "no matter whether A or B," with A and B representing two contrasting actions/situations (1 2). There are also the idiomatic expressions 何かにつけ and 何事につけ, which mean "always" or "in any situation" (3). ／「AにつけBにつけ」这个形式表示相对立的事情A与B，不论是哪种情况都～的意思(1 2)。表示"无论在任何情况下都"时，也用「何かにつけ」「何事につけ」这样的惯用表达(3)。／Mẫu câu "AにつけBにつけ" diễn tả ý đưa ra A và B mang tính so sánh và dù có là một trong hai trường hợp đó đi nữa thì cũng, như câu (1 2). Cũng có cách diễn đạt mang tính thói quen, thông lệ là "何かにつけ", "何事につけ" có ý nghĩa dù trong bất kỳ trường hợp nào đi nữa, như câu (3).

確認しよう

「～につけ…につけ」の使い方が正しいものには○、間違っているものには×を書きなさい。

1.（　　）店長は私が掃除をするにつけ、料理が上手につけ、褒めてくれる。
2.（　　）姉は食べるにつけ、飲むにつけ、太ってしまうことを気にしている。

書いてみよう

＿＿＿＿に言葉を入れて、文を完成させなさい。

1. 大学へ進学するにつけ、＿＿＿＿＿＿につけ、お金は必要です。
2. 妹は暑いにつけ、＿＿＿＿＿＿につけ、すぐにエアコンをつける。
3. いいにつけ、＿＿＿＿＿＿につけ、親子はよく似ると言われている。
4. 彼は＿＿＿＿＿＿につけ、＿＿＿＿＿＿につけ、スマホで調べます。
5. あの先輩は＿＿＿＿＿＿につけ、＿＿＿＿＿＿につけ、飲みに行きます。
6. 妻は、私が休日に＿＿＿＿＿＿につけ、＿＿＿＿＿＿につけ、文句を言っている。
7. 店長は何事につけ、＿＿＿＿＿＿＿＿＿＿＿＿。
8. ＿＿＿＿＿＿につけ、＿＿＿＿＿＿につけ、＿＿＿＿＿＿＿＿。

まとめの練習

＿＿＿月＿＿＿日

問題1 読解（主張理解 - 長文 Thematic comprehension - Long passages）

次の文章を読んで、後の問いに対する答えとして最もよいものを、1・2・3・4から一つ選びなさい。

以下は、新聞の社説である。

先日、警察署で表彰式が行われた。表彰されたのはアメリカ人留学生のケン・ジョンソンさん(21)。多摩川の土手で迷子になっていた尾上エミコさん(87)を交番に案内したことに対して、感謝状が贈られた。

ジョンソンさんは集まった記者らのリクエスト**にこたえ**、どのように尾上さんに声をかけ、警察まで連れて行ったのかを再現してくれた。さらに、そのときの気持ちを次のように話してくれた。「尾上さんは困った様子で歩いていました。僕の祖母も同じくらいの年齢で、一人で出かけるのには不安があるので、①それを無視できませんでした。外国人の僕が声をかけたら不審者と思われるんじゃないかと少しドキドキしましたが、結果、尾上さんが無事に家に帰れて本当によかったです。」

このジョンソンさんが抱いたような不安は外国人でなくても、多くの人々が抱えるものだろう。記者の友人は、転んだ子どもを助け起こそうとしたら、子どもの手を取る**か**取らない**かのうちに**、親が走り寄ってきて「子どもに近づかないでください」ときつい調子で言われたそうだ。子どもが連れ去られるような事件もあるため、何か**につけ**警戒する親の気持ちがわからないわけではないが、善意を踏みにじられた友人はとても傷ついていた。一昔前は地域の人々が声をかけ合い、困った**際には**助け合うという習慣が根付いていたが、最近の世の中ではそうもいかないらしい。なんと残念なことか。

表彰式**に先立って**、警察署長から高齢者の見守りに関するスピーチがあった。署長は、日本社会の高齢化**につき**、一人暮らしのお年寄りや高齢者だけの世帯が増えているという現状を述べ、ジョンソンさんのような若い世代が高齢者の様子に気を配り、声をかけてくれるのは心強いと述べた。また、このような市民の善意に頼るだけではなく、自治体による高齢者世帯の定期訪問制度を強化でき**ないものだろうか**という提言を行った。

署長が述べたように、人助けを地域の制度として行うというのは一つの案だ。しかし、定期的に訪問するだけでは、自治体はお年寄りが本当に困っているときに助けるのは難しい。それ**に加えて**、ジョンソンさんや記者の友人のような善意の市民は、これからも「不審者と思われるのではないか」という不安を抱えながら、人助けをすることになりかねない。それよりも、地域活動の推進を通じて人々がつながりを取り戻し、②「不審者」のいない社会を作ることこそが、全ての人にとっての住みやすさにつながるのではないだろうか。

1 ①それは何か。

1　ジョンソンさんの祖母の不安
2　ジョンソンさんの祖母の年齢
3　尾上さんの様子
4　尾上さんの年齢

2 記者の考えに合うものはどれか。

1　人を助けるときは、不審者だと思われないように注意するべきだ。
2　困った人を助けることが難しい時代になり、がっかりだ。
3　記者の友人の善意を踏みにじった人の気持ちは理解できない。
4　子どもが連れ去られるという事件は非常に恐ろしいことだ。

3 ここでいう②「不審者」のいない社会とはどんな社会か。

1　人々が必要以上に疑われずに善意で動ける社会
2　悪いことをする人が全くいない社会
3　高齢者だけの世帯のない社会
4　自治体が高齢者の様子に気を配る社会

問題2　文法（文法形式の判断 Selecting grammar form）

次の文の（　　）に入れるのに最もよいものを、1・2・3・4から一つ選びなさい。

1 工事中（　　）、入口は閉鎖されています。

1　さえ　　2　につき　　3　として　　4　について

2 市民の要望に（　　）、市は街灯の数を増やした。

1　際して　　2　かわって　　3　関して　　4　こたえて

3 この本は課題なので、おもしろいにつけ（　　）につけ、必ず読まなければならない。

1　おもしろい　　2　おもしろくない

3　おもしろかった　　4　おもしろくなかった

4 子どもたちは「いただきます」と（　　）のうちにおやつを食べ切ってしまった。

1　言うだの言わないだの　　2　言うにしろ言わないにしろ

3　言うか言わないか　　4　言えるか言えないか

5 （結婚披露宴で）

司会「新郎新婦の入場に（　　）、お二人の出会いをご紹介します。」

1　したがいまして　　2　対しまして　　3　先立ちまして　　4　こたえまして

6 川西「ストレスを減らすための効果的な方法はない（　　）でしょうか。」

橋田「軽い運動が一番いいそうですよ。」

1　そう　　2　ところ　　3　こと　　4　もの

7 上司「新しいプロジェクトを（　　）に際して、ミーティングを開こうと思います。」

部下「はい、わかりました。会議室を予約しますね。」

1　始める　　2　始めよう　　3　始めた　　4　始めて

8 サマンサ「彼はピアノ（　　）加えて、ギターも弾けるんだよ。」

ジウォン「才能にあふれているね！」

1　と　　2　に　　3　も　　4　が

問題3　文法（文の組み立て Sentence composition）

次の文の＿★＿に入る最もよいものを、1・2・3・4から一つ選びなさい。

1 私のほしいかばんは ＿＿＿ ＿＿＿ ＿★＿ ＿＿＿ と中古のものを探しています。

1　高すぎるので　　2　新品だと
3　ものだろうか　　4　もっと安く買えない

2 彼は ＿＿＿ ＿＿＿ ＿★＿ ＿＿＿ 備えて勉強している。

1　高校の授業に　　2　学習塾にも行って
3　大学受験に　　4　加えて

3 この店は ＿＿＿ ＿＿＿ ＿★＿ ＿＿＿ オーガニック食品の取り扱いを拡大した。

1　健康への　　2　顧客からの要望に
3　関心が高い　　4　こたえて

4 飛行機は離陸後、＿＿＿ ＿＿＿ ＿★＿ ＿＿＿ 機体の不調のため空港に引き返した。

1　消えるか　　2　シートベルトサインが
3　消えないかの　　4　うちに

5 彼は退職に ＿＿＿ ＿＿＿ ＿★＿ ＿＿＿ 言葉を述べた。

1　対して　　2　際して　　3　感謝の　　4　同僚一人一人に

6 政府は労働基準法を ＿＿＿ ＿＿＿ ＿★＿ ＿＿＿ 行った。

1　労働環境の　　2　改正するに　　3　実態調査を　　4　先立って

7 私の母は朝食につけ ＿＿＿ ＿★＿ ＿＿＿ ＿＿＿ 食べ始めます。

1　食事の前に　　2　夕食につけ　　3　飲んでから　　4　水を一杯

8 都民「どうしてこの道は通行止めなんですか。」
警察「大統領の ＿＿＿ ＿＿＿ ＿★＿ ＿＿＿ 警備を強化しているんです。」

1　封鎖して　　2　つき　　3　道を　　4　来日に

問題4　聴解（課題理解 Task-based comprehension）

まず質問を聞いてください。それから話を聞いて、問題用紙の1から4の中から、最もよいものを一つ選んでください。

N2-100

1　お知らせをホームページに載せる
2　課長に会いに行く
3　資料をプリントする
4　課長にメールする

問題5　聴解（即時応答 Quick response）

まず文を聞いてください。それから、それに対する返事を聞いて、1から3の中から、最もよいものを一つ選んでください。

1	N2-101	1	2	3
2	N2-102	1	2	3
3	N2-103	1	2	3
4	N2-104	1	2	3
5	N2-105	1	2	3
6	N2-106	1	2	3
7	N2-107	1	2	3
8	N2-108	1	2	3

第13課

単語　文法の練習に出てくる難しい単語の意味を確認しましょう。

名詞

□ 映像	visual images, cinematography	影像，画面	hình ảnh
□ お姫様	princess	公主	công chúa
□ 口コミ	(customer) reviews	口碑	truyền miệng
□ バッテリー	battery	电池	pin
□ 見た目	looks	外表	vẻ ngoài
□ 矢	arrow	箭	mũi tên
□ 夕焼け	evening glow	晚霞	hoàng hôn

な形容詞

□ 快適な	comfortable	舒服的	sảng khoái, dễ chịu
□ 豪華な	lavish	豪华的	hoành tráng
□ しなやかな	supple	灵活的	dẻo, mềm mại
□ 正確な	exact	正确的	chính xác
□ 見事な	outstanding	优秀的	xuất sắc, tuyệt vời

動詞

□ 裏切る	betray	背叛	phản bội
□ (時間を)削る	cut back (time)	牺牲…的时间	cắt bớt (thời gian)
□ 克服(する)	overcoming; overcome	客服	sự khắc phục, khắc chế
□ 優れる	be excellent	卓越	vượt trội, xuất sắc
□ 前進(する)	advancement; advance (toward goal)	前进	sự tiến tới, tiến lên trước
□ 染める	color	染色	nhuộm
□ 直面(する)	facing; face	面临	sự đối mặt, đối mặt
□ 飛び上がる	leap up	跳起来	nhảy cẫng
□ 長持ち(する)	long (battery) life; last a long time	持续时间久	sự bền, giữ được lâu

その他

□ 息を引き取る	take (her) last breath	断气	trút hơi thở cuối cùng

97 ないことには

月　　日

例文

1 先生が来ないことには授業(じゅぎょう)が始まらない。
2 気温(きおん)が高くないことにはこの花は咲(さ)きません。
3 彼(かれ)の病気がいつ治(なお)るかは、医者でないことにはわからない。

使い方

Vない / いAくない / なAで(は)ない / Nで(は)ない ＋ ことには

「AないことにはBない」の形(かたち)で、Aしなければ／Aでなければ、Bは実現(じつげん)しないと述(の)べる時(とき)に使(つか)う。Bには不可能(ふかのう)だという意味(いみ)の文(ぶん)がよく入(はい)る。

Used in the pattern AないことにはBない, this expresses that B cannot happen unless A occurs. B often takes a clause expressing impossibility. ／「AないことにはBない」这个形式表示如果不做A就无法实现B。B这里常用表示不可能的句子。／Sử dụng mẫu câu "AないことにはBない" khi trình bày nếu không làm A thì B không thành hiện thực. Ở vế câu B thường có câu với nghĩa là không thể.

確認しよう

正しいほうを選(えら)びなさい。

1．宿題(しゅくだい)が（　終わる　・　終わらない　）ことには出かけられない。
2．チケットを買わないことには、（　入場できます　・　入場できません　）。

書いてみよう

＿＿＿＿＿に言葉(ことば)を入れて、文を完成(かんせい)させなさい。

1．山田(やまだ)さんが＿＿＿＿＿＿＿＿＿＿ないことには、会議(かいぎ)が始められない。

2．電気が＿＿＿＿＿＿＿＿＿＿ないことには、暗(くら)くて仕事もできません。

3．いくら安くても味が＿＿＿＿＿＿＿＿＿＿ないことには、レストランに客(きゃく)は来ないでしょう。

4．周(まわ)りが＿＿＿＿＿＿＿＿＿＿ないことには、その鳥の鳴(な)き声(ごえ)は聞こえません。

5．あのとき彼(かれ)が何を考えていたのかは、＿＿＿＿＿＿＿＿＿＿ないことにはわからない。

6．熱(ねつ)が下がらないことには、＿＿＿＿＿＿＿＿＿＿＿＿＿＿＿＿＿＿＿＿。

7．＿＿＿＿＿＿＿＿＿＿かは、親に聞いてみないことには＿＿＿＿＿＿＿＿＿＿。

8．＿＿＿＿＿＿＿＿＿＿ないことには＿＿＿＿＿＿＿＿＿＿。

98 上に

___月___日

例文

1 彼は頭がいい上に、スポーツも得意だ。
2 この公園は子どもが遊ぶ施設が充実している上に、緑も多くて美しい。
3 今日は雨が降っている。その上、風も強くなってきた。

使い方

普
*なA な／である
*N の／である
＋ 上に
上

「A上にB」で、Aであり、さらにBだという意味を表す。物事の性質を述べるのに使われる表現で、Bには命令や依頼など人に働きかける言葉は使えない。「その上」という接続詞としても使われる（3）。

Used in the pattern A上にB, this is used to express that someone/something is A and B. Since it is used to express characteristics, commands, requests, and other expressions that urge a person to do something cannot be used in B. The conjunction その上 is also commonly used (3). ／「A上にB」表示不仅仅是A，甚至还有B。常在表示事物的性质时使用，而B这里不能用表示命令、请求等作用于人的语句。「その上」作为衔接词也经常使用（3）。／"A上にB" thể hiện ý nghĩa đã A mà còn hơn thế nữa B. Đây là cách diễn đạt được sử dụng để trình bày tính chất của sự vật, nên không thể sử dụng từ khiến người khác làm việc như mệnh lệnh, nhờ vả v.v. Cũng có thể sử dụng "その上" làm từ nối như câu (3).

確認しよう

正しいほうを選びなさい。

1．彼女は歌が（ 上手な ・ 上手だ ）上に、ダンスもできる。
2．その映画は内容がおもしろい上に、（ 映像の質が悪い ・ 映像も美しい ）。

書いてみよう

＿＿＿＿に言葉を入れて、文を完成させなさい。

1．このアパートは駅から＿＿＿＿＿＿＿＿上に、家賃も安い。
2．彼女は中国語が話せる上に、＿＿＿＿＿＿＿＿も話せる。
3．このスマートフォンは操作が＿＿＿＿＿＿＿＿上に、バッテリーが長持ちする。
4．この地域は＿＿＿＿＿＿＿＿上に、交通の便もいい。
5．今月は卒業式の上、＿＿＿＿＿＿＿＿もあって、お祝い事がいっぱいだ。
6．大学受験に＿＿＿＿＿＿＿＿上に、彼女にも＿＿＿＿＿＿＿＿最悪な一年だった。
7．ディナーには＿＿＿＿＿＿＿＿上に、＿＿＿＿＿＿＿＿も出てきて大変豪華だった。
8．＿＿＿＿＿＿＿＿上、＿＿＿＿＿＿＿＿。

99 のごとく

＿＿＿月＿＿＿日

例文

1 鳥**のごとく**自由に空を飛びたい。
2 彼はおばけを見た**かのごとく**青い顔をしている。
3 そのダンサーの動きは猫**のごとく**しなやかだ。

使い方

N ＋ のごとく
Vる／Vた ＋ かのごとく

「～のように」という意味で、比喩表現に使う。古い言い方で小説などに使われる。

This means "like ～" and is used to form similes. It is an old-fashioned expression used in novels and the like.／与「～のように」的意思相同，在比喻时使用。这个表达相对比较陈旧，往往用在小说等里面。／Sử dụng khi diễn đạt ẩn dụ với ý nghĩa "～のように". Đây là cách nói xưa cũ, thường được sử dụng trong tiểu thuyết v.v.

確認しよう

「のごとく」の使い方が正しいものには○、間違っているものには×を書きなさい。

1．（　　　）時間は矢のごとく早く過ぎる。
2．（　　　）時間は矢のごとくゆっくり過ぎる。

書いてみよう

＿＿＿＿＿＿に言葉を入れて、文を完成させなさい。

1．彼は＿＿＿＿＿＿＿＿＿＿のごとく走り去った。

2．夕焼けが＿＿＿＿＿＿＿＿＿＿のごとく空を赤く染めた。

3．その物語に出てくるお姫様は、＿＿＿＿＿＿＿＿＿＿のごとく美しい。

4．その部屋の中は、泥棒が＿＿＿＿＿＿＿＿＿＿かのごとく散らかっている。

5．彼女は＿＿＿＿＿＿＿＿＿＿かのごとく、静かに息を引き取りました。

6．ステージの上の彼女は、星のごとく＿＿＿＿＿＿＿＿＿＿＿＿＿＿＿＿＿＿。

7．昔は不真面目だった彼が、人が変わったかのごとく、＿＿＿＿＿＿＿＿＿＿＿＿＿＿。

8．息子が＿＿＿＿＿＿＿＿ので、父は雷のごとく＿＿＿＿＿＿＿＿＿＿＿＿＿＿＿＿。

100 はともかく

月　日

例文

1 この地域は交通の便はともかく、気候がいいので気に入っている。
2 彼の英語は発音はともかくとして、文法がとても正確だ。
3 車を買うなら、見た目が気に入るかどうかはともかくとして、安全であることが大切だ。

使い方

N ＋ はともかく
はともかくとして

普（*なAだ、*Nだ）＋ か（どうか）はともかく
か（どうか）はともかくとして

「AはともかくB」の形で、一旦Aのことは考えずに、Bについて述べるという時に使う。「はさておき（p.106）」の1 2と同じように使う。

Used in the pattern AはともかくB, this is used to set aside topic A to focus on topic B in a statement. It is used in the same way as examples 1 and 2 of はさておき (p. 106). ／「AはともかくB」表示在暂且先不考虑A的情况下叙述B。「はさておき（p.106）」的例句的用法与1、2相同。／Sử dụng mẫu câu "AはともかくB" khi trình bày về B mà tạm thời không nghĩ đến việc A. Sử dụng giống với câu ví dụ 1, 2 của phần "はさておき(tr.106)".

確認しよう

正しいほうを選びなさい。

1．この食堂のメニューは味（　は　・　を　）ともかくとして、栄養バランスには優れている。
2．本当に旅行に行くかはともかく、（　いくらかかるか調べてみよう　・　韓国に行こう　）。

書いてみよう

＿＿＿＿に言葉を入れて、文を完成させなさい。

1．そのホテルは、料理の＿＿＿＿＿＿＿＿はともかくとして、客室はとても快適だ。
2．彼女は＿＿＿＿＿＿＿＿＿＿はともかく、性格がとてもいい。
3．彼の歌が＿＿＿＿＿＿＿＿＿＿はともかくとして、ダンスは非常に魅力的だ。
4．立地の不便さはともかく、＿＿＿＿＿＿＿＿＿＿ので、この学校は人気がある。
5．この絵は技術はともかくとして、＿＿＿＿＿＿＿＿＿＿。
6．このレストランは場所はともかくとして、＿＿＿＿＿＿＿＿＿＿。
7．パーティーに誰を招待するかはともかくとして、まずは、＿＿＿＿＿＿＿＿＿＿。
8．＿＿＿＿＿＿＿＿＿＿はともかく、＿＿＿＿＿＿＿＿＿＿。

101 ながらも

______月______日

例文

1 彼は数学が苦手**ながらも**、テストでいい点を取ろうと勉強している。
2 彼は多くの困難に直面し**ながらも**、目標に向かって前進し続けた。
3 彼女は小さい**ながら**、スポーツでとても活躍している。

使い方

V~~ます~~／Vない	
いAい	＋ ながらも
なA~~な~~／であり	ながら
N~~だ~~／であり	

「AながらもB」の形で、Aという状態なのにBであると述べる逆接の表現。

Used in the pattern AながらもB, this is a contrastive conjunction that expresses "Although A, B."／「AながらもB」表示转折，虽然是A这种情况，但是却在做着B。／Mẫu câu "AながらもB" là cách diễn đạt ngược lại khi trình bày là tình trạng A vậy mà B.

確認しよう

正しいほうを選びなさい。

1. 悪いことだと（ 知り ・ 知って ）ながらも、つい信号を無視してしまった。
2. 彼女は成績優秀ながらも、希望の大学に（ 入れなかった ・ 入った ）。

書いてみよう

______に言葉を入れて、文を完成させなさい。

1. 彼は______________ながら、毎日運動する時間を確保している。
2. 彼女は______________ながらも、その大会で見事な成績を収めた。
3. その留学生はまだ上手に______________ながらも、日本語で伝えようと努力している。
4. そのプロジェクトは予算が______________ながらも、大成功を収めた。
5. 母は「ダイエットしないと」と言いながら、______________。
6. この車は古いながらも、______________。
7. 彼女は病気を抱えながらも、______________。
8. ______________ながらも、______________。

102 あまり

______月______日

例文

1 怒り(いか)りのあまり、彼(かれ)は机(つくえ)を叩(たた)いた。
2 試合(しあい)の結果(けっか)が気になるあまりに、仕事に集中できなかった。
3 あまりのショックに彼女(かのじょ)は言葉(ことば)を失(うしな)ってしまった。

使い方

Vる／Vた
いAい／かった
なAな
Nの
＋ あまり／あまりに

あまりの ＋ Nに

「Aあまり、B」、「あまりのAに、B」という形(かたち)で、Aの程度(ていど)がすごいためにBという普通(ふつう)ではない事態(じたい)が起(お)きた、よくない結果(けっか)になったと述(の)べる表現(ひょうげん)。

Used in the patterns Aあまり、B and あまりのAに、B, this expresses that an unusual action/situation or undesirable outcome (B) occurs because of the extreme intensity of A. ／「Aあまり、B」、「あまりのAに、B」这个形式表示A的程度过于大，导致了B这件不平常事情的发生，用在表达不好的结果时。／Mẫu câu "Aあまり、B", "あまりのAに、B" là cách diễn đạt trình bày do mức độ của A là rất nhiều nên tình trạng không bình thường / kết quả không tốt là B đã xảy ra.

確認しよう

正しいほうを選(えら)びなさい。

1. あまりの（ 忙(いそが)しい ・ 忙(いそが)しさ ）に、昼食を食べる時間もなかった。
2. お酒(さけ)を飲みすぎたあまり、（ 二日酔(ふつかよ)いになってしまった ・ 今日もとても元気だ ）。

書いてみよう

______に言葉(ことば)を入れて、文を完成(かんせい)させなさい。

1. あまりの______に、私は疲(つか)れてしまった。
2. ______あまり、彼(かれ)は飛(と)び上(あ)がった。
3. 自分の子どもが______あまりに、強く叱(しか)れない親もいる。
4. スポーツ大会の前に______あまり、体を痛(いた)めてしまった。
5. 仕事が______あまり、毎日遅(おそ)くまで残(のこ)って働(はたら)いている。
6. ______あまりに、何も食べないのは体によくないよ。
7. あまりの痛(いた)みに、______。
8. ______あまり、______。

103 かといううと

月　　日

例文

[1] 彼女が怒っているかというと、そうではなくてただ疲れているだけです。

[2] 飲み会がどこで行われるかというと、「やまと」という居酒屋です。

[3] ゴック　「コーヒーと紅茶とどちらが好き？」
　　さくら　「どちらも好きだけど、どちらかというとコーヒーかな。」

使い方

① (普)
　*[なA]だ
　*[N]だ
　＋ かというと

② (疑)(＋(普)) ＋ かというと

①「～かというと…ない」で、～という疑問に対し、否定する表現([1])。
②疑問詞を使って、～という質問に対する答えを言う時に使う([2][3])。

① In the pattern ～かというと…ない, the question posed in ～ is answered negatively ([1]). ② In this case, a question is posed in ～ using an interrogative word, and is followed by the speaker's answer([2][3]). ／①「～かというと…ない」表示针对前面的疑问，做出否定的回答（[1]）。②与疑问词一起使用，表示针对前面的疑问做出的回答（[2][3]）。／① "～かというと…ない" diễn đạt ý phủ định đối với nghi vấn ~, như câu ([1]). ② Sử dụng nghi vấn từ khi nói câu trả lời cho câu hỏi ~, như câu ([2][3]).

確認しよう

「かというと」の使い方が正しいものには○、間違っているものには×を書きなさい。

1.（　　）なぜお金がないかというと、飲み会に参加しないからです。
2.（　　）なぜ飲み会に参加しないかというと、お金がないからです。

書いてみよう

______に言葉を入れて、文を完成させなさい。

1. 彼がその仕事を________と考えているかというと、そういうわけではありません。
2. 日本に住めば日本語が________かというと、そんなことはない。
3. このレストランを選んだ________というと、口コミが非常によかったからです。
4. パーティーに________かというと、10人程度です。
5. 好きな季節は________かというと、________だ。
6. 私が______と______とどちらが好きかというと、________です。
7. なぜ私がＮ２に合格したいかというと、____________。
8. ________かというと、________からです。

104 てでも

月　　日

例文

1 寝る時間を削ってでも、このゲームがしたいです。
2 彼は友人を裏切ってでも、成功したいと言った。
3 家族に反対されてでも、この夢を追うつもりだ。

使い方

Vて ＋ でも

「AてでもB」という形で、Bの実現のためならAという極端な手段を使ってもいいという強い意志を表す。Bには意志や希望を表す文が入る。

Used in the pattern AてでもB, this expresses that a person's desire to accomplish B is so strong that they are willing to use extreme measure A. B takes a clause expressing will or hope. ／「AてでもB」这个形式表示"如果是为了实现B，哪怕是做出A这样极端的行为都可以"的强烈意志。B这里一般是表示想法或愿望的句子。／Diễn tả ý chí mạnh mẽ để thực hiện B thì sử dụng phương tiện cực đoan là A cũng được bằng mẫu câu "AてでもB". Vế câu B diễn tả ý chí, nguyện vọng.

確認しよう

「てでも」の使い方が正しいものには○、間違っているものには×を書きなさい。

1.（　　）大切な友達が帰国するので、仕事を休んででも見送りに行った。
2.（　　）大切な友達が帰国するので、仕事を休んででも見送りに行きたい。

書いてみよう

＿＿＿＿に言葉を入れて、文を完成させなさい。

1. 好きなバンドのコンサートを見るためなら、高いお金を＿＿＿＿でもチケットを買う。
2. 彼は世界一周の旅をするために、どんな仕事を＿＿＿＿でもお金を貯めるつもりだ。
3. 大切なギターを＿＿＿＿でも、婚約指輪を買って、恋人にプロポーズしたい。
4. 今日は＿＿＿＿でも、夕方からのサッカーの試合を見に行きたいと思っている。
5. 彼女はどんな＿＿＿＿でも、病気を克服すると決めた。
6. 彼女は＿＿＿＿でも、＿＿＿＿と決めている。
7. 彼は＿＿＿＿でも、＿＿＿＿つもりだ。
8. ＿＿＿＿でも、＿＿＿＿。

まとめの練習

＿＿＿月＿＿＿日

問題１　読解（内容理解 - 中文 Comprehension - Mid-size passages）

次の文章を読んで、後の問いに対する答えとして最もよいものを、1・2・3・4から一つ選びなさい。

これは、ケンさんが書いた日記である。

今日、やっとJLPTの結果が出た。点数は思ったよりよくなかったが、N２に合格することができた。点数はともかくとして、合格は合格だ。僕の行きたい大学は、最低でもN２に合格しないことには受験することができない。これでやっと志望校の出願準備ができるので、①一安心だ。

僕は文法や聴解は得意だが、読解問題が苦手な上に、漢字を読むのに時間がかかってしまう。大学では日本語の資料もたくさん読むことになるだろうから、読解がちゃんとできるようにならなければいけない。②そのことを頭では理解しながらも、忙しくて宿題以外の勉強をしない日も多いのが現状だ。山下先生からは日常的に日本語の本を読むようにするといいとアドバイスをもらって、おもしろそうな本も教えていただいた。でも、それも本を買っただけで全然進められていない。

読書が嫌いかというとそんなことはない。アメリカにいた頃は本の虫のごとく本を読んでいた。大好きな作家の新作が出版されたときは睡眠時間を削ってでも、一晩中読んでいた。ただ、日本語の本だとあまりの漢字の多さに、読むことを避けてしまうのだ。少しでも慣れるように、まずは英語で読んだことのある本から読み始めてみようかと考えている。

1 ①一安心だとあるが、どうしてケンさんは安心したのか。

1　志望校に出願する資格を得たから

2　志望校に入れることになったから

3　JLPTのN２に満足のいく点数で合格したから

4　JLPTの結果に関係なく志望校に出願できるから

2 ②そのこととあるが何か。

1　時間をかけて正確に読解することが必要なこと

2　宿題をきちんとしなければならないこと

3　大学では日本語の読解の力が大切なこと

4　日常的に日本語の本を読んだほうがいいこと

3 この文章の内容に合うものはどれか。

1　ケンさんは大好きな作家の本を日本語で読んでいる。

2　ケンさんは言語を問わず読書をたくさんする。

3　ケンさんは日本語の本を読もうとしている。

4　ケンさんは夜眠れなくなるので読書が嫌いだ。

問題2　文法（文法形式の判断 Selecting grammar form）

次の文の（　　）に入れるのに最もよいものを、1・2・3・4から一つ選びなさい。

1 この服はデザインが美しい（　　）、着心地もいい。

1　あまりに　　2　ばかりに　　3　せいで　　4　上に

2 彼女のためなら、仕事を（　　）でも助けに行く。

1　休む　　2　休んで　　3　休ませる　　4　休ませて

3 不安（　　）あまり、彼女は手が震えていた。

1　が　　2　で　　3　の　　4　に

4 毎朝私が朝食にパンを食べるのはなぜかと（　　）、準備が簡単だからです。

1　すると　　2　して　　3　いうと　　4　いって

5 雨音は太鼓の（　　）激しく、全く止む様子がない。

1　ごとく　　2　みたいに　　3　くらい　　4　ほど

6 高橋「退院おめでとうございます。もうすっかり治ったんですか。」
山岸「はい、手術の痕は（　　）、無事治って退院することができました。」

1　ついでに　　2　としても　　3　問わず　　4　ともかくとして

7 夫「友達が来るからといって、そんなに隅々まで掃除しなくてもいいんじゃない？」
妻「部屋が（　　）ことには、人を家には呼べないでしょう？」

1　きれいじゃない　　2　きれいだ　　3　きれいで　　4　きれいな

8 飯島「これはいいカメラですね。」
加藤「はい、古いモデル（　　）、今でもプロの写真家に愛用されています。」

1　といえば　　2　ながらも　　3　にとって　　4　わりに

問題3　文法（文の組み立て Sentence composition）

次の文の＿★＿に入る最もよいものを、1・2・3・4から一つ選びなさい。

1　ケンさんが毎日＿＿＿　＿＿＿　＿★＿　＿＿＿のに役立つからです。

1　整理する　　2　自分の考えを

3　なぜかというと　　4　日記をつけるのは

2　彼の＿＿＿　＿＿＿　＿★＿　＿＿＿ので、誰にも曲げられない。

1　ごとく　　2　固い　　3　鉄の　　4　意志は

3　緊張＿＿＿　＿＿＿　＿★＿　＿＿＿彼は言葉に詰まってしまった。

1　大事な　　2　あまり

3　の　　4　プレゼンテーションで

4　この教授は＿＿＿　＿＿＿　＿★＿　＿＿＿だ。

1　まだ若い　　2　研究者　　3　ながらも　　4　非常に優秀な

5　この病院は＿＿＿　＿＿＿　＿★＿　＿＿＿とても心地よい。

1　待ち時間の長さは　　2　スタッフの

3　丁寧な対応が　　4　ともかくとして

6　私は子どもたちの＿＿＿　＿＿＿　＿★＿　＿＿＿を受けさせる。

1　最高の教育　　2　生活費　　3　を削ってでも　　4　将来のため

7　町田「鈴木さん、あのプロジェクトの準備をもう始めましょうか。」

鈴木「いや、＿＿＿　＿＿＿　＿★＿　＿＿＿勝手に始められないよ。」

1　下りない　　2　承認が　　3　社長の　　4　ことには

8　客　「これがおすすめの本ですか。」

店員「はい、この本は子どもにも＿＿＿　＿＿＿　＿★＿　＿＿＿が満載です。」

1　上に　　2　最新の　　3　わかりやすい　　4　情報

問題4　聴解（ポイント理解 Point comprehension）

まず質問を聞いてください。そのあと、問題用紙のせんたくしを読んでください。読む時間があります。それから話を聞いて、問題用紙の1から4の中から、最もよいものを一つ選んでください。

N2-109

1　文法
2　読解
3　聴解
4　記述問題

問題5　聴解（即時応答 Quick response）

まず文を聞いてください。それから、それに対する返事を聞いて、1から3の中から、最もよいものを一つ選んでください。

1	N2-110	1	2	3
2	N2-111	1	2	3
3	N2-112	1	2	3
4	N2-113	1	2	3
5	N2-114	1	2	3
6	N2-115	1	2	3
7	N2-116	1	2	3
8	N2-117	1	2	3

第14課

単語

文法の練習に出てくる難しい単語の意味を確認しましょう。

名詞

□ 居心地	(degree of) comfort	心情，感觉	cảm giác ở
□ 言葉遣い	manner of speaking	措辞	cách dùng từ
□ シーフード	seafood	海鲜	hải sản
□ 締め切り	deadline	截止日期	hạn chót
□ 絶品	superb food, item, etc.	绝佳物品	tuyệt phẩm
□ 達成感	sense of accomplishment	成就感	cảm giác đạt được thành quả
□ 他人	others	别人	người khác
□ 二次会	after-party	二次宴会	tăng hai (buổi ăn uống sau một bữa tiệc chính thức)
□ バイオリン	violin	小提琴	đàn violin
□ 宝石	jewels	宝石	đá quý
□ 源	source	源泉	nguồn
□ 無罪	innocent	无罪	vô tội

な形容詞

□ 綿密な	thorough	缜密的	tỉ mỉ, chi tiết
□ 流暢な	fluent	流利的	lưu loát, trôi chảy

動詞

□ 覚悟（する）	being mentally prepared; be mentally prepared	觉悟；有…的觉悟	sự sẵn sàng, sẵn sàng tâm lý
□ ちりばめる	stud with (jewels)	分布	gắn khắp nơi, rải đầy

105 ばかりか

＿＿＿月＿＿＿日

例文

1 彼は日本語が話せる**ばかりか**、中国語も流暢に話すことができる。
2 この地域は自然が豊かな**ばかりでなく**、歴史的な建物も多い。
3 彼はピアノ**ばかりか**、バイオリンまで弾くことができる。

使い方

普
*なA な／である
*N だ／である
＋ ばかりか／ばかりでなく

「AばかりかB」「AばかりでなくB」の形で、Aだけでなく、さらにBも加わるということを表す。「ばかりか」を使う場合は、Bに意志を表す文や命令など人に働きかける文は入らない。

Used in the patterns AばかりかB and AばかりでなくB, this expresses "not only A, but also B." When ばかりか is used, B cannot take volitional statements, commands, or other clauses that urge a person to do something. ／「AばかりかB」「AばかりでなくB」这个形式表示不仅仅是A，而且B。使用「ばかりか」时，B这里不能用表示想法或命令等作用于人的句子。／Mẫu câu "AばかりかB", "AばかりでなくB" diễn tả việc không chỉ A mà còn thêm cả B. Trường hợp sử dụng "ばかりか" thì B không có câu diễn tả ý chỉ hay thúc đẩy người khác làm như mệnh lệnh v.v.

確認しよう

正しいほうを選びなさい。

1. 彼女は時間通りに来ないばかりでなく、（ 忘れ物も多い ・ 締め切りはきちんと守る ）。
2. 彼は僕の結婚式の披露宴ばかりか、二次会にも（ 参加したいです ・ 参加してくれた ）。

書いてみよう

＿＿＿＿＿に言葉を入れて、文を完成させなさい。

1. このレストランは味が＿＿＿＿＿＿＿＿＿＿ばかりか、サービスも気持ちいい。
2. 彼女は本をよく＿＿＿＿＿＿＿＿＿＿＿＿ばかりでなく、自分でも小説を書いている。
3. 彼は＿＿＿＿＿＿＿＿＿＿ばかりか、＿＿＿＿＿＿＿＿＿＿まで飼っている。
4. この図書館は本が豊富なばかりか、＿＿＿＿＿＿＿＿＿＿＿＿＿＿＿＿＿＿＿＿。
5. この学校は大学進学率が高いばかりでなく、＿＿＿＿＿＿＿＿＿＿＿＿＿＿＿＿。
6. このスマートフォンは＿＿＿＿＿＿＿＿＿＿ばかりか、＿＿＿＿＿＿＿＿＿＿＿＿。
7. 兄は＿＿＿＿＿＿＿＿＿＿＿ばかりか、＿＿＿＿＿＿＿＿＿＿＿ので、健康が心配だ。
8. ＿＿＿＿＿＿＿＿＿＿＿＿＿ばかりでなく、＿＿＿＿＿＿＿＿＿＿＿＿＿＿＿＿。

106 だけに

月　　日

例文

[1] その服は王様が着ていただけに、宝石がちりばめられたぜいたくなものだ。
[2] 有名店だけあって、この店のラーメンはおいしかった。
[3] 彼女の歌声は素晴らしい。大会で賞をとっただけのことはある。

使い方

普 / *なAな / *Nだ ＋ だけに / だけあって / だけのことはある

「AだけにB」「AだけあってB」で、Aにふさわしく Bだという意味を表す([1] [2])。「～だけのことはある」は、～にふさわしい価値があると述べる時に使う([3])。

Used in the patterns AだけにB and AだけあってB, this expresses that a certain situation or outcome (B) is to be expected of A ([1] [2]). ～だけのことはある expresses that something has value befitting ～ ([3]). ／「AだけにB」「AだけあってB」表示B非常符合A的情况([1] [2])。「～だけのことはある」表示毕竟是有与～相符的价值存在([3])。／ Mẫu câu "AだけにB", "AだけあってB" diễn tả ý B phù hợp với A, như câu ([1] [2]). "～だけのことはある" được sử dụng khi trình bày có rằng giá trị phù hợp với ~, như câu ([3]).

確認しよう

正しいほうを選びなさい。

1．高いだけに、このスピーカーは音が（　いい　・　悪い　）。
2．彼は（　とても優しい　・　性格が悪い　）。あの素敵な女性が結婚した人だけのことはある。

書いてみよう

＿＿＿＿に言葉を入れて、文を完成させなさい。

1．彼女は有名大学を＿＿＿＿＿＿＿＿だけのことはあって、知識が豊富だ。

2．このカメラは写真の品質が非常にいい。＿＿＿＿＿＿＿＿だけのことはある。

3．＿＿＿＿＿＿＿＿だけあって、娘はだんだん大人っぽくなってきた。

4．彼はＩＴ業界での経験が＿＿＿＿＿＿＿＿だけに、最新技術についての理解がとても深い。

5．この店のシーフードは絶品だ。海に＿＿＿＿＿＿＿＿だけのことはある。

6．＿＿＿＿＿＿＿＿だけあって、彼女はフランス語がよく話せる。

7．彼は何年も＿＿＿＿＿＿＿＿だけに、テニスが＿＿＿＿＿＿＿＿。

8．＿＿＿＿＿＿＿＿だけあって、＿＿＿＿＿＿＿＿。

107 ことだ

＿＿＿月＿＿＿日

例文

1 合格したいなら毎日こつこつと勉強する**ことだ**。
2 体調が悪いときは、無理をしない**ことだ**。
3 お世話になった人には、感謝の気持ちを言葉で伝える**ことだ**。

使い方

Vる / Vない ＋ ことだ

～したほうがいい、～するべきだ、などと助言や忠告をする時の表現。
Meaning "You should ～," this is used to recommend or caution someone to do something. ／表示做某事比较好，应该做某事等，在给别人提建议或者劝说人的时候使用。／Đây là cách diễn đạt khi khuyên răn, nhắc nhở rằng nên làm ~, phải làm ~.

確認しよう

正しいほうを選びなさい。

1. 個人情報はＳＮＳに（　書き込んだ　・　書き込まない　）ことだ。
2. 昼になる前におなかが空いてしまうなら、朝ご飯を（　たくさん食べる　・　あまり食べない　）ことだ。

書いてみよう

＿＿＿＿＿に言葉を入れて、文を完成させなさい。

1. 質問があれば、恥ずかしがらずに先生に＿＿＿＿＿＿＿＿ことだ。
2. 秘密を守りたいなら、親友にもそれを＿＿＿＿＿＿＿＿ことだ。
3. 何か新しいことを始めたいと思ったら、怖がらないで＿＿＿＿＿＿＿＿ことだ。
4. 遅刻しそうなときは、＿＿＿＿＿＿＿＿ことだ。
5. 大切な会議がある場合は、＿＿＿＿＿＿＿＿ことだ。
6. ＿＿＿＿＿＿＿＿を治したいなら、＿＿＿＿＿＿＿＿ことだ。
7. 恋人がほしいなら、＿＿＿＿＿＿＿＿ことだ。
8. ＿＿＿＿＿＿＿＿なら、＿＿＿＿＿＿＿＿ことだ。

108 つつ

月　　日

例文

1 星空を眺めつつ、友達と語り合った。
2 彼はサラリーマンとして働きつつ、小説を書いている。
3 息子は口では宿題が忙しいと言いつつも、休みの間ずっとゲームをしていた。

使い方

① V~~ます~~ ＋ つつ
② V~~ます~~ ＋ つつも / つつ

①「～ながら」という意味で、同時に２つを行う、または２つの役割を果たしていることを表す（1 2）。②「ながらも(p.188)」と同じように逆接を表す（3）。「つつ(も)」のほうが固い表現。前件と後件の主語は同じ。

① Used with the same meaning as ながら, this expresses that two things occur simultaneously or that two roles/functions are performed simultaneously (1 2). ② つつ（も）expresses contrast in the same way as ながらも (p. 188), but is stiffer (3). The parts preceding and following it share the same subject. ／①跟「ながら」意思相同，表示同时进行两件事情，同时兼任着两项职责（1 2）。②跟「ながらも（p.188）」相同，都表示转折（3）。「つつ（も）」这个表达更加生硬。前后主语要一致。／① Có nghĩa giống với "ながら", diễn tả việc tiến hành 2 việc cùng một lúc, hoàn thành 2 vai trò, như câu (1 2). ② diễn tả trái ngược, giống với "ながらも(tr.188)" như câu (3). Cách diễn đạt "つつ（も）" thì cứng hơn. Chủ ngữ của vế trước và vế sau là một.

確認しよう

「つつ」の使い方が正しいものには○、間違っているものには×を書きなさい。

1.（　　）ケンさんは日本語を勉強しつつ、アルバイトも頑張っている。
2.（　　）ケンさんは日本語を勉強しつつ、さくらさんはアルバイトを頑張っている。

書いてみよう

＿＿＿＿に言葉を入れて、文を完成させなさい。

1. 彼女はタバコを＿＿＿＿＿＿＿＿つつ、窓の外を眺めている。
2. 彼はアルバイトを＿＿＿＿＿＿＿＿つつ、俳優になるという夢を追いかけている。
3. 彼女のことが気になりつつも、＿＿＿＿＿＿＿＿＿＿＿＿ことができなかった。
4. 音楽を＿＿＿＿＿＿＿＿つつ、お酒を飲む時間が彼の幸せだ。
5. 喜ぶ母の顔を＿＿＿＿＿＿＿＿つつ、プレゼントを選んだ。
6. 何かが間違っていると感じつつも、それを変える勇気を持つことが＿＿＿＿＿＿＿＿＿＿。
7. ＿＿＿＿＿＿＿＿＿＿つつ、＿＿＿＿＿＿＿＿＿＿＿＿ときが一番リラックスできる。
8. ＿＿＿＿＿＿＿＿＿＿＿＿つつ、＿＿＿＿＿＿＿＿＿＿＿＿＿＿＿＿。

109 てはならない

月　　日

例文

[1] 映画館に飲食物を持ち込んではならない。
[2] 誰かの秘密を他人に話してはならない。
[3] 森の中で火のついたままのタバコを決して捨ててはなりません。

使い方

Vて ＋ はならない

「てはいけない」と同じように、禁止事項を述べるのに使う。ルール、法律、一般論を述べるのに使われ、直接聞き手に対して使うことは少ない。「決して」と一緒によく使われる（[3]）。

As with てはいけない, this is used to express a prohibition. It is used to state to rules, laws, norms, etc., and is rarely used to directly prohibit the listener from doing something. It is often paired with 決して ([3]). ／与「てはいけない」相同，用在阐述禁止事项时。一般用于阐述规则、法律、一般论的情况，而不直接对着对方说。往往跟「決して」一起使用（[3]）。／Sử dụng khi trình bày điều cấm, giống với "てはいけない". Được sử dụng để trình bày quy tắc, pháp luật, lý luận thông thường. Ít sử dụng trực tiếp với người nghe. Thường được sử dụng với "決して", như câu ([3]).

確認しよう

正しいほうを選びなさい。

1．決して待ち合わせに遅刻（　してはならない　・　してもいい　）。
2．環境を守るため、川にゴミを（　捨てる　・　捨てて　）はならない。

書いてみよう

＿＿＿＿＿に言葉を入れて、文を完成させなさい。

1．他人の物を勝手に＿＿＿＿＿＿＿＿＿＿はならない。
2．宿題を他の人に＿＿＿＿＿＿＿＿＿＿はならない。
3．テスト中に＿＿＿＿＿＿＿＿＿＿＿＿＿＿＿＿はならない。
4．安全のため、＿＿＿＿＿＿＿＿＿＿＿＿＿＿＿はならない。
5．図書館で＿＿＿＿＿＿＿＿＿＿たり、＿＿＿＿＿＿＿＿＿＿＿＿はなりません。
6．＿＿＿＿＿＿＿＿＿ので、パスワードを決して他人に＿＿＿＿＿＿＿＿＿はならない。
7．＿＿＿＿＿＿＿＿＿＿＿＿＿たら、＿＿＿＿＿＿＿＿＿＿＿＿はなりません。
8．＿＿＿＿＿＿＿＿＿＿＿＿＿＿＿＿＿＿＿＿＿＿＿＿＿＿＿＿＿はならない。

110 こそ

＿＿＿＿月＿＿＿＿日

例文

1 こちらこそどうぞよろしくお願いします。
2 家族の笑顔を見ることこそ、私の元気の源だ。
3 課題が難しいからこそ、解決したときの達成感がある。

使い方

① N ＋ こそ
② 普 ＋ からこそ

①前の言葉を強調する時に使い、～が絶対、～のほうがもっと、などの意味を表す（1 2）。②～が第一の理由だ、～以外の理由はない、など理由を強調する時に使う（3）。

① This means "absolutely ～," "～ is greater," etc. and is used to emphasize the word preceding it (1 2). ② This emphasizes a reason by expressing that it is the supreme or sole reason for something (3). ／ ①用在强调前面的语句上，表示绝对是～或最是～正是～的意思（1 2）。②表示不是别的，正是～这个理由，在强调理由时使用（3）。／① Sử dụng khi nhấn mạnh từ phía trước, diễn tả ý nghĩa ～ là nhất định, ～ thì hơn cả, như câu (1 2). ② Sử dụng khi nhất mạnh lý do, rằng ～ là lý do đầu tiên, không có lý do nào khác ngoài ～ v.v. như câu (3).

確認しよう

「こそ」の使い方が正しいものには○、間違っているものには×を書きなさい。

1.（　　　）綿密な計画こそ、イベントは成功した。
2.（　　　）綿密な計画があったからこそ、イベントは成功した。

書いてみよう

＿＿＿＿＿に言葉を入れて、文を完成させなさい。

1. リン「じゃあ、エリさん、さようなら。国でも元気に過ごしてね。」

   エリ「リンさんこそ、＿＿＿＿＿＿＿＿＿＿＿＿＿＿＿。」

2. 文法が苦手な＿＿＿＿＿＿＿＿＿＿＿＿こそ、この本で勉強するべきだ。
3. 彼女は常に＿＿＿＿＿＿＿＿＿＿＿＿からこそ、多くの友人に信頼されている。
4. 彼は経験が＿＿＿＿＿＿＿＿＿＿＿＿からこそ、逆に新鮮なアイディアを出すことができる。
5. ケンさんは毎日まじめに＿＿＿＿＿＿＿＿＿＿＿＿からこそ、いい成績を収められるのだ。
6. ＿＿＿＿＿＿＿＿＿＿＿＿＿＿＿＿＿＿こそ、私が日本に関心を持ったきっかけだ。
7. ＿＿＿＿＿＿＿＿＿＿＿＿＿＿からこそ、＿＿＿＿＿＿＿＿＿＿＿＿＿＿。

111 からには／以上は

＿＿＿月＿＿＿日

例文

1 自分が無罪であるからには、人から何を言われても気にすることはない。
2 約束をしたからには、必ず守らなければならない。
3 私がクラスのリーダーである以上は、みんなにとって居心地のいいクラスにしたいです。

使い方

普
*なAである
*Nである
＋ からには／以上は

「Aからには／以上はB」の形で、Aなのだから、当然Bという意味を表す。Bには判断（1）、義務（2）、希望（3）などの内容が入る。

Used in the patterns AからにはB and A以上はB, this expresses that B is natural or obvious because of A. B takes an expression of judgment (1), duty (2), hope (3), etc. ／「AからにはB」「A以上はB」表示既然是A，那B也是理所当然的。B这里一般是表示判断（1）、义务（2）、愿望（3）等的句子。／Mẫu câu "AからにはB", "A以上はB" diễn tả ý vì A nên đương nhiên B. B có nội dung phán đoán như câu (1), nghĩa vụ như câu (2), mong muốn như câu (3) v.v.

確認しよう

正しいほうを選びなさい。

1．恋人が（　できて　・　できた　）からには、大切にしたいと思う。
2．友達が困っていることを知った以上は、（　無視はできない　・　かわいそうだと思った　）。

書いてみよう

＿＿＿＿＿に言葉を入れて、文を完成させなさい。

1．スピーチ大会に＿＿＿＿＿＿＿＿からには、優勝したいです。
2．ペットを＿＿＿＿＿＿＿＿以上は、一生大切にするという覚悟が必要だ。
3．お金を＿＿＿＿＿＿＿＿からには、絶対に返さなければならない。
4．＿＿＿＿＿＿＿＿以上は、子どもっぽい言葉遣いを直したいと思う。
5．この仕事を引き受けたからには、＿＿＿＿＿＿＿＿。
6．日本に行くからには、＿＿＿＿＿＿＿＿。
7．＿＿＿＿＿＿＿＿からには、＿＿＿＿＿＿＿＿。
8．＿＿＿＿＿＿＿＿以上は、＿＿＿＿＿＿＿＿。

112 くらい

______月______日

例文

[1] 5分の遅刻くらいなら、許してもらえるだろう。
[2] 小テストに不合格になったくらいで、そんなに落ち込まないでよ。
[3] 道で知っている先生に会ったら、挨拶ぐらいするものだ。

使い方

普 / *なA な / *N ~~だ~~ ＋ くらい / ぐらい

～は大したことのないものだ（[1] [2]）、～は最低限のものだ（[3]）ということを表現する。

This expresses that something is trifling or insignificant([1] [2]), or is the minimum required/expected ([3]). ／表示不是什么大不了的事情（[1] [2]），表示最基本的事情（[3]）。／Diễn tả việc ~ là không có gì to tát như câu ([1] [2]), hoặc ~ là tối thiểu như câu ([3]).

確認しよう

正しいほうを選びなさい。

1. そんな（　ミス　・　ミスの　）くらい、気にしなくていい。
2. 計算は苦手だけれど、小学生の問題ぐらい（　解ける　・　解けない　）よ。

書いてみよう

＿＿＿＿＿に言葉を入れて、文を完成させなさい。

1. ＿＿＿＿＿＿＿＿＿＿くらいで、試合が中止になるわけがない。
2. 帰りが遅くなるときは、＿＿＿＿＿＿＿＿＿＿ぐらいしなさいと母に叱られた。
3. 一回＿＿＿＿＿＿＿＿＿＿くらいで、そんなに怒らないでくださいよ。
4. 食欲がなくても、＿＿＿＿＿＿＿＿＿＿ぐらい飲まないと、体を壊すよ。
5. 天気もいいし、体の調子もいいし、3kmくらい＿＿＿＿＿＿＿＿＿＿。
6. 今時、英語ぐらい誰でもしゃべれるんだから、＿＿＿＿＿＿＿＿＿＿。
7. お祝いだし、＿＿＿＿＿＿円くらいなら、＿＿＿＿＿＿＿＿＿＿。
8. ＿＿＿＿＿＿＿＿＿＿くらい＿＿＿＿＿＿＿＿＿＿。

まとめの練習

＿＿＿月＿＿＿日

問題1　読解（内容理解 - 短文　Comprehension - Short passages）

次の(1)と(2)の文章を読んで、後の問いに対する答えとして最もよいものを、1・2・3・4から一つ選びなさい。

(1)

これはケンさんが日本語学校の先生に送ったメールである。

宛　先　：yamashita.nihongo-go-go@xxxxx.net
送信日時：20XX年10月31日　16:00
件　名　：志望校について

山下先生

先日は受験する大学について相談に乗ってくださり、ありがとうございました。
これまで第一志望の大学を受験することしか考えていませんでしたが、最低でも3校は受験することだという先生のアドバイスにしたがい、いくつか追加の候補を選択しました。
関東の大学だけではなく、関西や東北の大学も考えることにしました。
添付したリストをご確認いただけますでしょうか。

どれも建築の世界では有名な大学だけに、合格するのは決して簡単ではないと思いますが、建築を学ぶために来日したからには、絶対に希望の大学に入りたいです。

先日山下先生が言ってくださった「そう簡単に夢をあきらめてはならない」という言葉を胸に、頑張ります。
ご指導どうぞよろしくお願いいたします。

ケン　ジョンソン

1　どうしてケンさんは追加の候補の大学を選びましたか。

1　山下先生に大学のレベルを下げて探すべきだと言われたから
2　関東にある大学に行きたいから
3　第一志望の大学は難しすぎるから
4　山下先生に1校に絞るべきではないと言われたから

(2)

これは日本語学校の先生がケンさんに返したメールである。

宛　先　：kenken_j@xxxxx.com
送信日時：20XX年10月31日　18:00
件　名　：Re: 志望校について

ケンさん

リストを確認しました。
どの大学も有名でレベルが高いですが、ケンさんは目標も明確に持っているし、このまま勉強を続けてしっかりと受験の準備をすれば、合格の可能性は十分にあると思います。

まずは漢字を復習し**つつ**、長く難しい文章を読む練習をしてください。
新聞記事**ぐらい**は辞書がなくても読めるようになる必要があります。
また、大学の試験には小論文があるので、読む練習**ばかりでなく**、書く練習も始めなければなりませんね。

少しずつ出願に向けて準備を進めていきましょう。
難しい**からこそ**、やりがいがあるのだと考えて、頑張りましょう！

山下

1　山下先生はケンさんの選んだ大学についてどう考えているか。

1　ケンさんならばどの大学も余裕をもって合格できる。
2　Ｎ２さえ取っていれば合格できるレベルなのでケンさんは大丈夫だ。
3　難しい大学だが、頑張ればケンさんにもチャンスがある。
4　難しいのでケンさんには合格できないだろう。

問題2　文法（文法形式の判断 Selecting grammar form）

次の文の（　　）に入れるのに最もよいものを、1・2・3・4から一つ選びなさい。

1 リンカーン（　　）、私の尊敬する人物である。

1　こそ　　2　なら　　3　では　　4　さえ

2 この先生は経験が長い（　　）、子どもの扱いがうまいので安心して娘を預けられる。

1　ばかりに　　2　といっても　　3　からといって　　4　だけに

3 仕事が休みの日（　　）、外出しないで家でゆっくりしてはどうでしょうか。

1　だらけ　　2　どころ　　3　みたい　　4　くらい

4 彼はビジネスマンとして成功している（　　）、芸術家としても評価されている。

1　つつ　　2　ばかりでなく　　3　たびに　　4　間に

5 会議中に（　　）はならない。

1　眠った　　2　眠り　　3　眠って　　4　眠る

6 ケント「どうにかしてモモちゃんと友達になれないかなあ……。」
ツヨシ「彼女と友達になりたいなら、まずは毎日挨拶をする（　　）だね。」

1　とき　　2　こと　　3　ところ　　4　もの

7 メイ　「夕飯の後はいつも何をしていますか。」
ジャン「音楽を（　　）、本を読んでいます。」

1　聞きつつ　　2　聞くうちに
3　聞くにしたがって　　4　聞くにともなって

8 先生「ついに明日はJLPTの本番ですね。」
学生「はい、試験を受ける（　　）、絶対に合格したいです。」

1　ものだから　　2　だけあって　　3　からには　　4　ことから

問題3　文法（文の組み立て Sentence composition）

次の文の＿★＿に入る最もよいものを、1・2・3・4から一つ選びなさい。

1 教師として子どもに ＿＿ ＿＿ ＿★＿ ＿＿ とることが求められる。

1　からには　　2　必要がある
3　手本を示す　　4　常に正しい行動を

2 学生時代の ＿＿ ＿＿ ＿★＿ ＿＿ こともできていない。

1　と思いつつ　　2　連絡を取る
3　友達に会いたい　　4　日々の生活が忙しくて

3 友達がいなくて ＿＿ ＿＿ ＿★＿ ＿＿ 時間が持てたのだと思います。

1　自分自身と　　2　孤独だった　　3　向き合う　　4　からこそ

4 彼は20年以上も料理人 ＿＿ ＿＿ ＿★＿ ＿＿ 見事に作り上げる。

1　働いている　　2　として
3　だけのことはあって　　4　どんな料理も

5 その映画はエンターテイメントとして ＿＿ ＿＿ ＿★＿ ＿＿ いる。

1　ばかりか　　2　深いメッセージも
3　楽しめる　　4　含んで

6 自分たちの便利な生活が、誰かによって ＿＿ ＿＿ ＿★＿ ＿＿ と思う。

1　ということを　　2　忘れてはならない
3　支えられている　　4　決して

7 息子「ああ、背が高くならないかなあ……。」
父親「背を ＿＿ ＿＿ ＿★＿ ＿＿ ね。」

1　栄養を十分に取って　　2　ことだ
3　よく眠る　　4　高くしたいなら

8 後輩「先輩、お手伝いしますよ。」
先輩「＿＿ ＿＿ ＿★＿ ＿＿ 別の仕事を始めていてください。」

1　一人でできるから　　2　くらい
3　こんな　　4　仕事

問題4　聴解（課題理解 Task-based comprehension）

まず質問を聞いてください。それから話を聞いて、問題用紙の1から4の中から、最もよいものを一つ選んでください。

♪ N2-118

1　布団に入る

2　ラジオを聞く

3　体を動かす

4　シャワーを浴びる

問題5　聴解（即時応答 Quick response）

まず文を聞いてください。それから、それに対する返事を聞いて、1から3の中から、最もよいものを一つ選んでください。

1	♪ N2-119	1	2	3
2	♪ N2-120	1	2	3
3	♪ N2-121	1	2	3
4	♪ N2-122	1	2	3
5	♪ N2-123	1	2	3
6	♪ N2-124	1	2	3
7	♪ N2-125	1	2	3
8	♪ N2-126	1	2	3

第15課

単語

文法の練習に出てくる難しい単語の意味を確認しましょう。

名詞

□ 観点	perspective	观点	quan điểm, cách nhìn
□ 機種	model	（电子产品）型号	loại máy
□ 修士	master's	硕士	thạc sỹ
□ 出生率	birthrate	出生率	tỉ lệ sinh
□ ブーム	boom	潮流	sự bùng nổ, trào lưu
□ 不正	impropriety	不正当行为	sự gian dối, gian lận
□ 方針	course of action	方针	phương châm
□ 本音	one's true feelings	心里真正想的	suy nghĩ thật, thật lòng
□ 真心	sincerity	真心	chân thành
□ 虫歯	cavity	虫牙	răng sâu
□ ユーザー	user	用户	người dùng
□ 理想	ideal	理想	lý tưởng

な形容詞

□ 形式的な	as a formality, just for show	形式上的	mang tính hình thức, chiếu lệ
□ 適度な	moderate	适当的	vừa phải
□ 理不尽な	absurd	不讲理的	vô lý

動詞

□ 引用（する）	quotation; quote	引用	sự trích dẫn, trích dẫn
□ 書き上げる	finish writing	写完	viết xong
□ 獲得（する）	capturing; capture	取得	sự đạt được, đạt được
□ 敵う	be a match for	匹敌	đấu
□ 裁判（する）	trial; take to court	法庭；打官司	sự phán xử, ra tòa
□ 実感（する）	real feeling; really feel	实际体会	sự cảm nhận thật sự, cảm nhận thật
□ 謝罪（する）	apology; apologize	道歉	sự xin lỗi, tạ lỗi
□ 説得（する）	persuasion; persuade	说服	sự thuyết phục, thuyết phục
□ 治療（する）	treatment; treat	治疗	sự điều trị, điều trị
□ 就く	get (a job)	就业	làm việc

その他

□ ～剤	~ supplement, ~ drug, ~ agent	～剂	chất ~

113 からいうと

　　月　　日

例文

1 味からいうと、このレストランが一番おいしいと思います。
2 医者としての立場からいって、栄養剤に頼りすぎることは勧められない。
3 彼女の性格からいえば、僕が誕生日を忘れたことを簡単には許してはくれないだろう。

使い方

N ＋ からいうと／からいって／からいえば

「AからいうとB」の形で、Aの視点で言うとBであると述べる表現。Bには話し手の評価や意見が入る。「からすると／からすれば（p.35）」と同じように使う。

Used in the pattern AからいうとB, this expresses that something is B in terms of A, or from the perspective of A. B takes an expression of the speaker's appraisal or opinion. It is used in the same way as からすると／からすれば (p. 35). ／「AからいうとB」这个形式表示站在A的角度来看的话，可以得出B这个结论。B这里是说话人的评价或意见。用法跟「からすると／からすれば（p.35）」相同。／Mẫu câu "AからいうとB" là cách diễn đạt trình bày ở cách nhìn, quan điểm A thì B. B có đánh giá, ý kiến của người nói. Sử dụng giống với "からすると／からすれば (tr.35)".

確認しよう

正しいほうを選びなさい。

1．彼女の性格（　を　・　から　）いうと、このような不正を許すはずがない。
2．使いやすさからいえば、（　こちらの機種がおすすめです　・　こちらの機種を買います　）。

書いてみよう

＿＿＿＿に言葉を入れて、文を完成させなさい。

1．＿＿＿＿＿＿からいうと、彼女はもう高齢者だが、足腰も強く、とても健康だ。
2．＿＿＿＿＿＿からいって、車より電車やバスのほうが安くて経済的だ。
3．ユーザーとしての＿＿＿＿＿＿からいうと、このサービスは内容がわかりにくい。
4．＿＿＿＿＿＿＿＿＿＿からいって、先輩にはかなわない。
5．品質からいうと、このブランドの製品は＿＿＿＿＿＿＿＿＿＿＿＿＿＿。
6．子育てのしやすさからいえば、＿＿＿＿＿＿＿＿＿＿＿＿＿＿。
7．環境保護の観点からいえば、＿＿＿＿＿＿＿＿＿＿＿＿＿＿。
8．＿＿＿＿＿＿＿＿＿＿からいうと、＿＿＿＿＿＿＿＿＿＿＿＿。

114 をぬきにして

____月____日

例文

1 難しい話をぬきにして、今日は一緒に楽しく食事をしましょう。
2 冗談ぬきのあなたの本音を教えてください。
3 今後の日本の発展は、出生率の改善ぬきにしては考えられないだろう。

使い方

N ＋ (を)ぬきにして
(を)ぬきに
(を)ぬきで
(を)ぬきにした N
ぬきの N

～を入れないで、～がない状態でという意味を表す(1 2)。また、「AをぬきにBない」で、AがなければBないということを表す(3)。

This means "setting aside ～" or "without ～" (1 2). Used in the pattern AをぬきにBない, it conveys that B cannot occur without A (3). ／表示在没有～的状态下进行某事 (1 2)。另外,「AをぬきにBない」这个形式表示如果不做A就很难进行B (3)。／Diễn tả ý không cho ~ vào, trong tình trạng không có ~ như câu (1 2). Ngoài ra, "AをぬきにBない" diễn tả việc nếu không có A thì không có B, như câu (3).

確認しよう

正しいほうを選びなさい。

1．テーマへの関心（ に ・ を ）ぬきにして、修士論文を書き上げることはできないだろう。
2．精神科医は個人的な感情をぬきに（ 患者の話を聞か ・ 自分の気持ちを伝え ）なければならない。

書いてみよう

________に言葉を入れて、文を完成させなさい。

1．家族からの________________をぬきにして、ここまで頑張ることはできなかっただろう。
2．社長の________________をぬきで方針を決めるわけにはいかない。
3．彼女の________________をぬきにしては、この複雑な問題を解決するのは不可能です。
4．私は________________ぬきのお寿司はおいしくないと思う。
5．本当にできるかどうかをぬきにした________________を教えてください。
6．まずは費用をぬきに、________________________________。
7．教授の指導ぬきで、________________________________。
8．________________ぬきに、________________________________。

115 にすぎない

＿＿＿月＿＿＿日

例文

1 ただのうわさ話**にすぎない**ので、あまり真剣に聞かないでくださいね。
2 日本に留学したといっても、１か月ホームステイした**にすぎません**。
3 彼はただ形式的に謝罪した**にすぎず**、真心からのものではなかった。

使い方

普
*なAである
*Nだ／である
＋ にすぎない

すごいことや偉いことではなく、程度が低いということを表す。
This expresses the opinion that something is nothing more than ～.／只不过是～。表示程度低，不是什么很厉害或很了不起的事情。／Diễn tả việc không phải tuyệt vời hay to tát, mà chỉ ở mức độ thấp.

確認しよう

正しいほうを選びなさい。

1．彼は先生にレポートを褒められたが、他人の言葉を引用した（ に ・ を ）すぎない。
2．最近みんなそのゲームをしているが、（ 一時的な流行 ・ 世界的な大ブーム ）にすぎないと思う。

書いてみよう

＿＿＿＿＿に言葉を入れて、文を完成させなさい。

1．熱があるけど、ただの＿＿＿＿＿＿＿＿にすぎないからゆっくりしていれば治るでしょう。
2．朝ご飯を食べたといっても＿＿＿＿＿＿＿＿にすぎません。
3．この試合に勝てたのは＿＿＿＿＿＿＿＿にすぎず、私たちが強かったのではない。
4．お礼なんていりません。私は＿＿＿＿＿＿＿＿にすぎないのですから。
5．あの男は人より＿＿＿＿＿＿＿＿にすぎず、中身は空っぽのつまらないやつだ。
6．私は＿＿＿＿＿＿＿＿にすぎないけれど、社会のためにできることをしたいと思う。
7．彼のコメントは個人的な意見にすぎず、＿＿＿＿＿＿＿＿。
8．＿＿＿＿＿＿＿＿といっても、＿＿＿＿＿＿＿＿にすぎない。

116 末に

月　　日

例文

1 迷った末に高額なパソコンを買うことにした。
2 議論の末にチームとしての結論を出しました。
3 長い就職活動の末、理想の仕事に就くことができました。

使い方

Vた / Nの ＋ 末に / 末 / 末の N

「A末にB」という形で、Aという大変なことをした後で、Bという結果になったということを表す。Aには長い時間のかかることが入る。

Used in the pattern A末にB, this expresses that B is the outcome of A, a challenging experience that took a long time to complete. ／「A末にB」这个形式表示经历过A这件很不容易的事情后，得出了结果B。A这里是需要花很长时间的事情。／Mẫu câu "A末にB" diễn tả sau khi làm một việc vất vả là A thì có kết quả là B. A có nội dung là một việc mất thời gian dài.

確認しよう

正しいほうを選びなさい。

1. 両親と（　話し合った　・　話し合う　）末に、進路を決めました。
2. これは、よく（　考えて　・　考えた　）末の結論です。

書いてみよう

＿＿＿＿に言葉を入れて、文を完成させなさい。

1. 何年もの＿＿＿＿＿＿＿＿の末に、彼はオリンピックでメダルを獲得しました。
2. 彼は家族と＿＿＿＿＿＿＿＿末に、海外転勤を受け入れる決心をした。
3. あの２人は＿＿＿＿＿＿＿＿の末に、裁判にまで発展した。
4. 多くのウェディングドレスを＿＿＿＿＿＿＿＿末、彼女はやっと一着に決めました。
5. 多くの失敗を経験した末に、＿＿＿＿＿＿＿＿＿＿＿＿＿＿＿＿。
6. 数か月にわたって研究を続けた末に、＿＿＿＿＿＿＿＿＿＿＿＿＿＿＿＿。
7. 説得の末、＿＿＿＿＿＿＿＿＿＿＿＿＿＿＿＿。
8. ＿＿＿＿＿＿＿＿末に、＿＿＿＿＿＿＿＿＿＿＿＿＿＿＿＿。

117 に越したことはない

____月____日

例文

1 旅行の前は、早めに準備をしておく**に越したことはない**。
2 経験や資格は多い**に越したことはない**。
3 健康である**に越したことはない**が、病気になった場合に備えて保険に入っておくとよい。

使い方

Vる／Vない
いAい／くない
なAな／である／ではない
Nだ／である／ではない

＋ に越したことはない

～であるほうが当然いいという意味を表す。

This means that something is naturally the desirable situation, or it is absolutely better to do a certain action than not do it.／表示应该做某事，做了比不做一定要好很多的意思。／Diễn tả ý ~ là đương nhiên, nhất định nên làm ~ hơn là không làm.

確認しよう

正しいほうを選びなさい。

1．毎日適度な運動をする（ に ・ を ）越したことはない。
2．体のためにはタバコは（ 吸う ・ 吸わない ）に越したことはない。

書いてみよう

＿＿＿＿に言葉を入れて、文を完成させなさい。

1．体調が悪いときは無理をせず＿＿＿＿＿＿＿＿に越したことはない。
2．困ったときには信頼できる人に＿＿＿＿＿＿＿＿に越したことはない。
3．虫歯を治療するなら、＿＿＿＿＿＿＿＿に越したことはない。
4．＿＿＿＿＿＿＿＿に越したことはないが、やむを得ず遅刻する場合は早めに連絡すること。
5．採用するなら、＿＿＿＿＿＿に越したことはないが、未経験でもやる気があれば採用したい。
6．結婚相手は＿＿＿＿＿＿＿に越したことはないが、愛があればお金がなくても大丈夫だ。
7．自然災害に備えて、＿＿＿＿＿＿＿＿＿＿＿＿＿＿に越したことはない。
8．＿＿＿＿＿＿＿＿＿＿＿＿＿＿＿＿＿＿に越したことはない。

118 ものだ

＿＿＿月＿＿＿日

例文

1 よくそんなにたくさん食べられる**ものだ**。
2 若い頃は友人とバイクで遠くまで出かけた**ものだ**。
3 赤ちゃんは泣く**ものです**。うるさいと言って怒るのは理不尽ですよ。

使い方

普
*なA な
*N である
＋ ものだ

人の行動や物の様子を述べ、それに対する話者の驚きや呆れた様子を表す(1)。過去形に接続し、昔の習慣を述べ、懐かしい感情を表す(2)。現在形に接続し、一般的性質や常識を述べる(3)。

This is used to express the speaker's surprise, dismay, etc. regarding the behavior of someone or the condition of something (1). When used with a verb/adjective in the past tense, it conveys the speaker's nostalgia about something they used to do in past (2). When used with a verb/adjective in the present tense, it can also express a general characteristic or common knowledge (3). ／阐述人的行为或事物的状况，针对这样的行为或状况表示吃惊的样子（1）。接在过去式后面，阐述过去的某种习惯，并对此表达一种怀念的情感（2）。接在现在时态的词后面，表示某个一般的性质或常识（3）。／Trình bày hành động của người hay tình trạng của vật, diễn tả sự kinh ngạc, chán nản của người nói với điều đó, như câu (1). Tiếp nối với thì quá khứ, trình bày thói quen khi xưa để diễn tả cảm xúc hoài nhớ, như câu (2). Tiếp nối với thì hiện tại để trình bày tính chất thông thường, thường thức, như câu (3).

確認しよう

正しいほうを選びなさい。

1．僕が子どもの頃は、よくテレビゲームを（　した　・　する　）ものだ。
2．一般的に子どもはよくテレビゲームを（　した　・　する　）ものだ。

書いてみよう

＿＿＿＿＿に言葉を入れて、文を完成させなさい。

1．小学生の頃は毎日外へ＿＿＿＿＿＿＿＿＿＿ものだ。

2．今は家を出なくても買い物ができて、商品を届けてもらえる。＿＿＿＿＿＿＿＿＿＿ものだ。

3．あの子は毎日宿題を忘れてきて、＿＿＿＿＿＿＿＿＿＿ものだ。

4．静かに！ 人の話は静かに＿＿＿＿＿＿＿＿＿＿ものだよ。

5．掃除をするのは＿＿＿＿＿＿＿＿＿＿ものです。

6．将来何が起きるかは＿＿＿＿＿＿＿＿＿＿ものだから、今心配しすぎても仕方がないですよ。

7．＿＿＿＿＿＿＿＿＿＿＿＿＿＿＿＿＿＿＿＿ものだ。

119 得る／得ない

______月______日

例文

1 状況によっては、計画が変更され**得る**。
2 間違いは誰にでも起こり**得る**から、あまり恥ずかしがる必要はない。
3 彼は一日中家にいたのだから、交通事故を起こしたなんてあり**得ない**。

使い方

V~~ます~~ ＋ 得る／得ない

～できる／できない、～の可能性がある／ないという意味を表す。能力的なことを言う時には使わない。辞書形の場合、「うる」「える」の二通りの読み方がある。

This expresses ability/inability or possibility/impossibility, but is not used regarding ability in the sense of competency. There are two readings for the dictionary form: うる and える.／表示可能/不可能，有/没有～的可能性。不用在表示能力的事情上。原形有「うる」「える」两种读法。／Diễn tả ý có thể / không thể làm ~, có / không có khả năng ~. Không sử dụng khi nói về năng lực. Trường hợp thể từ điển thì có hai cách đọc "うる", "える".

確認しよう

正しいほうを選びなさい。

1．地震はいつでも（ 起こり ・ 起こる ）得るということを忘れてはいけない。
2．この人は長い距離を（ 泳ぎ得る ・ 泳ぐことができる ）。

書いてみよう

__________に言葉を入れて、文を完成させなさい。

1．幼い子どもは__________________得ない行動をするので、目を離してはいけない。

2．この薬は副作用を__________________得る。

3．子どものことが心配だという母親の気持ちは、子どものいない私にも______________得る。

4．何の不自由もなく育ったあなたに、私の気持ちなんて____________得ない。

5．____________得るすべての手段を試しましたが、うまくいきませんでした。

6．交差点では_____________________得るから、十分気をつけてください。

7．____________________________得るから、____________________________。

8．____なんてあり得ない。

120 てはじめて

____月____日

例文

1 外国に住んではじめて、自分の国のよさがわかりました。
2 最後まで読んでみてはじめて、この小説のメッセージを理解することができました。
3 病気になってはじめて、健康の大切さが実感できた。

使い方

Vて ＋ はじめて

「AてはじめてB」という形で、Aを経験して、初めてBということがわかったという表現。Bには「わかる」「理解する」「気づく」「感じる」「思う」など、思考に関する表現をよく使う。

Used in the pattern AてはじめてB, this expresses that a certain realization/discovery (B) came only after the speaker experienced A. Expressions of thought such as わかる, 理解する, 気づく, 感じる, or 思う are often used in A. ／「AてはじめてB」这个形式表示经历了A这件事后才意识到B这样的情况。B这里常常用「わかる」「理解する」「気づく」「感じる」「思う」等跟思考相关的一些词汇。／Mẫu câu "AてはじめてB" là cách diễn đạt trình bày chỉ khi trải qua kinh nghiệm A mới hiểu B. Ở vế câu A thường sử dụng cách diễn đạt liên quan đến suy nghĩ như "わかる", "理解する", "気づく", "感じる", "思う" v.v.

確認しよう

正しいほうを選びなさい。

1. 彼女と（　別れると　・　別れて　）はじめて、彼女の大切さがわかった。
2. 海外に行ってはじめて、英語を（　話せるようになりたいと思った　・　勉強しよう　）。

書いてみよう

＿＿＿＿＿に言葉を入れて、文を完成させなさい。

1. その仕事を自分で＿＿＿＿＿＿＿＿はじめて、先輩の苦労が理解できた。
2. 彼に＿＿＿＿＿＿＿＿はじめて、将来家庭を持ちたいと考えるようになりました。
3. コンサートに＿＿＿＿＿＿＿＿はじめて、生で聞く音楽のすばらしさを知った。
4. ＿＿＿＿＿＿＿＿はじめて、成功の価値がわかった。
5. 一人暮らしをしてみてはじめて、＿＿＿＿＿＿＿＿＿＿＿＿＿＿。
6. 親になってはじめて、＿＿＿＿＿＿＿＿＿＿＿＿＿＿。
7. 大人になってはじめて、＿＿＿＿＿＿＿＿＿＿＿＿を知りました。
8. ＿＿＿＿＿＿＿＿＿＿はじめて、＿＿＿＿＿＿＿＿＿を実感しました。

まとめの練習

＿＿＿月＿＿＿日

問題1　読解（内容理解 - 中文 Comprehension - Mid-size passages）

次の文章を読んで、後の問いに対する答えとして最もよいものを、1・2・3・4から一つ選びなさい。

これは、ケンさんが書いた日記である。

　今日、ついに第一志望の大学の合格発表の日を迎えた。この数か月、受験勉強によるストレスを感じてきた。僕が受験に向けて必死に勉強する一方で、友人たちは次々に進学先が決まり、僕だけ置いて行かれているような気持ちだった。先にアニメの専門学校への進学が決まったルイがうらやましかった。山下先生は僕の成績**からいうと**、きっと合格できるはずだと勇気づけてくれていたが、もしかしたらどこにも受からないのではないか、夢をかなえられないままアメリカに帰らなければならないのではないかと憂鬱な気分で毎日を過ごしていた。

　そして今日、やっと僕にも合否通知が届いた。結果は合格。嬉しくて、その場ですぐに家族やさくらに電話で報告した。みんな「ケンなら大丈夫だと思ってたよ」と言いながら、とても喜んでくれた。みんなの応援**をぬきに**、合格はあり**得なかった**だろう。このような経験をし**てはじめて**、自分はいろいろな人に支えられているのだと感じた。

　長い努力の**末に**合格したので、とても嬉しいが、喜んでばかりもいられない。合格はその大学で学べるレベルに達しているという証明**にすぎない**のだ。大学の勉強についていくために、日本語ももっとうまくならなければならないし、今から建築の基本的な知識を身につけておく**に越したことはない**。

　あと数か月で日本語学校を卒業だなんて、時間が経つのは早い**ものだ**。大好きな仲間たちと過ごせる時間はあとわずかだ。勉強はもちろん、思い出作りも全力で楽しみたい。

1 憂鬱な気分とあるが、どうしてケンさんは憂鬱だったのか。

1　行きたかった大学が不合格になったから

2　志望校のレベルが高すぎると先生に言われたから

3　まだ大学の合格通知をもらっていなかったから

4　ルイさんと一緒に進学することができなかったから

2 大学に合格したことについて、ケンさんはどう考えているか。

1　結果が来るのが早すぎて驚いた。

2　一番行きたかった大学には合格できず残念だ。

3　合格のニュースでみんなを驚かせられてよかった。

4　周囲の人たちの協力があったから合格できた。

3 これからケンさんはどうしますか。

1　大学の授業についていけるように勉強を続ける。

2　合格したことに安心しないで、さらに上の大学を目指していく。

3　建築の基本的な知識を増やすために毎日勉強する。

4　勉強は少し休んで、日本語学校の仲間たちとの時間を大切にする。

問題2　文法（文法形式の判断 Selecting grammar form）

次の文の（　　　）に入れるのに最もよいものを、1・2・3・4から一つ選びなさい。

1 後悔しても過去には（　　　）得ないから、反省を将来に生かすことを考えるべきだ。

1　戻り　　2　戻る　　3　戻れ　　4　戻ら

2 激しい戦いの（　　　）、日本代表チームは勝利することができました。

1　末に　　2　ために　　3　最中に　　4　反面

3 お金がある（　　　）越したことはないが、それだけでは幸せになれないと思う。

1　を　　2　と　　3　に　　4　し

4 効率（　　　）、電子メールが最も速いコミュニケーション手段です。

1　をぬきにして　　2　にとって　　3　といっても　　4　からいうと

5 個人的な感情を（　　　）、理性的な決断をするべきだ。

1　中心に　　2　したがって　　3　一方で　　4　ぬきにして

6 サナエ　「なんで太っちゃうんだろう。」

シオリ　「そりゃ、甘いものばかり食べていれば（　　　）ものだよ。」

1　太ってしまった　　2　太ってしまう

3　太ってしまって　　4　太ってしまえ

7 部下　「ご迷惑をおかけして申し訳ありません。」

上司　「小さいミスに（　　　）から、心配しないで。」

1　わけない　　2　すぎない　　3　わけだ　　4　すぎる

8 料理の先生　「自分でコロッケを作った感想はいかがですか。」

生徒　　　「実際にやってみて（　　　）、作るのがどんなに大変か知りました。」

1　からでないと　　2　はじめて　　3　とたんに　　4　ばかりで

問題3　文法（文の組み立て Sentence composition）

次の文の＿★＿に入る最もよいものを、1・2・3・4から一つ選びなさい。

1 ＿＿＿ ＿＿＿ ＿★＿ ＿＿＿ では世界中の料理を楽しむことができます。

1 食文化の　　2 この都市　　3 からいうと　　4 多様性

2 初めて月を歩いた宇宙飛行士は、＿＿＿ ＿＿＿ ＿★＿ ＿＿＿ と述べた。

1 人類にとっては偉大な一歩だ　　2 小さな一歩に

3 すぎないが　　4 これは一人の人間にとっては

3 彼女は ＿＿＿ ＿＿＿ ＿★＿ ＿＿＿ 、自分に合った健康的な食生活を見つけた。

1 いろいろな　　2 試した

3 ダイエット方法を　　4 末に

4 混んでいる ＿＿＿ ＿＿＿ ＿★＿ ＿＿＿ 手を離してはいけない。

1 なり得るから　　2 子どもの　　3 迷子に　　4 場所では

5 本格的な ＿＿＿ ＿＿＿ ＿★＿ ＿＿＿ わかりました。

1 撮ってみてはじめて　　2 カメラを使って

3 すごさが　　4 プロのカメラマンの

6 親戚のおじさんは僕に会うたびに、＿＿＿ ＿＿＿ ＿★＿ ＿＿＿ くれた。

1 抱き上げて　　2 ものだ　　3 大きくなった　　4 と言いながら

7 村野「この先も好きじゃない仕事を続けるつもり？」

沢渡「好きな ＿＿＿ ＿＿＿ ＿★＿ ＿＿＿ 興味のない仕事でもしないとね。」

1 越したことはないけれど　　2 生活するためには

3 できるに　　4 仕事が

8 若山「このプロジェクトは大西課長のおかげで成功したようなものだね。」

倉田「うん、課長の ＿＿＿ ＿＿＿ ＿★＿ ＿＿＿ 成長しなかっただろうね。」

1 チームはこれほど　　2 しては

3 リーダーシップを　　4 ぬきに

問題4　聴解（概要理解 Summary comprehension）

この問題は、全体としてどんな内容かを聞く問題です。話の前に質問はありません。まず話を聞いてください。それから、質問とせんたくしを聞いて、1から4の中から、最もよいものを一つ選んでください。

N2-127

1　　2　　3　　4

問題5　聴解（即時応答 Quick response）

まず文を聞いてください。それから、それに対する返事を聞いて、1から3の中から、最もよいものを一つ選んでください。

1　N2-128　1　2　3

2　N2-129　1　2　3

3　N2-130　1　2　3

4　N2-131　1　2　3

5　N2-132　1　2　3

6　N2-133　1　2　3

7　N2-134　1　2　3

8　N2-135　1　2　3

文法さくいん

別冊

文法からひろげる
日本語トレーニング

文法Buddy（バディ）

JLPT | N2

日本語能力試験

Grammar Buddy for the Japanese-Language Proficiency Test N2

解答／聴解スクリプト

the japan times PUBLISHING

確認しよう ● 解答

第1課

1 ものなら (p.16)

1. 行ける
2. 触ろう

2 ものの (p.17)

1. にぎやかである
2. している

3 にもかかわらず (p.18)

1. 遊んでいる
2. なの

4 ～と／たら…た (p.19)

1. していた
2. 財布がなかった

5 ～というか…というか (p.20)

1. 考えない
2. 静か

6 ～ことは…が (p.21)

1. である
2. 見ました

7 ことか (p.22)

1. 幸せな
2. 言われた

8 みたい (p.23)

1. 子ども
2. 大都市

第2課

9 つつある (p.30)

1. 上手になり
2. 回復し

10 ざるを得ない (p.31)

1. 引き受け
2. せ

11 をめぐって (p.32)

1. ×
2. ○

12 まで (p.33)

1. ×
2. ○

13 がたい (p.34)

1. できない
2. 考え

14 からすると (p.35)

1. 好きなようだ
2. 吸わない人

15 に基づいて (p.36)

1. 基づく
2. 基づいて

16 ようがない (p.37)

1. 直し
2. 行き

第3課

17 ようではないか (p.44)

1. ○
2. ×

18 反面 (p.45)

1. である
2. な

19 をもって (p.46)
1．で
2．もってしても

20 からして (p.47)
1．コーチ
2．別(わか)れたようだ

21 ようでは (p.48)
1．×
2．○

22 にあたって (p.49)
1．開店(かいてん)する
2．手術(しゅじゅつ)を受(う)ける

23 こと (p.50)
1．×
2．○

24 もので (p.51)
1．一人旅(ひとりたび)な
2．旅行(りょこう)に行(い)きたい

第4課

25 ようとしている (p.58)
1．としている
2．崩(くず)れよう

26 にしては (p.59)
1．20歳(はたち)
2．180cm

27 とみえる (p.60)
1．暇(ひま)だ
2．ようなので

28 ずじまい (p.61)
1．勉強(べんきょう)せ
2．持(も)たないで

29 のことだから (p.62)
1．×
2．○

30 てたまらない (p.63)
1．×
2．○

31 につけ (p.64)
1．×
2．○

32 かねる (p.65)
1．×
2．○

第5課

33 とばかりに (p.72)
1．時計(とけい)を見(み)た
2．出(で)て行(い)った

34 までのことだ (p.73)
1．受(う)ける
2．辞(や)めてもらう

35 たところで (p.74)
1．間(ま)に合(あ)わない
2．忘(わす)れる

36 とあれば (p.75)
1．できない
2．金(かね)のため

37 どころか (p.76)
1．ご飯(はん)
2．ある

38 だけ (p.77)
1．言(い)う
2．好(す)きな

39 上は (p.78)

1. ×
2. ◯

40 ～に～ない (p.79)

1. に
2. 連絡できなかった

第6課

41 にわたって (p.86)

1. にわたる
2. にわたって

42 にしても (p.87)

1. 行く
2. にしろ／にしろ

43 といった (p.88)

1. ◯
2. ×

44 あげく (p.89)

1. 口論の
2. した

45 どころではない (p.90)

1. 観光
2. 寝ている

46 さえ (p.91)

1. にさえ
2. 昼

47 なんか (p.92)

1. ◯
2. ×

48 ～だの…だの (p.93)

1. ×
2. ◯

第7課

49 に限って（1）／に限らず (p.100)

1. に限らず
2. に限り

50 に限って（2） (p.101)

1. ◯
2. ×

51 限り (p.102)

1. 住んでみない
2. である

52 ずにはいられない (p.103)

1. つけない
2. に

53 にかけては (p.104)

1. ◯
2. ×

54 にそって (p.105)

1. そって
2. に合わせて

55 はさておき (p.106)

1. は
2. 治す

56 まい (p.107)

1. 許す
2. あきらめ・あきらめる

第8課

57 しかない (p.114)

1. ことができない
2. しかない

58 ものか (p.115)

1. 負ける
2. 楽な

59 ようが (p.116)

1. いまい
2. 苦し

60 一方だ (p.117)

1. 強まる
2. 上昇する

61 ことなく (p.118)

1. 取られる
2. することなく

62 というものではない (p.119)

1. 足りなかった
2. 許される

63 にかかわらず (p.120)

1. かどうかにかかわらず
2. にかかわらず

64 こととなると (p.121)

1. ◯
2. ×

第9課

65 わりに (p.128)

1. ◯
2. ×

66 かと思うと (p.129)

1. ×
2. ◯

67 もかまわず (p.130)

1. も
2. 大声で

68 に違いない (p.131)

1. 不安
2. に違いない

69 てしょうがない (p.132)

1. 気になって
2. 飲みたくて

70 向け／向き (p.133)

1. 向けに
2. 上級者

71 に対して (p.134)

1. 安いの
2. 減っている

72 にほかならない (p.135)

1. に
2. 勉強したから

第10課

73 ～やら…やら (p.142)

1. 犬やら猫やら
2. 寒いし天気も悪いし

74 はもとより (p.143)

1. 外国人／日本人
2. 便利なの

75 ことに (p.144)

1. に
2. 不運な

76 までもない (p.145)

1. 説明する
2. 言うまでもない

77 ものがある (p.146)

1. 不自然な
2. できない

78 きり (p.147)

1．向いた
2．今回

79 のみならず (p.148)

1．謝らなかった
2．音楽

80 や否や (p.149)

1．知る
2．拍手が起こった

第11課

81 のもとで (p.156)

1．もとで
2．もとに

82 げ (p.157)

1．恥ずかし
2．言いたげな

83 というより (p.158)

1．○
2．×

84 かねない (p.159)

1．なり
2．滑って転び

85 ことだし (p.160)

1．取った
2．空いた

86 に決まっている (p.161)

1．不便
2．彼は

87 上で (p.162)

1．上で
2．探す

88 を通して (p.163)

1．を
2．通して

第12課

89 ～か～ないかのうちに (p.170)

1．○
2．×

90 際に (p.171)

1．に
2．する

91 に先立って (p.172)

1．に
2．育てる

92 に加えて (p.173)

1．に
2．レポートの提出もある

93 にこたえて (p.174)

1．に
2．増やした

94 ないものだろうか (p.175)

1．上げられない
2．落とせない

95 につき (p.176)

1．に
2．この道は通行止めになります

96 ～につけ…につけ (p.177)

1．×
2．○

第13課

97 ないことには (p.184)

1. 終わらない
2. 入場できません

98 上に (p.185)

1. 上手な
2. 映像も美しい

99 のごとく (p.186)

1. ○
2. ×

100 はともかく (p.187)

1. は
2. いくらかかるか調べてみよう

101 ながらも (p.188)

1. 知り
2. 入れなかった

102 あまり (p.189)

1. 忙しさ
2. 二日酔いになってしまった

103 かというと (p.190)

1. ×
2. ○

104 てでも (p.191)

1. ×
2. ○

第14課

105 ばかりか (p.198)

1. 忘れ物も多い
2. 参加してくれた

106 だけに (p.199)

1. いい
2. とても優しい

107 ことだ (p.200)

1. 書き込まない
2. たくさん食べる

108 つつ (p.201)

1. ○
2. ×

109 てはならない (p.202)

1. してはならない
2. 捨てて

110 こそ (p.203)

1. ×
2. ○

111 からには／以上は (p.204)

1. できた
2. 無視はできない

112 くらい (p.205)

1. ミス
2. 解ける

第15課

113 からいうと (p.212)

1. から
2. こちらの機種がおすすめです

114 をぬきにして (p.213)

1. を
2. 患者の話を聞か

115 にすぎない (p.214)

1. に
2. 一時的な流行

116 末に (p.215)

1．話し合った

2．考えた

117 に越したことはない (p.216)

1．に

2．吸わない

118 ものだ (p.217)

1．した

2．する

119 得る／得ない (p.218)

1．起こり

2．泳ぐことができる

120 てはじめて (p.219)

1．別れて

2．話せるようになりたいと思った

まとめの練習 ● 解答／聴解スクリプト

第1課

問題1 (pp.24-25)

(1) 1 3 (2) 1 4

問題2 (p.26)

1 2　2 4　3 3　4 4　5 3
6 1　7 3　8 2

問題3 (p.27)

1 2　2 1　3 4　4 4　5 2
6 1　7 1　8 1

問題4 (p.28)

♪ N2-1　答え　3

サッカー選手が試合後のインタビューで話しています。

男：えー、最後に皆さんにお伝えしたいことがあります。この数年、けがのせいで思うような結果が出せなかったにもかかわらず、皆さんは今日まで僕を家族みたいに支えてくれました。できるものなら、今すぐけがを治したい！早く結果を出したい！と思うものの、なかなか思うようにプレイできず、苦しい時期もありました。でも、皆さんの応援が力になったというか、支えになったというか、今日まで頑張ることができました。一人一人に直接お会いして、感謝の気持ちを伝えることができたらどんなにいいことか……。あー、皆さんの顔を見ていたら、何だか泣けてきました。えー、引退を決めたことは決めましたが、僕のサッカー人生はこれで終わりではありません。来年からはコーチとしてチームを支えていきたいと思っていますので、皆さん、これからも応援よろしくお願いします。

サッカー選手は何について話していますか。

1　けがをした理由
2　いい結果が出せなかった時期
3　引退の挨拶と今後の予定
4　選手をやめてコーチになることにした理由

問題5 (p.28)

1 ♪ N2-2　答え　3

男：あれ？ なんか元気ないみたいだけど、大丈夫？
女：1　ええ、元気でしたから問題ありませんよ。
　　2　まあ、大丈夫そうでしたね。
　　3　ああ、ちょっと嫌なことがあって。

2 ♪ N2-3　答え　1

女：ルイさん、それ限定品のフィギュアですよね？
男：1　わかる？ これを買うために何時間待ったことか。
　　2　そうだよ。どこにでも売っているものなんだ。
　　3　違うよ。日本でしか買えないフィギュアだよ。

3 ♪ N2-4　答え　2

男：えっ、どうしたの？ そのけが。
女：1　どうもこうも、そこで買ってきたんだよ。
　　2　走ったら転んじゃったんだ。
　　3　もう少しでけがするところだったよ。

4 ♪ N2-5　答え　2

男：悪天候にもかかわらず、スポーツ大会が開催されたそうだよ。
女：1　それは仕方がないよ。安全が第一でしょう。
　　2　安全面から考えたら、それは問題だよね。

3　へえ、そんなに天気に恵まれたなら、楽しかっただろうね。

5 ♪ N2-6　答え　3

女：ケンは海の近くに住んでいるけど、サーフィンが得意なの？

男：1　うん。いつかやってみたいと思っているよ。

2　近くに住んでいたら、やっていたかもしれないね。

3　できることはできるけど、そんなに上手じゃないよ。

6 ♪ N2-7　答え　1

男：送別会、出席するって返事はしたものの……。

女：1　あんまり行きたくないんだね。

2　そんなに楽しみにしているんだ。

3　参加できるなんてよかったね。

7 ♪ N2-8　答え　1

男：おっ、危ない。間違えて部長のお弁当食べそうになっちゃったよ。

女：1　部長のお弁当を食べようものなら……。考えるだけで怖いね。

2　えっ、私のお弁当、部長が食べちゃったの？

3　間違えたからって、全部食べちゃったのはよくないよね。

8 ♪ N2-9　答え　3

女：ねえ、駅前に引っ越ししたんだよね。どんな感じ？

男：1　やっぱり、駅から遠いから、いろいろ不便だよね。

2　うーん、引っ越しの準備は忙しいよ。

3　そうだね、にぎやかというかうるさいというか、あまり落ち着かないかな。

第2課

問題1 (pp.38-39)

1 2　2 2　3 4

問題2 (p.40)

1 3　2 2　3 4　4 3　5 2
6 1　7 3　8 2

問題3 (p.41)

1 4　2 1　3 3　4 1　5 4
6 3　7 3　8 2

問題4 (p.42)

♪ N2-10　答え　3

町の会議で女の人が話しています。

女：今日はこの街の再開発をめぐるさまざまな問題について意見を述べたいと思います。まず、都市計画に基づく新しい道路の建設ですが、予定通り来年から行われると聞きました。その計画では、森の半分を破壊することになります。失われつつある自然を破壊することが、私にはどうしても理解しがたいのです。本当に自然を破壊してまで、この街は再開発をする必要があるのでしょうか。確かに、新しい道路を作ることで、病院までのアクセスがよくなります。これは、高齢化が進むこの街において、通院する人からみると、道路の建設がありがたい計画だということは認めざるを得ません。しかし、一度失われた自然は、取り戻しようがないのです。皆さん、もう一度よく考えてみませんか。

女の人は新しい道路を作ることについてどう思っていますか。

1　都市計画通りに道路が作られるのはいいことだ。

2　病院まで早く行ける道を作ることは、住人全員の願いだ。

3　新しい道路が必要な人もいるが、自然を守ることも忘れてはいけない。

4　自然を壊してまで道路を作ることは誰も望んでいない。

問題5 (p.42)

1 ♪N2-11　答え　1

女：あ、ケンショウさん。自転車で転んだって本当？

男：1　うん。急にボールが飛んできて、避けようがなかったんだ。

　　2　うん。自動車の運転は久しぶりだったから。

　　3　違うよ。自転車に乗って転んだだけだよ。

2 ♪N2-12　答え　3

女：ねえ、このレポート、情報は確か？

男：1　はい、確かに間違えていますよ。

　　2　はい、それはレポートで合っています。

　　3　はい、最新のデータに基づいて書かれています。

3 ♪N2-13　答え　2

男：お父様の体調が悪いとお聞きしましたが、その後いかがですか。

女：1　それは大変ですが、元気を出してくださいね。

　　2　おかげさまで、少しずつ回復しつつあります。

　　3　あの後から調子が悪くなってしまったんですか。

4 ♪N2-14　答え　1

男：ねえ、週末の夏祭り、台風で中止にせざるを得ないみたいだよ。

女：1　えー、残念。楽しみにしていたのに。

　　2　やっぱり今年もやることになったんだね。

　　3　去年は中止になっちゃったから、今年は楽しもうね。

5 ♪N2-15　答え　3

女：宿題の提出、昨日までだったけど、間に合った？

男：1　もちろん、ちゃんと宿題は提出するはずだよ。

　　2　あのさ、間に合わないときはちゃんと連絡してよ。

　　3　それがね、徹夜までして頑張ったけど、無理だったよ。

6 ♪N2-16　答え　2

男：北野監督の最新映画、見たんだよね？　どんな話なの？

女：1　そんな話だったと思うから、確かめてみたら？

　　2　見たことは見たけど、何とも表現しがたいな。

　　3　あの監督の話はいつ聞いてもすばらしい内容だよ。

7 ♪N2-17　答え　2

男：大学まで遠いから一人暮らしをしたいんだけど、親に反対されちゃって。

女：1　ご両親に反対するなんて、よくないと思うよ。

　　2　親からすると、子どもの一人暮らしは心配なんだよ。

　　3　そんなに近いなら、一人暮らしは必要ないね。

8 ♪N2-18　答え　1

女：お店に迷惑をかけたユーチューバーの裁判、かなり時間がかかってるみたいだね。

男：1　その問題をめぐっては、いろいろな意見が出ているよね。

　　2　お金をかければかけるほど、いい結果になると思うよ。

　　3　裁判にお金がかかるのは仕方がないよ。

第3課

問題1 (pp.52-53)

1 2　2 3　3 4

問題2 (p.54)

1 4　2 2　3 1　4 2　5 4
6 3　7 2　8 1

問題3 (p.55)

1 4　2 4　3 3　4 4　5 1
6 1　7 4　8 1

問題4 (p.56)

N2-19　答え　3

食堂の前で、男の人と女の人が話しています。男の人はどうしてこの店が閉店すると言っていますか。

男：あ、この食堂、最近よくテレビで見るよね。創業 60 年だから、やっぱり建物の雰囲気からして、他とは違うね。

女：そうだね。こんなに歴史がある食堂も、来月をもって閉店か。

男：うん。店主が 85 歳で、ご高齢なものだから……。

女：店主の経験があっても、後継者は育てられなかったのか。もうここの定食が食べられないなんて、なんだか寂しいね。

男：寂しい反面、喜ぶべきことでもあるんじゃない？ 店主は店を閉めて奥さんとのんびり田舎で暮らしたかったんだって。新生活を始めるにあたっての閉店なら、応援しなきゃね。

女：そうだね。じゃ、せっかくだから最後の定食を食べようじゃないか。

男：おっ、いいね。でも、すごい行列だけど。

女：このくらい待てないようじゃ、おいしい定食は食べられないよ。文句言わないで並ぶこと。

男の人はどうしてこの店が閉店すると言っていますか。

問題5 (p.56)

1 N2-20　答え　2

女：ねえ、チンさん。会社辞めるって聞いたけど、本当？

男：1　うん、入ったばかりだから、もう少し頑張るよ。

2　うん、来月末をもって退職するよ。

3　うん、会社を辞めたのは本当らしいよ。

2 N2-21　答え　1

女：ねえ、今ならハワイ行きのチケット安いよ。買っちゃう？

男：1　いいね、家族全員分、買ってしまおうじゃないか。

2　うん、もう買っちゃったと思うよ。

3　いや、これでも安いほうなんだよ。

3 N2-22　答え　3

男：あ、このスープ、トマト入ってるよね？ 僕、苦手なんだよなー。

女：1　ごめん、トマト入れたつもりだったんだけど。

2　そんなにスープ作るのは難しくないよ。

3　文句言わないで、全部食べること！

4 N2-23　答え　1

女：ちょっと聞いてよ。最近入ってきた新人さんなんだけど、返事からしてやる気がないんだよね。

男：1　まあ、そう言わずに、もう少し様子を見てみたら？

2　元気に挨拶できるのはいいことじゃない？

3　本当によく新人さんが辞めていくよね。

5 N2-24　答え　3

男：あの先輩、ちょっと苦手なんだ。いつも怒ってるよね。

女：1　そうだね。怒っているところを見たことがないね。

2　本当にたまにはしっかり怒ったほうがいいよね。

3　でも、よく怒る反面、すごく面倒見がいいって聞いたよ。

6 ♪ N2-25　答え　1

女：犬が飼いたいけど、毎日の散歩はちょっと面倒だなー。

男：1　そんなことを言っているようじゃ、ペットは飼えないよ。

2　面倒なら、散歩のついでに買ってくればいいでしょう。

3　犬の世話は、ちょっとじゃなくて、とっても楽しいよ。

7 ♪ N2-26　答え　2

女：そういえば、ボルトさんがプロポーズにあたって、ダイヤの指輪を買ったらしいよ。

男：1　えー、新しいタイヤに買い替えたんだ？

2　えー、それはすごいね。うまくいくといいね。

3　えー、指輪を売ってまで買いたかったんだ？

8 ♪ N2-27　答え　3

男：あ、現金はお持ちではないんですね。

女：1　ええ、いつも元気なものですから、つい。

2　ええ、いつも現金しか持たないようにしているものですから。

3　ええ、いつもカードで払っているものですから。

第4課

問題1 (pp.66-67)

[1] 4　[2] 3　[3] 4

問題2 (p.68)

[1] 3　[2] 4　[3] 2　[4] 4　[5] 1
[6] 2　[7] 4　[8] 3

問題3 (p.69)

[1] 3　[2] 2　[3] 4　[4] 2　[5] 4
[6] 2　[7] 2　[8] 2

問題4 (p.70)

♪ N2-28　答え　4

日本語学校で女の学生と男の学生が話しています。女の学生はルイさんの何が理解できないと言っていますか。

女：あれ？ 昼休みが終わろうとしているのに、まだルイは戻ってこないの？

男：さっき、頭が痛くてたまらないって言っていたから、どこかで休んでいるんじゃないかな。

女：何かあるにつけ飲みたがるルイのことだから、きっと昨日も飲み過ぎて、二日酔いなんじゃないの？

男：あ、そういえば、先週はルイが応援しているアイドルの引退日だったんだ。ルイはそれが辛いとみえて、最近元気がなかったんだよ。確か、そのアイドルの握手会には一度も行けずじまいだったと思うよ。

女：あらら、それは飲みたくもなるのもわかるね。でも、今からテストだよね。それにしては、ルイはずいぶん余裕だね。二日酔いでテストを受けるなんて、私には理解しかねるよ。

男：それはそうだね。

女の学生はルイさんの何が理解できないと言っていますか。

問題5 (p.70)

1 N2-29　答え　2

男：ずいぶん外がにぎやかだけど、今日は何かお祭りでもあるの？

女：1　そうだね、昨日のお祭りは、とても盛り上がったね。

2　ううん、そこの公園の木が切られようとしていて、住民が反対運動をしているんだよ。

3　うちは子どもが多いから、家の中がいつもお祭りみたいにうるさいんだよ。

2 N2-30　答え　1

女：この店、安売りって書いてあるにしては、値段が高いよね？

男：1　そうだね、駅前の店のほうが安いと思うよ。

2　そうだね、この辺じゃ一番安いね。

3　そうだね、いい品物が揃っているよね。

3 N2-31　答え　3

女：あ、ジョンさん。アリソンさんが帰国する前にちゃんと告白できたの？

男：1　ううん、本当のことは教えてもらえなかったんだ。

2　うん、帰国する前にしっかり謝ってもらったよ。

3　いや、結局何も言えずじまいだったんだ。

4 N2-32　答え　1

男：あれ？初めてのクラスの食事会なのに、ピーターさんはまだ来ていないの？

女：1　目立ちたがり屋の彼のことだから、わざと遅れてくるんじゃない？

2　彼ならもう食事を済ませてクラス会に行ったはずだよ。

3　やっぱり、いつでも彼は最初に来てるよね。

5 N2-33　答え　3

女：店長、何かいいことがあったとみえて、さっき鼻歌歌ってたよ。

男：1　うん。朝からずっと態度が悪いよね。

2　ううん、今日はなぜか優しいよ。

3　うん、機嫌がよさそうだよね。

6 N2-34　答え　1

男：あー、昨日母に電話したら、国へ帰りたくてたまらなくなっちゃったよ。

女：1　夏休みに帰って、家族に会ってきたら？

2　お母さん、早く帰ってくれたらいいのにね。

3　帰れなくなったなら、電話して説明したほうがいいよ。

7 N2-35　答え　2

男：この歌を聞くにつけ、祖母を思い出すんだ。

女：1　へー、おばあさんは歌が上手なんだね。

2　へー、思い出の歌なんだね。

3　へー、聞いても何も思い出せないんだね。

8 N2-36　答え　1

男：近所に猫が捨てられていてさ。見かねてうちで飼うことにしたんだ。

女：1　ひどい。猫を捨てる人の気持ちは理解しかねるよ。

2　じゃ、新しい飼い主を見つけてあげなきゃならないね。

3　飼えなくなったから近所に捨てたなんて、あなた最低だよ。

第5課

問題1 (pp.80-81)

(1) 1 4　(2) 1 1

問題2 (p.82)

1 3　2 2　3 2　4 2　5 2
6 1　7 2　8 2

問題3 (p.83)

1 3　2 1　3 3　4 4　5 3
6 4　7 2　8 1

問題4 (p.84)

N2-37　答え　4

家で夫婦と娘の３人が犬を飼うことについて話しています。

女１：あのね、伊藤さんのうちに子犬が生まれて、今、飼い主を探してるらしいよ。

女２：お父さん、お母さん。私、犬ほしい！ 犬を１匹飼うことになったところで、何の問題もないでしょう？ ちゃんと、お世話するから！

男　：ヒナタは犬をお世話するどころか、朝一人で起きることもできないだろう？ 生き物を飼う上は、死ぬまで責任をもって飼う覚悟が必要なんだよ。それに、うちの庭は狭いし、飼おうにも飼えないだろう？

女１：伊藤さんのうちの犬は小型犬だから、家の中でも十分飼えると思うよ。

女２：私、雨でも雪でも、ちゃんと散歩に連れていく！ 早起きして頑張る！

女１：だよねー。ヒナタは新しい家族のためとあれば、頑張れるよね。

男　：おいおい、きみまで犬がほしいとばかりに僕を見るなよ。

女１：えっ、私そんな顔してた？ みんなで協力して、やれるだけやろうよ。

男　：そうだな。でも、まずはヒナタが朝一人で起きられるようにならなきゃ。

女２：明日から自分のことは自分でやるから、お願い。

男　：じゃ、１か月続けられたらＯＫしよう。

３人はどうすることにしましたか。

1　庭が狭いので、犬を飼わない。
2　娘が一人で世話をすることを条件に犬を飼う。
3　家の中で飼える小型犬をすぐに飼う。
4　娘が父との約束を守れたら、犬を飼う。

問題5 (p.84)

1 N2-38　答え　2

男：明日は大学の試験だよね。頑張ってね。

女：1　ありがとう。難しかったけど頑張ったよ。
　　2　ありがとう。自信はないけど、やれるだけやるまでだよ。
　　3　ありがとう。頑張ってほしいね。

2 N2-39　答え　3

女：しっかり者のヨウさんが宿題を忘れちゃったなんて、珍しいね。

男：1　いつもしっかり覚えていて、えらいよね。
　　2　珍しいどころか、絶対にないよ。
　　3　宿題どころか、教科書も忘れたらしいよ。

3 N2-40　答え　2

男：何度も同じ失敗をして、店長を怒らせちゃったんだ。アルバイトに行きたくないな。

女：1　そんなに失敗する店長がいるんだ？
　　2　謝るだけ謝ったほうがいいよ。
　　3　怒られたから失敗しちゃったんだね。

4 N2-41　答え　1

女：息子に勉強するように言ったら、うるさいとばかりに嫌な顔されちゃったよ。

男：1　ははは、うちの子も同じだよ。
　　2　母親に向かってそんなことを言うの？
　　3　勉強するのはいいけど、そればかりっていうのもね。

5 N2-42　答え　1

男：遅いよ。1時間も待ったよ。

女：1　ごめん、仕事が忙しくて、帰るに帰れなくて。

　　2　ごめん、1時間待とうにも待てなくて。

　　3　ごめん、待たせようにも待たせられなくて。

6 N2-43　答え　3

女：え？ また他の人の仕事を手伝ってあげてるの？ 大変だね。

男：1　そう、手伝ってもらってばかりで恥ずかしいよ。

　　2　まあね、大変じゃないと助けてはくれないからね。

　　3　でも、リーダーを引き受けた上は、これくらいやらないと。

7 N2-44　答え　1

男：どうしよう。明日恋人の誕生日なのに、忘れて、アルバイト入れちゃった。先輩、代わってくれるかな？

女：1　かわいい後輩のためとあれば、きっと代わってくれるよ。

　　2　明日アルバイトに入りたいなら、私が代わってあげるよ。

　　3　誕生日にアルバイトをさせなくてもいいのにね。

8 N2-45　答え　2

女：明日試験でしょう？ ゲームをしていていいの？

男：1　ううん、ゲームをしてはいけないことはないはずだよ。

　　2　うん、どうせ今から勉強したところで、結果は変わらないと思うから。

　　3　そう、試験中だというのにゲームをしていたんだよ。

第6課

問題1 (pp.94-95)

(1) [1] 3　(2) [1] 2

問題2 (p.96)

[1] 2　[2] 4　[3] 3　[4] 1　[5] 3
[6] 2　[7] 4　[8] 1

問題3 (p.97)

[1] 1　[2] 3　[3] 2　[4] 4　[5] 4
[6] 2　[7] 1　[8] 3

問題4 (p.98)

N2-46　答え　4

男の人と女の人が話しています。男の人がデートで最悪だったことは何ですか。

女：あ、ケン。どうしたの？ 暗い顔して。

男：聞いてよ、セイセイ。昨日のさくらとのデート、最悪だったよ。

女：なんで？

男：昨日はさくらとショッピングに行ったんだけど、さくらがシャツを選んでいて、どれがいいって聞くから、それがいいよって言ったら、すぐに答えるなんて、何も考えてないじゃないって怒られたんだ。

女：そうなんだ。それが最悪だったの？

男：ううん、その店に気に入ったのがなくて、次の店に行ったんだ。そこではよく考えて、これなんかどうとか、あれなんか似合うと思うよって言ったのに、それはデザインがちょっとだの、色が気に入らないだの、僕が勧めたのには全部文句を言ったんだよ。ひどいでしょ？

女：うん、まあ、ちょっとね。

男：しかもね。さんざん悩んだあげく、自分が気に入ったものは最初の店にあるって言って、最初の店まで戻ることになったんだよ。

女：そうだったんだ。で、最悪なことって？

男：それがね、最初の店に戻る途中で、つい、時間の無駄だったねって言っちゃったら、さくらが怒り出して、けんかになっちゃったんだ。最近ただでさえお互い忙しくて会えていないのに、けんかして、デートどころじゃなくなっちゃったんだ。

女：それは大変だったね。

男の人がデートで最悪だったことは何ですか。

問題5 (p.98)

1 N2-47　答え　1

男：僕なんかスピーチ大会に出ても優勝するわけがないよ。

女：1　そんなことないよ。頑張って。

　　2　結果はどうだった？

　　3　え？　何がないの？

2 N2-48　答え　1

女：昨日、カメラを買いに行ったんでしょ？　いいカメラ買えた？

男：1　迷ったあげく、買わないことにしたよ。

　　2　キャノンとかニコンといったカメラがいいよ。

　　3　買うにしても安いカメラがいいね。

3 N2-49　答え　3

男：この道、明日から通行止めになるんですね。

女：1　ええ、1か月にわたった工事が終わるらしいです。

　　2　ええ、道に車を停めたら迷惑ですね。

　　3　ええ、1か月にわたって工事をするらしいです。

4 N2-50　答え　2

女：どんな理由で遅れるにしても、電話してよ。

男：1　理由は言ったよね。

　　2　ごめん。気をつけるよ。

　　3　電話をするのが遅れてごめん。

5 N2-51　答え　3

男：予習だの復習だの、毎日やることが多くて大変ではないですか。

女：1　ええ、予習や復習をしているどころじゃありませんよ。

　　2　そんなに大変なら、しないほうがいいですよ。

　　3　ええ、学生ですから、仕方がないですよ。

6 N2-52　答え　3

男：今日はおなかの調子が悪くて……。

女：1　じゃあ、病院に行くどころではないですね。

　　2　じゃあ、すぐにご飯の準備をしますから、少し待ってください。

　　3　じゃあ、てんぷらやとんかつといった油が多いものは避けたほうがいいですね。

7 N2-53　答え　1

男：昨日デートで映画を見に行ったんでしょ？　映画、どうだった？

女：1　体調が悪くなって、映画どころではなかったよ。

　　2　映画を見るといったデートがお勧めだよ。

　　3　映画館だの遊園地だのいろいろなところに行ったよ。

8 N2-54　答え　2

男：弟さんも日本語が上手なんですか。

女：1　いいえ、挨拶どころではありませんでしたよ。

　　2　いいえ、挨拶さえ知りませんよ。

　　3　いいえ、挨拶なんかしなくてもいいですよ。

第7課

問題1 (pp.108-109)

(1) 1 4　(2) 1 3

問題2 (p.110)

1 4　2 4　3 2　4 2　5 3
6 1　7 1　8 3

問題3 (p.111)

1 4　2 1　3 1　4 3　5 2
6 2　7 2　8 3

問題4 (p.112)

♪ N2-55　答え　2

女の人と男の人が図書館で話しています。男の人は日本語で何が弱いと言っていますか。

女：あ、ケン。勉強？

男：うん。試験が近いからね。家にいると、大好きなゲームをせずにはいられなくなって、ついやっちゃうから、こういうとき、いつも図書館に来ているんだ。

女：ケンがクラスで一番なのは、そうやって勉強しているからなんだね。

男：でも、漢字には苦労しているよ。最近、漢字が難しくなって、語彙がなかなか覚えられないんだ。それで、読解の文も読めなくなってきているから、今、語彙力をつけようと頑張っているところだよ。漢字を覚えて語彙力を上げない限り、N2の合格はあるまいって思ってね。ところで、セイセイはなんで図書館に？

女：実は、私も勉強しに。聴解が弱いから、聴解のテキストで勉強するつもり。ケンは聴解にかけては、入学してからクラスでトップだよね。

男：セイセイこそ、漢字は断トツでしょ。

女：まあ、私は中国人だからね。でも、ケンみたいにカタカナ語や文法が得意じゃなくて、苦労してる。

男：まあ、カタカナ語は英語に近いところがあるからね。文法は、僕もまだよくわからないものもあるけど、漢字に比べると楽だよ。

女：そっか。試験も近くなってきたから、お互い弱いところを強化しないといけないね。

男：うん、お互い頑張ろう。

男の人は日本語で何が弱いと言っていますか。

問題5 (p.112)

1 ♪ N2-56　答え　2

男：二度とあんなレストラン、行くまいと思ったよ。

女：1　そんなによかったの？
　　2　そんなに悪かったの？
　　3　嬉しくてたまらないんだね。

2 ♪ N2-57　答え　1

女：この矢印にそって行けば、駅の北口に出られますよ。

男：1　この矢印のとおりですね。
　　2　矢印の反対に行けばいいんですね。
　　3　どうやって行くんですか。

3 ♪ N2-58　答え　3

女：冗談はさておき、本題に入りましょう。

男：1　えーと、どこに置いたらいいですか。
　　2　全然入らないですよ。
　　3　ええ、時間が限られていますからね。

4 ♪ N2-59　答え　1

男：人の失敗をそんなに笑ったら、失礼だよ。

女：1　うん、でも笑わずにはいられなかったんだよ。
　　2　笑えるものなら、笑いたいよ。
　　3　そんなの笑いようがないよ。

5 ♪ N2-60　答え　1

男：スポーツにかけては相当自信があります。

女：1　だから、スポーツ大会を楽しみにしているんですね。

2　だから、スポーツ大会を休みたがっているんですね。

3　だから、スポーツ大会が中止になったんですね。

6 N2-61　答え　3

男：この棚にある物、本日に限り、3つで1000円って書いてあるよ。

女：1　じゃあ、1つだけ買おう。

2　じゃあ、明日にしよう。

3　じゃあ、3つ選ぼう。

7 N2-62　答え　2

女：ハリーさん、試験に名前を書き忘れたらしいよ。

男：1　絶対に忘れまいと思っているんだね。

2　彼、大切なときに限って失敗するよね。

3　気づいてよかったね。

8 N2-63　答え　3

男：ああ、最悪な日だったな。失敗を笑われて。

女：1　私、失敗なんかしてないよ。

2　どうやって笑わせたの？

3　生きている限り、そんな日もあるよ。

第8課

問題1 (pp.122-123)

1 2　2 4　3 2

問題2 (p.124)

1 3　2 2　3 3　4 2　5 4

6 1　7 1　8 4

問題3 (p.125)

1 1　2 2　3 2　4 4　5 3

6 1　7 3　8 1

問題4 (p.110)

N3-64　答え　3

言語教育評論家が話しています。

男：言語を学びたいなら、その国へ行くのが効果的だと思われがちですが、その国へ行けば自然に言語が身につくというものでもありません。中には、言語のこととなると、特別な才能を発揮し、学びたい言語が話される環境に身を置くだけで上達していく人もいるでしょう。しかし、大多数の人にとって言語習得は容易ではなく、努力することなしに達成はできません。したがって、言語を習得するには、その国へ行くかどうかにかかわらず、日々その言語に触れ、計画的に勉強するよりほかはないのです。

言語教育評論家は何について話していますか。

1　言語を早く身につけるための方法

2　言語を自然に身につけられる人の特徴

3　言語を習得するためにすべきこと

4　言語習得の才能がある人とない人の違い

問題5 (p.126)

1 N2-65　答え　1

女：今日の宿題のレポート、テーマに興味がなくて、やりたくないな。

男：1　興味があろうがなかろうが、宿題ならやらないと。

2　興味の有無にかかわらず、やるべきではないよ。

3　宿題のこととなると、興味が出てくるよね。

2 N2-66　答え　3

男：面接に手ごたえがなかったからといって、不合格になるというものでもないよ。

女：1　じゃ、合格の望みは高いですね。

2　じゃ、合格は期待しようがないですね。

3　じゃ、合格の望みはないわけでもないんですね。

3 N2-67　答え　2

女：事故の大きさにかかわらず、事故にあったら警察を呼んでください。

男：1　はい。大きいときは必ずそうします。

2　はい。どんな事故でも必ずそうします。

3　はい。状況によって警察を呼びます。

4 N2-68　答え　3

男：伊藤先生は趣味のこととなると、話が止まらなくなるんです。

女：1　じゃ、どんなことに興味を持たれるんですか。

2　じゃ、いろいろな趣味をお持ちなんですね。

3　じゃ、時間がないときはその話題を避けたほうがいいですね。

5 N2-69　答え　3

男：ケンが二度とさくらと口を利くもんかって言っていたよ。

女：1　二人は仲がいいんだね。

2　二人は何を聞いたんだろうね。

3　二人はけんかでもしたのかな。

6 N2-70　答え　1

男：スレスさん、一年生のとき、一度も休むことなく学校へ行ったらしいよ。

女：1　病気もせず、サボりもせず、行ったのはすごいね。

2　学校を休むほかなかったんだろうね。

3　どうしてそんなに欠席をしてしまったんだろうね。

7 N2-71　答え　2

男：第一志望のこの大学、結果が出たんだけど、だめだったんだ。

女：1　じゃ、その大学に行くよりほかないね。

2　じゃ、ほかの大学を受けるほかしかたがないね。

3　じゃ、第一志望なら行くしかないよ。

8 N2-72　答え　3

男：物価は毎年上がる一方だね。

女：1　うん、上がったり下がったり大変だよね。

2　うん、もう少し待てば安くなりそうだね。

3　うん、この間も野菜が高くなっていたよ。

第9課

問題1 (pp.136-137)

1 3　2 1　3 4

問題2 (p.138)

1 2　2 4　3 1　4 3　5 4
6 2　7 1　8 2

問題3 (p.139)

1 4　2 2　3 1　4 2　5 3
6 4　7 3　8 3

問題4 (p.140)

N2-73　答え　2

女の学生と男の学生が話しています。女の人はこの後何をしますか。

女：ケン、おはよう。

男：あ、セイセイ、おはよう。

女：いよいよ、今週日曜日、JLPTだね。準備はできた？

男：うん、できることはしたつもりだよ。セイセイは？

女：私も。ねえ、試験が終わったら、みんなで集まって何かしない？

男：いいね。ルイもずっと勉強勉強で、試験が終わったら、楽しいことがしたくてしかたがないって言っていたよ。

女：じゃ、飲み会はどう？

男：いいね。ルイに言ったら、きっと喜ぶに違いないよ。ルイにも聞いて、日にちと店を決めて、予約しないと。

女：私、いい店、知っているよ。友達がアルバイトしている店なんだけど、安いわりに料理がおいしいんだ。
男：いいね。僕も一軒いい店を知っているんだ。値段とか広さとか比べてみたいから、セイセイが知っている店のホームページのＵＲＬ、教えて。
女：うん。わかった。
男：その店って、どんな店？ 静かに飲みたい人向けなら、僕たちには合わないよね。
女：２フロアあって、２階は個室で静かな雰囲気なのに対して、１階は大衆居酒屋って感じで、にぎやかだったよ。客層とか友達に聞いてみようか。
男：うん。でも、他の人にもいい店を知っているか聞いてみて、やっぱりセイセイが言っている店のほうがよかったら、お願いするよ。
女の人はこの後何をしますか。

問題５ (p.140)

1 N2-74　答え　3
男：先生のおかげで、試験に合格しました。
女：1　頑張ったわりに、結果が伴わなかったですね。
　　2　それは悔しくてしょうがないでしょう。
　　3　それはあなたの努力の結果にほかならないですよ。

2 N2-75　答え　2
男：昨日映画館に行ったんだけど、感動的なシーンで、人目もかまわずおしゃべりして笑っている人がいたよ。
女：1　みんなで笑える映画っていいよね。
　　2　そういう人がいると、気が散ってしょうがないよね。
　　3　人目を気にしなくていいのにね。

3 N2-76　答え　3
男：寮のみんなに新入生を紹介したかったんだけど、みんな寮に帰って来たかと思うと、また出かけちゃって……。
女：1　それはちょうどよかったね。
　　2　みんなで出かけたんだ。
　　3　それは残念だったね。

4 N2-77　答え　1
女：新しい担任の先生、厳しいって聞いたけど、授業はどうだった？
男：1　そう聞いていたわりに、とてもユニークな先生でおもしろかったよ。
　　2　へえ、噂どおり厳しい先生だったんだね。
　　3　９時から12時までで、前と変わらないよ。

5 N2-78　答え　1
男：この車は小さくて駐車も楽ですから、初心者向きですよ。
女：1　それなら駐車が苦手な私にもいいですね。
　　2　私が運転免許を取ったのは５年前なので、だめですね。
　　3　どうして初心者だけなんですか。

6 N2-79　答え　1
男：父が方向音痴であるのに対して、母は方向感覚に優れているんです。
女：1　お母さんに任せたら、道に迷いませんね。
　　2　お父さんは地図を見るのが得意なんですね。
　　3　お二人とも旅行が好きなんですね。

7 N2-80　答え　3
女：これは、あなたの財布ですか。
男：1　はい、その財布がほしくてしょうがないです。
　　2　いいえ、警察に届けたのは昨日です。
　　3　はい、私のに相違ありません。

8 N2-81　答え　2

女：最近、夜遅くまで勉強しているから、日中眠くてしょうがないんだ。

男：1　寝られないときは、無理して寝ようとしないほうがいいよ。

2　大変だけど、試験が近いから頑張らないと。

3　何がないの？ 一緒に探してあげるよ。

第10課

問題1 (pp.150-151)

1 1　2 2

問題2 (p.152)

1 4　2 3　3 2　4 1　5 3

6 4　7 1　8 3

問題3 (p.153)

1 3　2 2　3 3　4 4　5 1

6 3　7 3　8 3

問題4 (p.154)

N2-82　答え　1

ラジオで女の人が話しています。

女：次はラジオネーム「開いた口が塞がらない」さんからのメールです。フフフ、おもしろい名前ですねえ。えー、「最近知り合った友人の家に招かれたときのことです。家に着くと、家族全員が玄関先まで来て歓迎してくれました。そこまではよかったのですが、玄関先で友人の子どもたちにお土産のおもちゃを渡すと、受け取るや否や、お礼も言わずに自分たちの部屋に持っていってしまって……。それっきり部屋から出てこないんです。帰り際に、また家族全員で見送ってくれたのですが、子どもたちはお土産のおもちゃを手に持って、驚いたことに、つまらないやら、かっこよくないやら、感想を言い始めたんです。友人は「すみません」と謝ってくれたんですが、私はその思ってもいない行動に驚いて、口が開いたきり、何も言えませんでした。」ということです。うーん、子どもがしたこととはいえ、お礼も言わずに開けたのみならず、文句まで言うなんて、悲しいものがありますね。まあ、そのお子さんがおいくつかわかりませんが、親は注意してあげたのでしょうか……。「開いた口が塞がらない」さん、メールありがとうございました。ドンマイ。ドンマイです。

このメールを書いた人が驚いたことは何ですか。

1　子どもたちが予期しない行動を取ったこと

2　子どもたちの行動が素晴らしかったこと

3　家族の出迎え方が予想外だったこと

4　家族に自分の常識が通じなかったこと

問題5 (p.154)

1 N2-83　答え　3

男：ラッキーなことに、試験に合格しました。

女：1　それなら試験を受ければよかったのに。

2　ラッキーなことは何ですか。

3　いいえ、あなたの実力ですよ。

2 N2-84　答え　2

女：先週まで出張やら会議やらで、なかなか自分の時間が持てませんでした。

男：1　今も忙しいんですね。

2　今は落ち着きましたか。

3　出張と会議と、どちらをしたんですか。

3 N2-85　答え　3

男：同級生とはよく会っていますか。

女：1　ええ、懐かしいものがあります。

2　いえ、会うまでもありません。

3　いえ、卒業式で別れたきりです。

4 N2-86　答え　1

女：昨日の映画、ストーリーが素晴らしかったですね。

男：1　ええ、ストーリーのみならず、映像も美しかったです。
　　2　ええ、映画が始まるや否や、寝てしまいました。
　　3　ええ、ストーリーはさておき、音楽がよかったですね。

5 N2-87　答え　1

女：さすがプロのバイオリニストの音色は違いますね。
男：1　ええ、それに演奏技術はもとより、立ち姿も美しいですね。
　　2　ええ、音色はさておき、立ち姿は美しいですね。
　　3　ええ、生で聞くまでもないですね。

6 N2-88　答え　1

男：子どもたちが独立して家を出ていったんですよ。
女：1　それは寂しいものがありますね。
　　2　それは苦しいやら痛いやらで大変でしょう。
　　3　警察には届けましたか。

7 N2-89　答え　2

女：アレルギーはお持ちですか。
男：1　今日は持ってきていません。
　　2　ええ、エビを食べるや、喉がかゆくなります。
　　3　残念なことに、家族に感染してしまいました。

8 N2-90　答え　1

男：今日のレストランの料理、大したことはなかったね。
女：1　うん。お金を払って食べるまでもなかったね。
　　2　うん。自分では絶対に作れないものだったね。
　　3　うん。みんなに紹介したいね。

第11課

問題1 (pp.164-165)

(1) 1 3　(2) 1 4

問題2 (p.166)

1 1　2 4　3 2　4 2　5 4
6 1　7 3　8 3

問題3 (p.167)

1 4　2 3　3 2　4 4　5 1
6 2　7 1　8 3

問題4 (p.168)

N2-91　答え　2

電話で男の人と女の人が話しています。
男：もしもし、店長。ケンです。今、お時間よろしいですか。
女：ああ、ケンさん、さくらちゃんに聞いたよ。おばあさんを助けて表彰されるんでしょう？さくらちゃん、自分のことみたいに誇らしげだったよ。人助けを通して街に貢献するなんて、立派だよ。
男：そんな、照れちゃいますから。でも、そのことでお電話したんです。表彰式、よかったらさくらと一緒に見に来てくださいませんか。来週の土曜日の10時からなんですが。
女：あら、私が行っていいの？
男：もちろん、店長は僕の日本のお母さんなんですから、ぜひ来ていただきたいに決まっているじゃないですか。
女：それは光栄だね。アルバイトの人たちのシフトも確認した上で、返事するね。
男：ありがとうございます。表彰式では日本語でスピーチをしなければならないんですよ。緊張すると、頭が真っ白になって、変なことを言いかねないなって、今から心配なんです。
女：ははは、表彰式に参加するというより、テストを受けるみたいだね。ケンさんのことだし、大丈夫。心配なら、さくら先生のもとでスピーチの練習をしなさいよ。
男：そうですね。さくらならきっといいアドバイスをくれますね。
男の人はどうして女の人に電話をしましたか。
1　自分が表彰される理由を伝えるため
2　表彰式に招待するため
3　アルバイトのシフトを確認するため
4　スピーチのアドバイスをもらうため

問題5 (p.168)

1 N2-92　答え　2
男：由紀ちゃんの猫、大きいね。
女：1　猫ばかりだからね。
2　猫というより、虎みたいでしょう？
3　猫のはずだよ。

2 N2-93　答え　1
女：全員揃ったことだし、出発しましょうか。
男：1　はい、時間通りですね。
2　はい、田中さんがまだですね。
3　はい、みんなどこでしょうか。

3 N2-94　答え　3
男：彼とどうやって知り合ったの？
女：1　友達の代わりだよ。
2　友達についてだよ。
3　友達を通してだよ。

4 N2-95　答え　3
女：お母さん、この誕生日プレゼント気に入るかなあ。
男：1　本当に嬉しいね。
2　うん。気に入られかねないよ。
3　喜んでくれるに決まってるよ。

5 N2-96　答え　1
男：これは精密機械で、壊れかねないから気をつけてね。
女：1　丁寧に運ぶようにするね。
2　修理してあげようか。
3　簡単には壊れないなら安心だね。

6 N2-97　答え　2
女：あちらでチケットを買った上で、お並びください。
男：1　はい、チケットを買うのに並ぶんですね。
2　はい、チケットを買ってきます。
3　はい、チケットはまだいらないんですね。

7 N2-98　答え　1
女：あの子の友達が遠くに引っ越しちゃうんだって。
男：1　だから彼女は寂しげなんだね。
2　寂しくないことはないけど。
3　そんなに寂しがらないでよ。

8 N2-99　答え　3
男：どこで日本語を勉強したんですか。
女：1　島崎先生次第です。
2　島崎先生を伴ってです。
3　島崎先生のもとでです。

第12課

問題1 (pp.178-179)

1 3　2 2　3 1

問題2 (p.180)

1 2　2 4　3 2　4 3　5 3
6 4　7 1　8 2

問題3 (p.157)

1 4　2 2　3 2　4 3　5 1
6 1　7 1　8 3

問題4 (p.182)

N2-100　答え　3
区役所で女の先輩と男の後輩が話しています。男の後輩は最初に何をしますか。

女：谷村さん、今度のボランティア説明会のお知らせはホームページにもう上げてくれた？区民の方には参加してもらえそう？

男：はい。ホームページに載せるか載せないかのうちに、参加希望の方からお問い合わせがたくさんあって、とても驚きました。

女：それはよかった。今回は説明会に先立って、区民福祉課の青島課長に挨拶をしてもらえないかと思っているんだけど、谷村さんから課長に依頼をしてもらえるかな。区民からの関心が高いことをお伝えすれば、きっと引き受けてくださると思うんだ。それに加えて、昨年の説明会の際に配布した資料をお渡しすれば、様子も伝わっていいかもしれない。

男：はい、わかりました。では、資料をプリントし次第、課長にお願いしてきます。あれ？課長、今日はシンポジウム出席につき出張、って予定表に書いてありませんでしたか。メールでお願いすればいいですか。

女：ああ、そうだったね。じゃあ、明日でいいよ。メールより直接言ったほうがいいと思うから。資料のほうは準備しておいて、明日、朝一番にお願いに行ってね。

男：わかりました。

男の後輩は最初に何をしますか。

問題5 (p.182)

1 N2-101　答え　2

女：彼、入社するかしないかのうちに、体を壊して入院してしまったそうです。

男：1　もう少しで卒業だったのに、残念ですね。
　　2　環境が変わることがストレスだったんでしょうか。
　　3　早く治してくださいね。

2 N2-102　答え　1

女：いつ車を買ったんですか。

男：1　宝くじが当たった際に買いました。
　　2　来週買う予定です。
　　3　独身のうちに買いたいです。

3 N2-103　答え　2

男：今日は美術館はお休みですか。

女：1　はい、混雑のおそれがあります。
　　2　はい、展示品の入れ替えにつき、休館です。
　　3　はい、到着次第ご案内いたします。

4 N2-104　答え　1

男：11月は3日が祝日なのに加えて、23日も祝日で仕事が休みだから嬉しいね。

女：1　ゆっくりできそうだね。
　　2　お祝いするはずだね。
　　3　休みがちだね。

5 N2-105　答え　3

男：進学先を選ぶに先立って、いろいろな学校を見学してきます。

女：1　いい学校に決まってよかったですね。
　　2　どうしてもその学校に行きたいんですね。
　　3　自分の目で見た上で決めるんですね。

6 N2-106　答え　2

女：社員の希望にこたえて、食堂にコーヒーマシンが置かれました。

男：1　みんながっかりしたでしょう。
　　2　意見が通って、嬉しいですね。
　　3　反対してばかりですね。

7 N2-107　答え　3

男：お世話になった浜口先生を同窓会にお呼びしたいですね。

女：1　はい、お呼びすることはないですね。
　　2　はい、行ってあげたいですね。
　　3　はい、どうにか連絡をとれないものでしょうか。

8 N2-108　答え　1

女：どうして転職しようと思っているの？

男：1　上司が何かにつけて文句を言ってくるんだ。

2　転職の際にお世話になった人には挨拶したほうがいいね。

3　転職に先立って、引っ越しできないものだろうか。

第13課

問題1 (pp.192-193)

[1] 1　[2] 3　[3] 3

問題2 (p.194)

[1] 4　[2] 2　[3] 3　[4] 3　[5] 1
[6] 4　[7] 1　[8] 2

問題3 (p.195)

[1] 2　[2] 1　[3] 1　[4] 4　[5] 2
[6] 3　[7] 1　[8] 2

問題4 (p.196)

N2-109　答え　1

日本語学校で男の学生と女の学生が話しています。女の学生はこの前の試験で何に一番苦労しましたか。

男：ねえ、セイセイ。N２の結果、どうだった？

女：私？　受かったよ。その上、心配していた聴解の点数が高くて驚いたよ。すごいでしょ。ルイは？

男：セイセイはすごいなあ。僕も合格したけど、ギリギリだった。読解があと１点足りなかったら落ちてたよ。だから、素直に喜べるかというと、そうでもないんだ。

女：ああ、私も読解には苦労したな。文法ほどではなかったけどね。JLPT はともかくとして、日本留学試験では記述問題があるでしょ。あれも難しそうだよね。

男：そうだね。僕も記述問題には苦労するだろうなあ。そういえば、ケンはＮ２に合格したくせに、読解がだめだったとか言って、真っ青な顔してたよ。日本留学試験では何をしてでもいい点数を取るんだって言って、山下先生に日本語の本を山のごとく借りてた。

女：見た見た。えらいなあとは思いながらも、大げさで笑っちゃったよ。

男：勉強しすぎるあまり、体を壊したりしなきゃいいんだけど……。

女：健康じゃないことには、受験勉強もできないし、心配だよね。

女の学生はこの前の試験で何に一番苦労しましたか。

問題5 (p.196)

1 N2-110　答え　3

女：毎日お弁当を作ってるんだって？　料理が得意なの？

男：1　もちろん、明日も作るに決まってるよ。

2　毎日作らないことには、得意にならないよ。

3　得意かというと、そうでもないんだ。

2 N2-111　答え　2

男：ヨウくん、大学に合格したらしいよ。よかったね。

女：1　どんなことをしてでも合格したいようだね。

2　あまりの喜びに飛び上がってたよ。

3　合格すればいいんだけどね。

3 N2-112　答え　3

男：あの新人歌手、大人気ですね。

女：1　さすが経験豊富な歌手ですね。

2　はい、もうすぐ人気が出ると思います。

3　本当、流れ星のごとく現れましたね。

4 N2-113　答え　1

女：エリカさんの描く絵って、うまくはないんだけど、なんかいいよね。

男：1　わかる。下手ながらも、味のある絵だよね。

2　そうだね。下手な上に、高いよね。

3　うん、誰もこんなに上手には描けないよね。

5 ♪ N2-114　答え　2

男：明日は朝からアルバイトの上に、午後には市役所にも行かなければならないんだ。

女：1　アルバイト、休めてよかったね。

2　それは忙しくて大変だね。

3　市役所が混んでたら、アルバイトに遅刻しちゃうんじゃない？

6 ♪ N2-115　答え　1

男：明日は絶対に来てくださいね。

女：1　はい、何を犠牲にしてでも伺います。

2　はい、行けるとは限りません。

3　はい、私が行くほどではありません。

7 ♪ N2-116　答え　3

女：子どもはともかくとして、大人ならマナーを守るべきです。

男：1　はい、大人も子どもも問いませんね。

2　はい、子どもこそですよね。

3　はい、大人として恥ずかしいことはしたくないですよね。

8 ♪ N2-117　答え　2

女：今日は時間がないから、朝ご飯食べないで行くね！

男：1　今日は余裕があるんだね。

2　食べないことには、力が出ないよ。

3　ちょっと食べすぎなんじゃない？

第14課

問題1 (pp.206-207)

(1) 1 4　(2) 1 3

問題2 (p.208)

1 1　2 4　3 4　4 2　5 3
6 2　7 1　8 3

問題3 (p.209)

1 1　2 4　3 1　4 3　5 2
6 4　7 3　8 2

問題4 (p.210)

♪ N2-118　答え　3

電話で女の人と男の人が話しています。男の人は最初に何をしますか。

女：もしもし、ケン？　こんな時間にどうしたの？

男：ちょっとさくらの声が聞きたくなって。もう寝てた？

女：まだ。寝る準備をしつつ、スマホ見てた。ケン、もしかしてまだ勉強してるの？

男：正解。さすが、さくらは僕のことをよく知っているだけあるね。

女：徹夜で勉強なんてしちゃだめだよ。受験で忙しいときだからこそ、夜くらいはちゃんと休まないと。

男：わかってるよ。でも、最近夜行性なんだ。朝の5時くらいに布団に入って、授業にギリギリ間に合うくらいの時間に起きてる。

女：えー？　それじゃ授業中眠くなるばかりか、体を壊しちゃうかもしれないじゃない。健康第一、無理はしないことだよ。ほら、さっさと寝なさい！　朝7時にまた電話してあげるから。

男：でも、最近ずっとこんな生活だから目が覚めちゃって眠れないよ。深夜ラジオでも聞いたら眠くなるかな。日本語の聴解の勉強にもなりそうだし。

女：だめだめ、おもしろくて目が覚めちゃうかもしれないでしょ。少し体を動かすとよく眠れるらしいよ。ストレッチでもしてみたら？それで、朝は熱いシャワーを浴びればすっきり目覚められるよ。

男：はいはい。さくらの言うとおりにするよ。

女：はいと言ったからには、本当にしてよ。

男：わかったよ。じゃ、さくらのモーニングコール、待ってるね。

男の人は最初に何をしますか。

問題5 (p.210)

1 N2-119　答え　2

女：いつも努力をしていて立派ですね。

男：1　夢があるわけです。

2　夢があるからこそです。

3　夢のようです。

2 N2-120　答え　1

男：お祭りには地元の人ばかりか、観光客も参加できます。

女：1　いろいろな人が参加できるんですね。

2　観光客向けなんですね。

3　その土地の人が優先なんですね。

3 N2-121　答え　3

女：どうしたらやせられるかなあ。

男：1　野菜を食べただけのことはあるね。

2　太るべきではないよ。

3　運動をすることだね。

4 N2-122　答え　1

男：その悔しさを忘れてはなりませんよ。

女：1　はい、忘れるわけにはいきませんね。

2　はい、忘れられますように。

3　はい、忘れさえすればいいですね。

5 N2-123　答え　2

男：疲れたなら帰ろうか。

女：1　うん、帰ることはないよ。

2　いや、ここまで来たからには帰れないよ。

3　でも、帰ったばかりだよ。

6 N2-124　答え　3

女：彼の演奏は素晴らしいね。

男：1　うん、プロとは限らないね。

2　うん、プロのはずがないね。

3　うん、プロだけのことはあるね。

7 N2-125　答え　3

男：だめだと知りつつ、つい食べてしまいました。

女：1　まるで食べたかのようですね。

2　知らなかったなら仕方ないですよ。

3　我慢できなかったんですね。

8 N2-126　答え　1

男：自分の使った食器くらい自分で片付けなさい。

女：1　言われなくても、今やろうと思ってたのに。

2　なんで私がお父さんのも片付けなければならないの？

3　え、自分で洗わなくてもいいの？

第15課

問題1 (pp.220-221)

1 3　2 4　3 1

問題2 (p.194)

1 1　2 1　3 3　4 4　5 4

6 2　7 2　8 2

問題3 (p.195)

1 3　2 3　3 2　4 1　5 4

6 4　7 1　8 2

問題4 (p.224)

N2-127 答え　2

男の学生と女の先生が話しています。

男：山下先生、第一志望の大学に合格しました！

女：ケンさん、おめでとう。よくここまで頑張ったものですね。

男：先生のサポートぬきにはここまで頑張れませんでした。本当にありがとうございました！でも、まだ夢へのスタートラインに立ったにすぎませんから、これからもたくさん勉強していきます。

女：ケンさん、頑張ろうという気持ちはわかるけど、少しは息抜きをしてくださいね。これから建築を学ぶんだから、日本中の有名な建物を見に行ってみてはどうですか。本で学ぶのもいいですが、実際に見るに越したことはありませんよ。本物を見てはじめてわかることもありますから。

男：はい、実はルイと卒業旅行を計画しているんです。話し合った末に、電車で飛騨高山に行くことになりました。ルイが大好きなアニメのモデルになった町があるそうです。僕は伝統的な合掌造りの建物を見に行くのを楽しみにしています。

女：いいですね。せっかくの学生時代ですから、友達との時間を思いっきり楽しんでくださいね。

女の先生が男の学生に言いたいことは何ですか。

1　大学に合格したのはめでたいが、休まずもっと頑張らなければならない。

2　勉強も大切だが、本からは得られないことも学んでほしい。

3　建築の勉強をするなら、建築技術を一つでも多く学んでほしい。

4　学生時代は勉強も大切だが、友達との時間のほうがもっと大切だ。

問題5 (p.224)

1 N2-128 答え　3

男：ピアノがとてもお上手だそうですね。

女：1　いえ、上手に越したことはありませんよ。

2　はい、一度も弾いたことがありません。

3　いえ、趣味で弾いているにすぎませんよ。

2 N2-129 答え　1

女：先日彼の話を聞いてはじめて、この職業に興味を持ったんです。

男：1　なるほど、それがきっかけだったんですね。

2　なるほど、これが最初の仕事なんですね。

3　なるほど、ずっとこの仕事に関心があったんですね。

3 N2-130 答え　2

男：横断歩道で信号無視の車にひかれそうになったんです。

女：1　それは信号無視したあなたが悪いですよ。

2　怖いですね。気をつけるに越したことはないですね。

3　運転するときは気をつけないとだめですよ。

4 N2-131 答え　2

女：あの人、性格からいうといい人なんだけど、遅刻が多いからね……。

男：1　うん、性格が優しすぎるよね。

2　うん、遅刻さえなくなれば完璧なんだけどね。

3　うん、彼のおかげでうちの部の成績は伸びているよね。

5 N2-132　答え　3

女：地震はいつでも起こり得ますよ。

男：1　はい、めったにないことですよね。

2　はい、この地域では地震が少ないと聞いています。

3　はい、そのときに慌てないよう、準備をしておきましょう。

6 N2-133　答え　1

男：彼の助けをぬきにしては、今回の計画の実現は難しいと思うよ。

女：1　うん、どうにか協力してもらえるよう頼んでみる。

2　うん、成功したのは彼のおかげだね。

3　うん、彼には計画のことを知られないようにしないとね。

7 N2-134　答え　2

男：練習の末に、全国大会に出場できました。

女：1　練習しないでそんなにうまくなれたんですか。

2　たくさん努力したんですね。

3　練習不足だったんですね。

8 N2-135　答え　3

男：ほら、もうすぐ山頂に到着するよ。

女：1　本当だ。まだまだ先は長いね。

2　山の上ではおにぎりを食べたね。

3　よくここまで来たものだね。